AF233902

PETITE ENCYCLOPÉDIE JURIDIQUE
XVI

CODE

DES

ÉTABLISSEMENTS INDUSTRIELS

CLASSÉS

ATELIERS DANGEREUX, INSALUBRES OU INCOMMODES

COMMENTAIRE PRATIQUE

DES

Décret du 15 Octobre 1810 et Ordonnance du 14 Janvier 1815

contenant en outre

LA LOI DU 19 MAI 1874 SUR LE TRAVAIL DES ENFANTS
DANS LES MANUFACTURES — LE DÉCRET DU 30 AVRIL 1880
SUR LES MACHINES A VAPEUR — LES DÉCRETS RELATIFS
AU TRANSPORT DES MATIÈRES DANGEREUSES
PAR TERRE ET PAR EAU

par

Charles CONSTANT

Avocat à la Cour de Paris, Directeur de la FRANCE JUDICIAIRE

PARIS

A. DURAND ET PEDONE-LAURIEL, ÉDITEURS

Libraires de la Cour d'Appel et de l'Ordre des Avocats

G. PEDONE-LAURIEL, SUCCESSEUR

13, Rue Soufflot, 13

1881

CODE

DES

ÉTABLISSEMENTS INDUSTRIELS

CODE

DES

ÉTABLISSEMENTS INDUSTRIELS

CLASSÉS

ATELIERS DANGEREUX, INSALUBRES OU INCOMMODES

COMMENTAIRE PRATIQUE

DES

Décret du 15 Octobre 1810 et Ordonnance du 14 Janvier 1815

cöntenant en outre

LA LOI DU 19 MAI 1874 SUR LE TRAVAIL DES ENFANTS
DANS LES MANUFACTURES — LE DÉCRET DU 30 AVRIL 1880
SUR LES MACHINES A VAPEUR — LES DÉCRETS RELATIFS
AU TRANSPORT DES MATIÈRES DANGEREUSES
PAR TERRE ET PAR EAU

par

Charles CONSTANT

Avocat à la Cour de Paris, Directeur de la FRANCE JUDICIAIRE

———

PARIS

A. DURAND ET PEDONE-LAURIEL, ÉDITEURS

Libraires de la Cour d'Appel et de l'Ordre des Avocats

G. PEDONE-LAURIEL, SUCCESSEUR

13, Rue Soufflot, 13

1881

PRÉFACE

Depuis quelques années, comme conseil du *Syndicat de la tannerie française*, nous avons été maintes fois consulté sur des difficultés relatives à l'établissement et au fonctionnement d'un grand nombre d'ateliers dangereux, insalubres ou incommodes, et nous nous sommes convaincu que la plupart des contestations naissaient presque toujours de l'oubli de quelques-unes des formalités qui sont prescrites par les lois et décrets sur la matière. C'est ce qui nous a décidé à publier ce petit volume.

Rassembler les dispositions réglementaires que les industriels, qui veulent créer ou qui exploitent des établissements dangereux, insalubres ou incommodes, doivent souvent consulter, et accompagner ces règlements de quelques commentaires pratiques, tel a été notre but.

Nous ne nous sommes pas contenté de commenter le décret de 1810 et l'ordonnance de 1815 sur les établissements industriels classés ; nous avons également reproduit, avec quelques observations, la loi du 19 mai 1874 sur le travail des enfants dans les manufactures, le décret du 30

avril 1880 sur l'emploi des machines à vapeur.
et les différents décrets réglant le transport des
matières dangereuses par terre et par eau ; nous
croyons avoir ainsi composé un véritable petit manuel indispensable à tous les industriels.

Les préfets et sous-préfets, les conseillers de
préfecture et les maires pourront également trouver dans notre *Code des établissements industriels classés* des renseignements utiles ; les documents de jurisprudence que nous avons cités
et analysés permettront aux magistrats et aux
avocats de nous consulter parfois avec fruit ;
enfin la lutte engagée actuellement, dans les environs de Paris, contre les établissements industriels qui répandent une odeur désagréable ou
insalubre, donne à notre travail comme un re-
gain d'actualité.

Parmi les affaires contentieuses qui sont soumises à la connaissance des conseils de préfecture et du conseil d'État, il en est peu qui présentent autant de difficultés que celles qui sont
relatives aux ateliers dangereux, insalubres et
incommodes ; et aujourd'hui qu'il est de mode de
tout sacrifier à l'embellissement des villes d'où
les manufactures sont trop facilement pros-
crites, le rôle de l'administration devient parfois
difficile pour satisfaire à la fois et l'intérêt de

l'industrie et celui de ceux qui se plaignent de son voisinage.

Il est cependant de sages et vieux conseils, qu'on nous permettra de rappeler en terminant ces quelques lignes de préface, et que nous trouvons énoncés, en termes excellents, dans une circulaire ministérielle du 22 novembre 1811. « S'il convient, disait M. Montalivet, de n'accor-
« der des permissions qu'après s'être assuré
« que les exploitations ne nuisent ni à la salu-
« brité publique ni aux propriétés d'autrui, *il se-*
« *rait*, d'un autre côté, *contraire aux vues du*
« *Gouvernement de dégoûter par des tracasse-*
« *ries injustes les personnes qui auraient le*
« *projet de former des ateliers* de la nature de
« ceux dont il est question. Leur industrie nous
« procure des produits ou qui sont indispensa-
« bles pour la consommation journalière, ou
« que nous serions obligés de tirer de l'étran-
« ger, s'ils ne les fabriquaient pas. Sous ces
« deux rapports, elle mérite donc toute la pro-
« tection de l'administration. . . . *Les adminis-*
« *trateurs devront se mettre au-dessus de tou-*
« *tes les petites passions locales*, et mus unique-
« ment par des motifs d'utilité publique, ils don-
« neront des avis dictés par des considérations
« d'un ordre supérieur, tel que le besoin d'occu-
« per la classe ouvrière et de procurer à la loca-

« lité un établissement dont l'exploitation doit
« augmenter les richesses. »

Ces quelques lignes contiennent, ce nous
semble, tout un programme de conduite qu'il sera
toujours bon d'observer.

Ch. C.

15 juillet 1881.

BIBLIOGRAPHIE

RELATIVE AUX ÉTABLISSEMENTS DANGEREUX, INSALUBRES OU INCOMMODES

1827. Traité de la législation concernant les manufactures et ateliers dangereux, insalubres et incommodes, par *A.-H. Taillandier*, avocat aux conseils du roi et à la cour de cassation ; — Paris, 1827, vol. in-8° de 292 pages.

1828. Législation et jurisprudence des ateliers dangereux, insalubres et incommodes, ou manuel des manufacturiers, propriétaires, chefs d'ateliers, etc., par *L.-A. Macarel*, avocat à la cour royale, ancien avocat aux conseils du roi et à la cour de cassation ; — Paris, 1828, vol. petit in-12 de 306 pages.

1832. Code administratif des établissements dangereux, insalubres ou incommodes, par *Ad. Trébuchet*, avocat à la cour royale de Paris, membre de la commission centrale de salubrité, chef de bureau des établissements insalubres à la préfecture de police ; — Paris, 1832, vol. in-8° de 320 pages.

1845. Traité des établissements dangereux, insalubres ou incommodes, par *St.-Ch. Clérault*, avocat aux conseils du roi et à la cour de cassation ; — Paris, 1845, vol. in-8° de 384 pages.

1851. Etablissements industriels, industries dangereuses, insalubres et incommodes, par *Henri
Avisse*, docteur en droit, avocat au conseil
d'Etat et à la cour de cassation ; — Paris,
1851, 2 vol. in-8° de 390 et 438 pages.

1859. Législation appliquée des établissements industriels... ateliers dangereux, incommodes
et insalubres... par *Aug. Bourguignat*, ancien
avocat au conseil d'Etat et à la cour de cassation ; — Paris, 1859, 2 vol, in-8° (Les 193
premières pages du tome 1er sontseules con-
sacrées aux établissements insalubres).

1861. Des ateliers dangereux, insalubres ou incommodes, étude administrative par *P.-M. Lan-
glois* ; — Paris, 1861, brochure in-8°.

1866. De la compétence en matière d'établissements
dangereux, insalubres ou incommodes, par
Ernest Tambour;— Paris, 1866, brochure in-8.

1868. Traité pratique des ateliers insalubres, dangereux ou incommodes, par *G. Dufour* et
E. Tambour. — Paris, 1868, vol. in-8°.

1868. Les établissements insalubres, dangereux ou
incommodes, reconnus dans le décret du 31
décembre 1866, par *D.-F.-J. Lober* ; — Lille,
1868, vol. in-8°.

1876. Etablissements insalubres, incommodes et dangereux ; législati on, inconvénients de ces établissements et con ditions d'autorisation ordinairement propos ées par les conseils d'hygiène et de salub rité, par *H. Bunel*, architecte, ingénieur civil ; — Paris, 1876, vol.
in-8° de 498 pages.

PREMIÈRE PARTIE

DOCUMENTS LÉGISLATIFS

CHAPITRE PREMIER

HISTOIRE ET LÉGISLATION

« Toute personne est libre de faire tel négoce et d'excercer telle profession, art ou métier quelle trouvera bon ; mais elle est tenue de se pourvoir auparavant d'une patente, et de se conformer aux règlements de police qui sont et pourront être faits. » *(Décret de l'Assemblée Constituante de 1791 proclamant le libre exercice de l'industrie).*

1. — *Historique de la législation.*

1. — Depuis que notre industrie nationale a reçu un grand développement et que les fabriques s'efforcent de se rapprocher des centres de population, jamais peut-être l'étude de la législation et l'examen de la jurisprudence, en matières d'établissements dangereux, insalubres ou incommodes, ne se sont imposés d'une façon plus impérieuse à l'attention de tous : jurisconsultes, magistrats, avocats, industriels. Parmi les affaires qui sont soumises à la connaissance des autorités administratives et judiciaires, il en est peu qui présentent autant de difficultés que celles qui sont relatives aux établissements réputés dangereux, insalubres ou incommodes. Il n'est peut-être pas de droit dont les autorités administratives doivent user avec plus de circonspection et de sagesse que celui qui est réservé par les réglements d'accorder ou de refuser l'autorisation d'ériger des établissements industriels.

2. — Il est certain que la plupart des usines et manufactures vicient l'air environnant par les exhalaisons qu'elles répandent, qu'elles nuisent parfois à la végétation et à la santé publique, qu'elles sont toujours pour le voisinage une incommodité, souvent supportable, parfois aussi très-pénible à supporter. Malgré ces inconvénients divers et réels, il est indispensable, dans l'intérêt de l'industrie, de protéger malgré tout l'existence des usines, et d'assurer la liberté d'action des hommes intelligents qui les dirigent. Mais il est juste aussi de régler cette liberté et d'empêcher qu'elle ne soit la cause de graves préjudices pour les populations et les propriétés voisines. C'est pour atteindre ce double but que les divers monuments de législation, dont nous allons faire connaître les textes, ont été successivement élevés comme pour renfermer les établissements industriels dans les limites qu'ils ne pourraient franchir sans compromettre la sécurité et la salubrité publiques.

3. — L'industrie ne peut être libre qu'à la condition de ne pas nuire à d'autres intérêts aussi respectables que les siens ; nul ne peut causer à autrui, par l'exercice de sa profession, un dommage quelconque, sans devoir le réparer. Ce principe est de droit chez toutes les nations industrielles, et, pour qu'il reçoive son application nécessaire, il n'y a jamais eu que deux manières. La première consiste à laisser établir la fabrique, sauf à la supprimer si elle porte préjudice à la santé publique ou aux droits de la propriété ; c'est le système répressif; — la seconde, au contraire, assujettit à l'autorisation préalable l'industrie réputée nuisible ; c'est le système préventif. C'est ce dernier mode qui a été généralement adopté chez les nations industrielles, c'est celui que le législateur français a adopté, avec raison, selon nous, car le système préventif empêche la naissance du mal par une sorte de tutelle administrative, par des mesures qui vont au-devant du danger et des pertes éventuelles ; tandis que le système répressif ne remédie pas au mal déjà fait et ne le répare le plus souvent que d'une façon insuffisante.

4. — En France, le premier document législatif, actuellement encore en vigueur, régissant les établissements dangereux, insalubres ou incommodes, porte la date du 15 octobre 1810. Avant cette époque, et à l'origine, chacun exerçait librement son industrie, sauf à lui à réparer le dommage qu'il occasionnait à ses voisins. Lorsqu'un particulier avait à se plaindre d'un voisin qui érigeait un établissement insalubre, c'étaient les Parlements qui, réunissant à leurs fonctions judiciaires des attributions de police, jugeaient de l'inconvénient dont on se plaignait et qui le faisaient cesser en ordonnant la suppression de l'établissement ou sa simple modification. Les règles du droit commun sur les servitudes étaient seules consultées pour juger ces sortes de contestations.

5. — Ce n'est guère que vers le xv⁰ siècle que l'on s'occupa réellement de la police des établissements insalubres ; nous avons tout lieu de penser que presque toutes les dispositions sur la matière émanaient des autorités locales, et l'on peut affirmer que les autorités communales eurent seules la police des établissements dangereux, insalubres ou incommodes. D'ailleurs, à partir du xviiiᵉ siècle, les règles étaient à peu près les mêmes qu'aujourd'hui, quoiqu'elles fussent appliquées par des autorités différentes. Les administrations communales accordaient ou refusaient l'autorisation demandée pour l'érection d'un établissement dangereux, insalubre ou incommode, après avoir fait procéder à une enquête préalable, durant laquelle les voisins pouvaient former opposition et faire parvenir au magistrat enquêteur leurs réclamations écrites. La requête devait être accompagnée de plans ; en cas d'autorisation ou de refus, la partie lésée pouvait se pourvoir auprès du Souverain, en Conseil privé, contre la décision de l'autorité locale ; enfin, le Souverain, après avoir pris l'avis de l'administration locale et du procureur général de la province, accordait l'autorisation ou maintenait la décision du magistrat. S'il fallait citer des exemples de cette procédure, on en pourrait fournir de nombreux (1) ; mais nous n'avons voulu qu'en donner un résumé, pour montrer que les bases de la législation des établissements dangereux, insalubres et incommodes étaient au xviiiᵉ siècle ce qu'elles sont aujourd'hui, c'est-à-

---

(1) Voir le *Traité de la police*, par M. Delamarre, Amsterdam, 1729.

dire : autorisation préalable, intervention de l'administration locale, appel à l'autorité supérieure

6. — Lorsque l'Assemblée nationale de 1791 abolit les privilèges, les maîtrises et les jurandes, elle crut devoir faire une réserve en ce qui concernait les établissements dangereux, insalubres et incommodes. Voici en quels termes cette Assemblée proclama le libre exercice de l'industrie : « A compter du 1ᵉʳ avril 1791, il sera libre à toute personne de faire tel négoce, ou d'exercer telle profession, art ou métier qu'elle trouvera bon ; mais elle sera tenue de se pourvoir auparavant d'une patente, d'en acquitter le prix suivant les taux ci-après déterminés, et *de se conformer aux règlements de police qui sont et pourront être faits.* » — L'Assemblée nationale ne régla pas toutefois la matière par une disposition législative ; elle se borna à décréter que les tribunaux seraient compétents pour statuer sur tous les dommages causés à la propriété, et que les anciens règlements de police concernant l'établissement ou l'interdiction dans les villes des usines, fabriques ou ateliers qui peuvent nuire à la sûreté et à la salubrité continueraient *provisoirement* d'être observés (1).

7. — Cette résolution ne remédiait à rien ; en fait de règlements de police, il n'existait que des dispositions isolées qui ne visaient que des cas particuliers, et devenaient même la source de l'arbitraire le plus intolérable ; car non-seulement chaque département et chaque commune avaient leurs règles, mais l'application de ces règles changeaient à chaque renouvelle-

______

(1) Loi des 16-24 août 1790 et décret des 21 sept. et 13 nov. 1791.

ment ou changement de personnel. C'est le gouvernement impérial qui devait, en cette matière comme en tant d'autres (1), mettre de l'ordre dans le chaos laissé par la Constituante et la Convention, et Napoléon Ier comprit bien vite que l'industrie, à laquelle il portait le plus vif intérêt, ne pouvait rester plus longtemps astreinte au régime d'arbitraire qui la gouvernait, et qu'il était urgent de rechercher les moyens de concilier les droits de l'industrie et de la propriété, ainsi que l'intérêt de l'hygiène publique, en assujettissant les établissements insalubres à des règles générales et fixes, de nature à garantir tous les intérêts.

8. — C'est pour satisfaire aux idées de l'Empereur qu'en l'an XIII, le Ministre de l'intérieur appela sur ce grave sujet les méditations de la classe des sciences physiques et mathématiques de l'Institut; et, le 26 frimaire de la même année, la classe lui transmit son rapport, rédigé par MM. Guiton-Morveau et Chaptal, et signé G. Cuvier, comme secrétaire perpétuel. Ce serait affaiblir la valeur de cet important document que de chercher à en donner une analyse ; nous préférons en publier le texte entier.

2. — *Rapport de l'Institut, du 26 frimaire an* XIII.

« Il s'agit de décider si le voisinage de certaines fabriques peut être nuisible à la santé.

« La solution de ce problème doit paraitre d'autant plus importante que, par une suite naturelle de la confiance que méritent les décisions de l'Institut, elle pourra désormais former la base des jugements du magistrat, lorsqu'il

---

(1) Voir l'ouvrage de **M.** Ed. Blanc, *Napoléon* Ier, *ses institutions civiles et administratives ;* Paris, 1880, Plon, éditeur.

s'agit de prononcer entre le sort d'une fabrique et la santé des citoyens.

« Cette solution est d'autant plus urgente, elle est devenue d'autant plus nécessaire, que le sort des établissements les plus utiles, nous dirons plus, l'existence de plusieurs arts, a dépendu jusqu'ici de simples règlements de police, et que quelques-uns, repoussés loin des approvisionnements de la main-d'œuvre ou de la consommation, par les préjugés, l'ignorance ou la jalousie, continuent à lutter avec désavantage contre les obstacles sans nombre qu'on oppose à leur développement. C'est ainsi que nous avons vu successivement les fabriques d'acides, de sel ammoniac, de bleu de Prusse, de bière, et les préparations de cuirs, reléguées hors de l'enceinte des villes, et que chaque jour ces mêmes établissements sont encore dénoncés à l'autorité par des voisins inquiets ou par des concurrents jaloux.

« Tant que le sort de ces fabriques ne sera pas assuré ; tant qu'une législation purement arbitraire aura le droit d'interrompre, de suspendre, de gêner le cours d'une fabrication ; en un mot, tant qu'un simple magistrat de police tiendra dans ses mains la fortune ou la ruine du manufacturier, comment concevoir qu'il puisse porter l'imprudence jusqu'à se livrer à des entreprises de cette nature ? Comment a-t-on pu espérer que l'industrie manufacturière s'établît sur des bases aussi fragiles ? Cet état d'incertitude, cette lutte continuelle entre le fabricant et ses voisins, cette indécision éternelle sur le sort d'un établissement, paralysent, rétrécissent les efforts du manufacturier, et éteignent peu à peu son courage et ses facultés.

« Il est donc de première nécessité, pour la prospérité des arts, qu'on pose enfin des limites qui ne laissent plus rien à l'arbitraire du magistrat, qui tracent au manufacturier le cercle dans lequel il peut exercer son industrie librement et sûrement, et qui garantissent au propriétaire voisin qu'il n'y a danger ni pour sa santé ni pour les produits de son sol.

« Pour arriver à la solution de ce problème important, il nous paraît indispensable de jeter un coup d'œil sur chacun des arts qui, jusqu'à ce moment, ont excité le plus de réclamations.

« Pour y parvenir, nous les diviserons en deux classes : la première comprendra tous ceux dont les opérations laissent échapper dans l'atmosphère, par suite de la putréfaction ou de la fermentation, quelques émanations gazeuses qu'on peut regarder comme incommodes par leur odeur ou dangereuses par leurs effets.

- « La seconde classe comprendra tous ceux où l'artiste, opérant par le moyen du feu, développe et dégage, en vapeur ou en gaz, divers principes qui sont plus ou moins désagréables à respirer, et sont réputés plus ou moins nuisibles à la santé.

« Dans la première classe on peut faire entrer le *rouissage du lin et du chanvre*, la *boyauderie*, les *boucheries*, les *amidonneries*, les *tanneries*, les *brasseries*, etc.

« Dans la seconde, la distillation des acides, celle des vins, des matières animales, l'art du doreur sur métaux, les préparations de plomb, de cuivre, de mercure, etc.

« Les arts compris dans la première classe, considérés sous le rapport de la santé publique, méritent une attention toute particulière, parce que les émanations qui se dégagent par la fermentation ou la putréfaction, sont réellement nuisibles à la santé, dans quelques cas et dans quelques circonstances particulières : par exemple, le rouissage qu'on pratique dans des eaux tranquilles ou dans des mares, infecte l'air et tue le poisson ; les maladies qu'il occasionne sont toutes connues et décrites ; aussi, de sages règlements ont-ils ordonné, presque partout, que cette opération fût pratiquée hors l'enceinte des villes, à une certaine distance de toute habitation, et dans des eaux dont le poisson n'est pas une ressource pour l'habitant. Sans doute, ces règlements doivent être maintenus ; mais comme leur exécution entraîne, à leur tour, quelques inconvénients, il est à désirer que le procédé de M. Brale, dont MM. Monge, Bertollet, Tessier et Malard ont constaté la supériorité, soit bientôt connu et adopté.

« Les autres opérations qu'on exécute sur les végétaux ou sur certains produits de la végétation, pour en obtenir des liqueurs fermentées, comme dans les *brasseries*; pour en extraire des couleurs, commé dans les *fabriques de tournesol, d'orseille et d'indigo* ; ou pour les dépouiller de quelques-uns de leurs principes, comme dans les amidonneries, papeteries, etc., ne nous paraissent point de nature à pouvoir exciter une inquiète sollicitude de la part du magistrat : dans tous ces cas les émanations qui s'élèvent de ces matières en fermentation ne peuvent être dangereuses que dans l'enceinte des ruisseaux et appareils qui les contiennent ; elles cessent de l'être, du moment qu'elles sont mêlées à l'air extérieur : il ne faut donc qu'un peu de prudence pour éviter tout danger. D'ailleurs, le danger n'est jamais pour les habitants des maisons voisines ; il n'intéresse et ne menace que les ouvriers de la fabrique, de sorte que le règlement qui ordonnerait la translation de ces fabriques au dehors des villes et loin de toute habitation, serait, de la part de l'autorité, un acte à la fois injuste, vexatoire, nuisible aux progrès des arts, et ne remédierait point au mal qu'entraîne l'opération.

« Quelques *préparations qu'on extrait des matières animales* exigent souvent la putréfaction de ces mêmes matières, comme dans celles qui ont pour objet la fabrication des cordes à boyaux ; mais plus souvent l'emploi de ces substances animales expose à voir se corrompre les matières mêmes dont on se sert, par un trop long séjour dans l'atelier, ou par suite d'une température trop chaude : c'est ce qui s'observe surtout dans les teintures en coton rouge, où l'on se sert du sang en abondance. L'infection qu'exhalent les matières corrompues se répand au loin et forme pour tout le voisinage une atmosphère très désagréable à respirer. Il est d'une bonne administration de faire renouveler les matières pour prévenir la corruption, et de faire maintenir assez de propreté dans l'atelier pour qu'on n'y laisse ni traîner ni pourrir les résidus des substances animales qu'on y emploie.

« Sous ce dernier rapport, les *boucheries* offrent bien quelques inconvénients ; mais ils ne sont pas assez graves pour qu'on doive les placer hors des villes et les concentrer sur un seul point comme des spéculateurs le proposent tous les jours à l'autorité. Un peu d'attention de la part du magistrat, pour que les bouchers ne répandent pas au-dehors le sang et quelques débris des animaux qu'ils égorgent, suffit pour remédier pleinement à tout ce que les boucheries présentent de malsain ou de dégoûtant.

« La *fabrication de la poudrette* commence à s'établir dans les grandes villes de France : l'opération par laquelle on ramène les matières fécales à l'état de poudrette, développe nécessairement et pendant longtemps une odeur très désagréable. Les établissements de cette nature doivent donc être formés dans des lieux bien aérés et éloignés de toute habitation : non que nous regardions les produits gazeux qui s'en exalent comme nuisibles à la santé; mais on ne peut pas nier qu'il ne soient incommodes, infects, désagréables, pénibles à respirer, et que, sous tous ces rapports, ils ne doivent être écartés de l'habitation des hommes.

« Il y a une observation très importante à faire sur la *décomposition spontanée des substances animales*; c'est que les émanations paraissent en être d'autant moins dangereuses que les matières qui éprouvent la putréfaction sont moins humides : dans ce dernier cas, il se dégage une quantité considérable de carbonate d'ammoniaque qui donne son caractère prédominant aux autres matières qui se volatilisent, et corrige le mauvais effet de celles qui seraient délétères. Ainsi la décomposition des matières stercorales en plein air et dans les lieux dont la position et l'inclination permettent au liquide de s'échapper, la décomposition des résidus du cocon du ver à soie, développent une énorme quantité de carbonate d'ammoniaque qui châtre la vertu vénéneuse de quelques autres émanations ; tandis que ces mêmes substances, décomposées dans l'eau ou abreuvées de ce liquide, exhalent les miasmes douceâtres et nauséabonds dont la respiration est très dangereuse.

« Les arts nombreux dans lesquels le manufacturier produit et répand dans l'air, par suite des opérations et à l'aide du feu, des vapeurs plus ou moins désagréables à respirer, constituent la seconde classe de ceux que nous avons à examiner.

« Ceux-ci, plus intéressants que les premiers et bien

plus intimement liés à la prospérité de l'industrie nationale, sont plus souvent encore l'objet des réclamations
portées à la décision des magistrats ; et sous ce rapport
ils nous ont paru mériter une attention plus particulière.

« Nous commencerons notre examen par la *fabrication
des acides*.

« Les acides dont la préparation peut exciter quelques
plaintes de la part des voisins de la fabrique, sont le sulfurique, le nitrique, le muriatique et l'acéteux.

« Le sulfurique s'obtient par la combustion d'un mé-
lange de soufre et de salpêtre. Il est bien difficile que,
dans cette opération, il ne se répande une odeur plus ou
moins marquée d'acide sulfureux autour de l'appareil
dans lequel s'opère la combustion ; mais, dans les fabriques conduites avec intelligence, cette odeur est à peine
sensible dans l'atelier ; elle ne présente aucun danger pour
les ouvriers qui la respirent journellement, et aucune
plainte de la part des voisins ne saurait être fondée. Lorsque l'art de fabriquer l'acide sulfurique a été introduit en
France, l'opinion publique s'est fortement prononcée contre les premiers établissements ; l'odeur de l'allumette
qu'on brûle dans nos foyers, ne contribuait pas peu à exa-
gérer l'effet que devait produire la combustion rapide de
quelques quintaux de soufre ; aujourd'hui l'opinion
publique est si bien revenue sur leur compte, que nous
voyons plusieurs de ces fabriques prospérer paisiblement
et sans trouble au milieu de nos villes.

« La *distillation des eaux fortes et de l'esprit de sel* (acide
nitrique et muriatique) ne présente pas plus de danger
que la fabrication de l'acide sulfurique. Toute l'opération
se fait dans des appareils de grès ou de verre ; et le premier intérêt du fabricant est, sans contredit, de diminuer
la déperdition ou la volatilisation autant qu'il est en son
pouvoir. Cependant, quelque attention qu'on donne
au procédé, l'air qu'on respire dans l'atelier est toujours
imprégné de l'odeur particulière à chacun de ces acides ;
néanmoins, la respiration y est libre et sûre, les hommes
qui y travaillent journellement n'y sont pas du tout in-

commodés, et les voisins auraient grand tort de se plaindre.

« Depuis que les *fabrications de blanc de plomb, de vert-de-gris et de sel de saturne* se sont multipliées en France, le vinaigre y est devenu d'un usage plus général.

« Lorsqu'on distille cet acide pour le rendre propre à quelques-uns de ses usages, il se répand au loin une odeur très forte de vinaigre, qui ne présente aucun danger ; mais lorsqu'on évapore une dissolution de plomb dans cet acide, les vapeurs prennent alors un caractère douceâtre, et produisent, sur les hommes qui les respirent habituellement, tous les effets particuliers aux émanations du plomb lui-même. Heureusement que ces effets n'affectent que les ouvriers qui travaillent dans l'atelier et qu'ils sont insensibles pour toutes les personnes qui vivent dans le voisinage.

« Les *préparations de mercure de plomb*, celles de *cuivre, d'antimoine* et *d'arsenic*, les opérations du doreur sur métaux, présentent presque toutes quelques dangers pour les personnes qui habitent les ateliers et concourent aux opérations ; mais les effets se bornent dans l'enceinte des ateliers ; tout y est, pour ainsi dire, aux risques et périls des entrepreneurs et fabricants. Il est digne des chimistes de s'occuper des moyens de prévenir ces fâcheux résultats ; déjà même on a obvié à plusieurs inconvénients à l'aide de cheminées qui aspirent les vapeurs et les portent dans les airs hors de toute atteinte pour la respiration ; et aujourd'hui toute l'attention de l'administration doit se borner à diriger la science vers les moyens de perfectionnement dont ces procédés sont susceptibles sous le rapport de la santé.

« La *fabrication du bleu de Prusse*, l'extraction du carbonate d'ammoniaque par la distillation des matières animales dans les nouvelles *fabriques de sel ammoniac*, produisent une grande quantité de vapeurs ou exhalaisons fétides. A la vérité, ces exhalaisons ne sont pas dangereuses pour la santé ; cependant, comme, pour être bon voisin, il ne suffit pas de n'être pas dangereux et qu'il faut encore n'être pas incommode, les entrepreneurs de ces sortes d'établissements, lorsqu'ils ont à se déterminer sur le choix d'un emplacement, doivent préférer celui qui est éloigné de toute habitation. Mais lorsque l'établissement est déjà formé, nous nous garderons bien de conseiller au magistrat d'en ordonner la translation ; il suffit, dans ce cas, d'exiger de l'entrepreneur qu'il construise des cheminées très élevées, pour noyer dans les airs les vapeurs désagréables qui sont produites dans ces opérations ; ce moyen est surtout praticable pour la fabrication du bleu de Prusse ; et c'est en le pratiquant que l'un de nous a fait conserver, au milieu de Paris, une des fabriques les plus importantes de ce genre, contre laquelle les voisins et l'autorité s'étaient déjà ligués.

« Dans le rapport que nous soumettons à la classe, nous n'avons cru devoir nous occuper que des principales fabriques contre lesquelles de violentes réclamations se sont élevées en divers temps et en divers lieux. Il est aisé de voir, d'après ce qui précède, qu'il en est peu dont le voisinage soit nuisible à la santé.

« D'après cela, nous ne saurions trop inviter les magistrats chargés de la santé et de la sûreté publiques, à écarter les plaintes mal fondées qui, trop souvent, se dirigent contre les établissements, menacent chaque jour la fortune de l'honnête manufacturier, retardent les progrès de l'industrie, et compromettent le sort de l'art lui-même.

« Le magistrat doit être en garde contre les démarches d'un voisin inquiet ou jaloux ; il doit distinguer avec soin ce qui n'est qu'incommode ou désagréable d'avec ce qui est nuisible ou dangereux ; il doit se rappeler qu'on a proscrit pendant longtemps l'usage de la houille, sous le prétexte frivole qu'elle était malsaine ; il doit, en un mot, se pénétrer de cette vérité, c'est qu'en accueillant les plaintes de cette nature, non-seulement on parviendrait à empêcher l'établissement en France de plusieurs arts utiles, mais on arriverait insensiblement à éloigner des villes les maréchaux, les charpentiers, les menuisiers, les chaudronniers, les tonneliers, les fondeurs, les tisserands, et généralement tous ceux dont la profession est plus ou moins incommode pour le voisin.

« A coup sûr, les arts que nous venons de nommer, forment un voisinage plus désagréable que celui des fabriques dont nous avons parlé : le seul avantage qu'ils ont sur ces dernières, c'est leur ancienneté d'exercice. Leur droit de domicile s'est établi avec le temps et par le besoin : ne doutons pas que lorsque nos fabriques seront plus vieilles et mieux connues, elles ne jouissent paisiblement du même avantage dans la société. En attendant, nous pensons que la classe doit profiter de cette circonstance pour les mettre d'une manière spéciale sous la protection du gouvernement, et déclarer que les fabriques d'acides, de sel ammoniac, de bleu de Prusse, de sel de saturne, de blanc de plomb, les boucheries, les amidonneries, les tanneries, les brasseries, ne forment point un voisinage nuisible à la santé, lorsqu'elles sont bien conduites.

« Nous ne pouvons pas en dire autant du *rouissage du chanvre*, des *boyauderies*, des *voiries*, et généralement de tous les établissements où l'on soumet une grande quantité de matières animales ou végétales à une putréfaction humide ; dans tous ces cas, outre l'odeur très désagréable qui s'exhale, il se dégage encore des miasmes qui sont plus ou moins malfaisants.

« Nous devons ajouter que, quoique les fabriques dont nous avons déjà parlé et que nous avons considérées comme n'étant pas nuisibles à la santé par leur voisinage, ne doivent pas être déplacées ; néanmoins l'administration doit être invitée à exercer sur elles la surveillance la plus active, et à consulter les personnes instruites pour prescrire aux entrepreneurs les mesures les plus propres à empêcher que les odeurs et la fumée ne se répandent dans le voisinage.

« On peut atteindre ce but en améliorant les procédés de fabrication ; en élevant les murs d'enceinte pour que la vapeur ne soit pas déversée sur les habitations voisines ; en perfectionnant la conduite du feu, qui peut être telle que la fumée elle-même soit brûlée dans les foyers ou déposée dans les longs tuyaux des cheminées ; en entretenant la plus grande propreté dans les ateliers, de manière qu'aucune matière ne s'y corrompe et que tous les résidus susceptibles de fermentation aillent se perdre dans des puits profonds et ne puissent en aucune manière incommoder les voisins.

« Nous observerons encore que, lorsqu'il s'agit de former de nouveaux établissements de bleu de Prusse, de sel ammoniac, de *tanneries*, d'*amidonneries*, et généralement de toute fabrication qui produit nécessairement des vapeurs très incommodes pour les voisins ou des dangers toujours renaissants par la crainte du feu ou des explosions, il serait à la fois sage, juste et prudent de prononcer en principe que ces établissements ne pourraient être formés dans l'enceinte des villes et près des habitations qu'avec une autorisation spéciale, et que, dans le cas où les entrepreneurs ne rempliraient pas cette condition indispensable, la translation de leurs établissements pourrait être ordonnée sans indemnité.

« Il résulte donc de notre rapport :

« 1° Que les établissements de boyauderie, de voirie, de rouissage, et généralement tous ceux dans lesquels on amoncelle et fait pourrir ou putréfier en grandes masses des matières animales ou végétales, forment un voisinage nuisible à la santé, et qu'on doit les porter hors de l'enceinte des villes et de toute habitation.

« 2° Que les fabriques dans lesquelles on développe des odeurs désagréables par le moyen du feu, comme dans la fabrication des acides, du bleu de Prusse, du sel ammoniac, ne forment un voisinage dangereux que par défaut de précaution, et que les soins de l'administration ne doivent se borner qu'à une surveillance active et éclairée, pour faire perfectionner les procédés dans la fabrication et la conduite du feu, et pour y maintenir une propreté convenable.

« 3° Qu'il serait digne d'une bonne et sage administration de faire des règlements qui prohibassent, pour l'avenir, dans l'enceinte des villes et près des habitations, l'établissement de toute fabrique dont le voisinage est essentiellement incommode ou dangereux, sans une autorisation préalable. On peut comprendre dans cette classe les poudreries, les tanneries, les amidonneries, les fonderies de métal et de suif, les amas de chiffons, les fabriques de bleu de Prusse, de vernis, de colle-forte, de sel ammoniac, les poteries, etc.

« Telles sont les conclusions que nous avons l'honneur de soumettre à la classe. »

9. — Ce rapport, si plein de sages conseils que nous aurons souvent l'occasion de rappeler, guida, jusqu'en 1810, l'administration, toutes les fois qu'elle eut à se prononcer sur l'autorisation ou la suppression d'établissements insalubres ou incommodes. Mais on ne tarda pas à reconnaître que, renfermant des données générales, le rapport de l'an XIII était susceptible de différentes interprétations et, par conséquent, insuffisant. En 1809, le ministre de l'intérieur en demanda un nouveau à l'Institut, et le rapport suivant fut fait par la section de chimie, approuvé par la classe entière des sciences physiques et mathématiques et adressé au Ministre :

3. — *Rapport de l'Institut en* 1809.

« En comparant les fabriques qui existaient il y a vingt ans avec celles qui aujourd'hui sont en activité, on est frappé de l'amélioration que les procédés qu'on suit dans ces dernières ont éprouvés, et en même temps on est forcé de convenir qu'elles doivent cet avantage aux lumières qu'elles ont empruntées à la chimie et à l'heureuse application qu'elles ont su en faire.

« Par une conséquence naturelle de cet état de choses, le nombre des fabriques a dû nécessairement augmenter et l'industrie nationale, en se perfectionnant, a dû nécessairement aussi donner lieu à de nombreuses spéculations, dont les résultats sont devenus d'autant plus avantageux qu'ils ont tourné au profit de la société.

« Mais si, d'un côté, on doit savoir gré aux fabricants du zèle qu'ils mettent à poursuivre leurs travaux et à les multiplier, ainsi que des sacrifices que souvent ils font avant même d'avoir acquis la certitude d'obtenir des succès, on a aussi quelques reproches à leur faire sur l'insouciance avec laquelle plusieurs d'entre eux choisissent les localités où ils établissent leurs fabriques.

« Uniquement occupés de l'emploi des moyens qui doivent leur procurer les résultats qu'ils désirent obtenir, ils ne cherchent pas toujours à s'assurer si les matières premières dont ils se servent, ou les produits qu'ils en séparent, donnent, pendant leur traitement, naissance à des vapeurs d'une odeur désagréable, qui, en se répandant plus ou moins promptement, et à des distances plus ou moins éloignées, finissent par incommoder ceux qui les respirent.

« C'est sans doute à ce peu de précaution ou à cet oubli qu'on doit attribuer les plaintes formées contre certaines fabriques, et les demandes réitérées tendant à obtenir leur suppression ou au moins leur éloignement des lieux environnés d'habitations.

« S'il est impossible de ne pas reconnaître souvent la justesse de ces plaintes, on est forcé de convenir que quelquefois elles n'ont pour véritable prétexte que des inquiétudes mal fondées, des préventions, des jalousies et des rivalités.

« Il devenait donc nécessaire de chercher des moyens qui, en dissipant à cet égard toute espèce d'incertitude, fixassent, d'une manière sûre et constante, les bases sur lesquelles doivent être établies les décisions des magistrats devant qui les plaintes étaient portées.

« Déjà, en l'an XIII, le ministre de l'intérieur, convaincu des difficultés que présentait un travail fait d'après ces vues, avait écrit à la classe des sciences physiques et mathématiques pour l'inviter à s'occuper de cet objet important.

« Les commissaires qui, à cette époque, furent nommés, rédigèrent un rapport dans lequel ils proposaient plusieurs des mesures qu'ils croyaient qu'on devait prendre, et indiquaient surtout les manufactures ou fabriques qui leur paraissaient devoir être conservées, et celles qu'il convenait d'éloigner du voisinage des lieux habités. Ce rapport, fait avec beaucoup de soin et rempli d'observations très-intéressantes et judicieuses, a été unanimement adopté par la classe et a souvent guidé le magistrat de police, soit lorsqu'il croyait devoir faire droit aux réclamations qui lui étaient présentées, soit lorsqu'il jugeait convenable de les écarter.

« Malheureusement l'expérience ne tarda pas à prouver que ce rapport qui, d'abord, avait paru suffisant pour remplir les vues du ministre, n'offrant que des données générales, était susceptible de différentes interprétations, qui, suivant qu'elles étaient plus ou moins favorables aux réclamants et aux fabricants, donnaient lieu à de nouvelles plaintes que les parties qui se croyaient lésées poursuivaient avec chaleur.

« Voulant faire disparaître ces inconvénients, le ministre s'est de nouveau adressé à la première classe de l'Institut, et, après avoir exposé, dans une lettre très-détaillée, les motifs qui l'engagent à réclamer encore son avis, il l'invite à prendre sa demande en grande considération.

« La classe, à son tour, convaincue de l'importance de l'affaire qui lui était soumise, a pensé qu'elle devait charger du soin de l'examiner, ceux de ses membres qui, par la nature de leurs travaux particuliers, étaient plus à portée de connaître, non-seulement les divers produits que les fabriques fournissent au commerce, mais encore les opérations employées pour obtenir ces produits. En conséquence, elle a arrêté que la section de chimie serait invitée à présenter incessamment un rapport sur la demande du ministre.

« Le premier soin de la commission a été de bien se pénétrer des diverses observations insérées dans la lettre du ministre : elles méritaient, en effet, de fixer d'autant plus l'attention, qu'elles présentaient un aperçu des motifs qu'on pouvait faire valoir pour éloigner certaines fabriques et en conserver d'autres.

« Voici à cet égard, comment le ministre s'est exprimé :

« *S'il est juste*, est-il dit dans sa lettre, *que chacun puisse exploiter librement son industrie, le gouvernement ne saurait, d'un autre côté, voir avec indifférence que, pour l'avantage d'un individu, tout un quartier respire un air infect, ou qu'un particulier éprouve des dommages dans sa propriété. En admettant que la plupart des manufacturiers dont on se plaint n'occasionnent pas d'exha-*

*laisons contraires à la salubrité publique, on ne niera
pas non plus que ces exhalaisons peuvent être quelquefois désagréables, et que, par cela même, elles ne portent
un préjudice réel aux propriétaires des maisons voisines,
en empêchant qu'ils ne louent ces maisons, ou en les forçant, s'ils les louent, à baisser le prix de leurs baux.
Comme la solicitude du gouvernement embrasse toutes les
classes de la société, il est de sa justice que les intérêts de
ces propriétaires ne soient pas perdus de vue plus que
ceux des manufacturiers. Il paraîtra peut-être, d'après
cela, convenable d'arrêter en principe que les établissements qui répandent une odeur forte et gênant la respiration, ne seront dorénavant formés que dans des localités isolées.*

« Il était difficile de se refuser à l'évidence de principes
aussi incontestables que ceux établis dans le paragraphe
de la lettre qu'on vient de citer. Aussi la commission s'est-
elle empressée de les adopter, et de les considérer comme
devant servir de base aux différentes propositions qu'elle
avait à faire.

« Toutes les fabriques variant entre elles par la nature
des travaux qui les occupent, il était nécessaire de se procurer une connaissance exacte de celles qui, étant en activité surtout dans le ressort de Paris, devaient principale-
ment fixer l'attention. Pour cela, la commission s'est
adressée à M. le préfet de police qui, sur-le-champ, a
donné des ordres dans ses bureaux pour qu'il fût rédigé
un tableau de tous les ateliers, fabriques et établissements
qui sont sous sa surveillance.

« C'est d'après ce tableau que la commission a opéré
et qu'elle a arrêté qu'il serait divisé en trois classes, dont
la première comprendrait les établissements ou fabriques
qui décidément devaient être éloignées des endroits habités ; la seconde, ceux de ces établissements qui, pouvant
rester auprès des habitations, avaient cependant besoin
d'être surveillés ; et enfin la troisième, ceux qui pouvaient
être placés partout et dont le voisinage n'offrait aucun inconvénient, soit sous le rapport de la sûreté, soit sous celui de la salubrité. En lisant ce tableau, qui se trouve
annexé au présent rapport, on sera bientôt convaincu,

1° que les établissements compris dans la première classe ne doivent pas rester auprès des habitations, puisque les matières qu'on y travaille et les produits qu'on en retire, ou répandent une odeur désagréable qu'il est difficile de supporter et qui nuit à la salubrité, ou sont susceptibles de compromettre la sûreté publique par des accidents auxquels ils pourraient donner lieu. Ainsi, par exemple, les *boyauderies*, dans lesquelles on rassemble les intestins des animaux pour leur faire subir différentes préparations qui les amènent à cet état particulier où ils doivent être pour permettre qu'ensuite on les emploie à divers usages ; les *fabriques de colle-forte* dans lesquelles on ne se sert que de débris d'animaux qu'on fait macérer dans l'eau jusqu'à ce qu'ils aient éprouvé une fermentation putride très-avancée, et qu'on croit nécessaire pour obtenir la substance qui forme la colle ; les amidonneries, dans lesquelles aussi les grains, les sons, les recoupes, les griots, doivent indispensablement être soumis à la fermentation putride; les *ateliers d'équarrissage et de poudrette*, tous ces établissements et beaucoup d'autres de cette espèce, considérés sous le rapport de la salubrité, ne peuvent et ne doivent pas, à cause de la mauvaise odeur qu'ils répandent, être placés près des habitations. En vain essaie-t-on de prouver par de simples raisonnements l'innocuité des gaz qui proviennent de ces fabriques; jamais on ne parviendra à persuader qu'on peut les respirer impunément et que l'air qui les contient n'est pas aussi insalubre qu'on le croit. Par d'autres raisons non moins essentielles, on a dû placer dans la première classe des fabriques qu'il convient d'éloigner, celles qui peuvent compromettre la sûreté publique. Tels sont, entre autres, les *ateliers d'artificiers et les poudrières*, qui, malgré toutes les précautions que prennent ceux qui les dirigent, sont susceptibles d'une foule d'inconvénients dont malheureusement on n'a que trop d'exemples. Au reste, en demandant l'éloignement des fabriques dont il vient d'être question, on ne fait, pour ainsi dire, que réclamer l'exécution d'anciennes ordonnances de police qui n'ont jamais été abrogées, et d'après lesquelles il est constant qu'il y avait certaines fabriques qu'on ne souffrait jamais dans l'intérieur de la ville.

Si alors on se contentait de les reléguer dans les faubourgs,c'est que les faubourgs qui étaient peu peuplés, offraient de vastes terrains inhabités, sur lesquels les fabricants pouvaient établir des ateliers, sans craindre que leur voisinage pût devenir incommode aux plus proches voisins. Mais aujourd'hui que les fabriques se sont multipliées, et que, dans les faubourgs, les maisons particulières sont presque en aussi grand nombre et presque aussi resserrées que dans l'intérieur de la ville, on ne voit plus, sans inquiétude, de nouvelles fabriques s'y élever ; et si l'on supporte celles qui existent depuis longtemps, c'est que les propriétaires des maisons qui ont été bâties depuis, n'ont pas droit de se plaindre, puisqu'ils ont dû s'attendre aux inconvénients auxquels les exposait le voisinage de ces établissements. Quoique, d'après ce qui vient d'être dit, la nécessité d'écarter toutes les fabriques comprises dans la première classe du tableau paraisse bien démontrée, la commission doit néanmoins faire observer qu'elle n'est pas éloignée de croire à la possibilité d'en pouvoir diminuer le nombre par la suite, surtout si les fabricants, abandonnant quelques-uns des procédés qu'ils emploient aujourd'hui, parviennent à en découvrir d'autres qui, sans avoir les mêmes inconvénients que ceux dont ils se servent, n'en soient pas moins propres à leur procurer les résultats qu'ils cherchent à obtenir.

Déjà même on sait que dans quelques *fabriques de soude* et *de bleu de Prusse,* dont le voisinage est si redoutable lorsqu'on emploie les procédés ordinaires, on commence à faire usage d'opérations nouvelles au moyen desquelles les gaz acide muriatique et hydrogène sulfuré sont si bien coërcés, absorbés ou dilatés, qu'à peine même sont-ils sensibles dans l'intérieur des fabriques; mais il reste à savoir si ces opérations faites en grand auront du succès, et si leur emploi n'est pas lui-même sujet à quelques inconvénients.

« Les ateliers, établissements et fabriques compris dans la seconde classe du tableau n'ont pas été jugés par la commission être dans le cas qu'on exigeât qu'ils fussent aussi éloignés des lieux habités que ceux compris dans la première classe ; mais cependant elle a pensé qu'il était indispensable de les surveiller.

« Pour bien sentir les motifs de cette opinion, il suffit de savoir que la plupart des opérations qui se pratiquent dans ces établissements, ne peuvent produire de vapeurs nuisibles qu'autant qu'on ne prend pas tous les soins qui conviennent pour opérer leur condensation. Or, comme les procédés et les appareils au moyen desquels on parvient aisément à s'en rendre maître, sont aujourd'hui parfaitement connus et presque généralement adoptés, on n'a besoin que de recommander qu'ils soient employés, et il est indubitable qu'ils le seront, lorsque les propriétaires des fabriques dont il s'agit sauront qu'on les surveille et que la moindre négligence de leur part pourrait les exposer à recevoir l'ordre de cesser leurs travaux.

« Il faut cependant convenir que, dans plusieurs des fabriques comprises dans cette seconde classe, quelque précaution qu'on prenne pour bien luter les appareils, il y a toujours des gaz qui se séparent et qui sans doute incommoderaient leurs voisins, si leur quantité n'était pas si peu considérable que rarement ils dépassent l'intérieur des ateliers. Aussi les ouvriers qui y travaillent seraient-ils les seuls fondés à s'en plaindre, si l'habitude de les respirer ne les rendait pas, pour ainsi dire, insensibles à leur action.

« C'est ainsi, par exemple, que, lorsqu'on entre dans les *fabriques d'acide sulfurique, nitrique et muriatique* simple et oxygéné, on est frappé tout à coup de l'odeur de ces acides, tandis que les ouvriers s'en aperçoivent à peine, et qu'ils n'en sont incommodés que quand, faute de prévoyance, ils en respirent beaucoup à la fois.

« Au surplus, peut-être serait-il prudent d'exiger que surtout les grandes fabriques d'acides fussent placées à l'extrémité des villes, dans les quartiers peu peuplés, et qu'elles fussent disposées de manière que, dans le cas où quelques gaz viendraient à s'en échapper, ils pussent être entraînés sur-le-champ par des courants d'air. Cette précaution suffirait pour mettre les voisins à l'abri de toute espèce d'inquiétude.

« Quant aux établissements indiqués dans la troisième classe, la commission est d'avis qu'il y a d'autant moins

d'inconvénient à permettre qu'ils soient placés près des
habitations, que, sous aucun rapport, ils ne peuvent être
nuisibles, et que les précautions qu'on a droit d'exiger
des propriétaires de ces établissements sont les mêmes
que celles que tous les individus qui vivent en société
prennent ordinairement, lorsqu'ils ne veulent pas se nuire
réciproquement.

« Reste maintenant à s'occuper d'une demande que le
ministre a faite, et qui est relative à la distance des habitations que doivent observer les fabriques dont l'éloignement est jugé nécessaire et indispensable.

« La commission ne doit pas dissimuler qu'en méditant
sur cette demande, elle s'est trouvée fort embarrassée
our y répondre.

« En effet, on conçoit facilement que toutes les localités
'étant pas les mêmes, si on établissait la distance où doi-
ent être placées les manufactures des lieux habités, il en
'ésulterait que souvent un local assez voisin d'habitations
ourrait cependant, par la nature même de sa position,
onvenir à l'établissement d'une manufacture, sans que
es habitants des maisons les plus voisines fussent dans le
as de s'apercevoir des vapeurs qui s'exhaleraient de cet
tablissement.

« Ainsi, par exemple, on suppose un local placé dans un
ond et environné, du côté des endroits habités, par de
autes montagnes ; assurément un local semblable, quoi-
ue voisin d'habitations, n'offrirait aucun inconvénient
our y placer une fabrique, puisque les vapeurs, avant
e parvenir au sommet des montagnes, auraient été for-
ées de traverser une grande masse d'air atmosphérique,
ù elles auraient perdu, en s'y dissolvant, toute leur pro-
riété insalubre. Cette supposition, qu'on cite pour exem-
le, paraîtra d'autant moins déplacée, qu'il est possible
e la justifier par un fait dont un des membres de la com-
ission vient tout récemment d'être témoin. Ce fait mérite
'être cité.

« Un *fabricant de soude artificielle*, après avoir été
bligé de quitter un emplacement dans lequel il avait fait
es premiers essais, parce que ses voisins se plaignaient de
a vapeur acide à laquelle ils étaient exposés, imagina

1**

d'avoir trouvé un endroit qui ne serait pas sujet au même inconvénient que le premier, en se plaçant dans le fond d'une profonde carrière abandonnée, qui, d'un côté, est bordée de montagnes de la hauteur de quatre-vingt-huit mètres, à partir du sol de la carrière, et dont le côté opposé donne sur la campagne. Quelques habitants des maisons construites sur le plateau de ces montagnes, conçurent des inquiétudes, lorsqu'ils apprirent qu'on allait s'occuper de l'établissement projeté. Ils mirent aussitôt tout en œuvre pour s'y opposer, et ils vinrent à bout, à force de tracasseries, de déterminer le fabricant à abandonner le local qu'il avait choisi, quoique, sous beaucoup de rapports, il eût dû lui convenir.

« Une autre raison encore qui prouve la difficulté d'établir dans un règlement d'une manière exacte, la distance qu'on doit assigner aux fabriques qui sont dans le cas d'être éloignées, c'est que les gaz qu'elles répandent n'étant ni de même nature, ni également expansibles, ni délétères au même degré, il ne serait pas raisonnable d'exiger qu'elles fussent toutes également forcées à s'isoler des villes ou des lieux habités.Or, comme pour fixer les limites de chaque fabrique, il faudrait avoir des renseignements positifs, tant sur les localités que sur l'extension plus ou moins grande que chaque fabrique voudrait donner à ses travaux, et qu'on ne peut pas se les procurer facilement, il en résulte que, quant à présent, une fixation exacte des distances que doivent observer ces fabriques est presque impossible.

« Cependant, pour se tirer d'embarras, la commission a pensé qu'on pourrait adopter provisoirement les moyens suivants, qui consistent à établir en principe général que toutes les fabriques comprises dans la première classe du tableau ne pourront être placées qu'à des distances assez éloignées des villes pour ne pas incommoder les habitants des maisons les plus voisines; et que, quant au surplus, on s'en rapportera aux autorités chargées de la surveillance et de la police des fabriques; attendu que, par la nature de leurs fonctions, elles sont plus à portée que personne de se procurer des informations sur les avantages ou sur les inconvénients que pourraient présenter les localités où les fabricants voudront s'établir.

« A ces moyens on pourrait encore ajouter la précaution d'exiger de tout fabricant qui voudra s'établir, une déclaration de l'endroit où il a intention de se placer, ainsi que du genre d'opérations qu'il se propose de suivre, et de ne lui accorder la permission de commencer ses travaux qu'après l'avoir prévenu que, dans le cas où il surviendrait des plaintes contre lui, plaintes qui seraient constatées par des personnes en état de juger si elles sont légitimes, il lui serait enjoint de fermer sa fabrique et de la porter ailleurs.

« On serait bien sûr alors que le fabricant, qui ne voudrait pas courir le risque de perdre des dépenses qu'il aurait faites, ne manquerait pas de choisir un emplacement où il serait à l'abri de tout reproche.

« La commission est d'autant plus fondée à croire au succès des moyens qui viennent d'être proposés, que déjà l'expérience a prononcé en leur faveur.

« Pour en avoir la preuve, il suffit de savoir que, depuis trois ans environ, aucune fabrique ne peut s'établir, soit dans Paris, soit aux environs, sans une permission spéciale, laquelle n'est accordée que lorsque des personnes nommées à cet effet se sont transportées sur les lieux et ont constaté si les fours, les fourneaux, les cheminées, et généralement tous les bâtiments, sont construits de manière à ne donner aucune inquiétude sous le raport de l'incendie, et si les opérations que le fabricant se propose d'exécuter ne sont pas de nature à nuire aux propriétaires voisins.

« C'est, on le répète, avec de semblables mesures qu'on est parvenu à éloigner plusieurs fabriques qui, si elles eussent été placées où on voulait les établir, n'auraient pas manqué de donner lieu à des plaintes bien fondées, et auxquelles, par conséquent, il aurait été impossible de ne pas faire droit sans commettre une injustice.

« Dans toutes les fabriques actuellement existantes, celles où depuis quelque temps on s'occupe de l'*extraction de la soude en décomposant le sel marin*, ont excité de vives réclamations qui malheureusement ne sont que trop fondées.

« Pour s'en convaincre, il suffit de savoir qu'il est de notoriété publique que presque toutes les propriétés voisines de ces fabriques ont tellement été endommagées qu'il a fallu souvent les abandonner : on cite même, entre autres choses, des récoltes entières, dans l'étendue à peu près d'un quart de lieue, qui ont été entièrement détruites.

« Assurément des fabriques de cette espèce doivent être plus éloignées que d'autres, et les localités qui leur conviennent sont celles qui, à une très-grande distance, sont environnées de terrains inhabités et incultes. Cependant cette condition ne devra être de rigueur qu'autant que les fabricants de soude artificielle persisteront à se servir du procédé qu'ils ont employé jusqu'ici pour se débarrasser de l'acide muriatique qu'ils dégagent du sel marin ; car si, comme on l'a déjà dit, ils en trouvaient un autre, au moyen duquel ils parvinssent à s'opposer à l'évaporation de l'acide, il n'y aurait plus alors le moindre doute que les fabriques de soude pourraient être assimilées à beaucoup d'autres qui n'exigent pas un éloignement très-considérable des lieux habités.

« D'après toutes les considérations exposées dans ce rapport, la commission propose à la classe de répondre à S. Exc. le ministre de l'intérieur :

« 1° Que toutes les fabriques existantes, soit dans les villes, soit aux environs, n'étant pas également susceptibles de devenir incommodes, de nuire à la salubrité, et de causer des inquiétudes par rapport aux accidents auxquels elles peuvent donner lieu, leur éloignement des endroits habités n'est pas non plus également nécessaire ;

« 2° Que pour établir les différences qui existent entre ces fabriques, considérées sous le rapport des inconvénients dont elles sont susceptibles, il convient de les diviser en trois classes ;

« 3° Que dans la première classe on peut placer les fabriques qui, donnant naissance à des émanations incommodes et insalubres, doivent nécessairement être éloignées des habitations ;

« 4° Que les fabriques de la seconde classe, formée de toutes celles qui, ne devenant susceptibles d'inconvé-

nients qu'autant que les opérations qu'on y pratique
sont mal exécutées, doivent être soumises à une surveillance exacte et sévère sans exiger qu'elles soient aussi
éloignées que les premières. Seulement il serait à désirer
que les grandes fabriques d'acides minéraux fussent toujours placées à l'extrémité des villes, dans les quartiers
peu peuplés ;

« 5° Que les fabriques de troisième classe, n'étant
sujettes à aucun inconvénient, n'offrent point de motifs
pour qu'on ne consente pas à ce qu'elles soient placées
auprès des habitations ;

« 6° Qu'il est difficile, pour ne pas dire impossible, de
déterminer les distances où il doit être permis aux fabricants de la première classe de s'établir : mais qu'il est à
propos de leur imposer, d'une manière générale, l'obligation de s'éloigner des lieux habités ;

« 7° Que provisoirement on pourrait laisser aux autorités chargées de la police et de la surveillance des
fabriques, le soin de s'assurer si les localités choisies
par les fabricants sont à une assez grande distance des
habitations ou placées de manière à ne pas porter préjudice à leurs voisins ;

« 8° Que tout fabricant qui voudra s'établir sera tenu
de demander la permission aux autorités compétentes, et
désignera, en même temps, le genre d'industrie qu'il se
propose d'exercer ;

« 9° Qu'avant de délivrer la permission demandée, le
fabricant sera averti que, dans le cas où l'expérience
prouverait que les localités qu'il a choisies ne sont pas
suffisamment éloignées, et que les vapeurs qui s'exhalent
de sa fabrique sont nuisibles sous le rapport de la salubrité ou autrement, il lui sera enjoint de porter ailleurs
son établissement ;

« 10° Que les fabricants de soude artificielle doivent
être rigoureusement astreints à se placer dans des endroits inhabités et incultes, tant qu'ils n'auront pas
trouvé d'autre moyen pour se débarrasser de l'acide muriatique qu'ils séparent du muriate de soude, que de le
laisser perdre dans l'atmosphère ;

« 11° Enfin, que les mesures à prendre n'auront pas un

1***

effet rétroactif pour les fabriques ou établissements déjà en activité, pourvu toutefois qu'on ait la certitude qu'il n'y a pas dans leurs travaux une interruption de plus de six mois à un an, et pourvu aussi qu'on ait la preuve que les opérations qu'on y pratique ne sont pas susceptibles de compromettre la salubrité et de porter atteinte aux pro- priétés des voisins.

10. — Le second rapport de l'Institut, dont les justes considérations n'échapperont à personne, servit de base au décret impérial du 15 octobre 1810, relatif aux manufactures qui répandent une odeur insalubre et incommode. Ce décret, qui fit ce que la loi aurait dû faire, fut précédé d'un rapport du ministre de l'in- térieur qui en expose nettement les motifs et qui est ainsi conçu :

4. — *Rapport ministériel du 9 octobre 1810.*

« Il s'est élevé, à différentes époques, des plaintes très- vives contre les établissements dans lesquels on fond le suif, on tanne les cuirs et l'on fabrique la colle-forte, le bleu de Prusse, le vitriol, le sel de saturne, le sel ammo- niac, l'amidon, la chaux, la soude, les acides minéraux, etc. On prétend que leur exploitation occasionne des exha- laisons nuisibles à la végétation des plantes et à la santé des hommes.

Ces plaintes furent communiquées, en l'an XIII, à la classe des sciences physiques et mathématiques de l'Ins- titut, qui rédigea un travail que mes prédécesseurs ont constamment pris pour règle, toutes les fois qu'ils ont eu occasion de statuer sur des demandes en suppression de fabriques. Tout serait donc terminé, s'il n'était parvenu de nouvelles réclamations. Ce sont les manufactures de soude qui les font principalemeut naître.

« On m'assure que les vapeurs causées par ces manu- factures anéantissent les végétaux qui se trouvent dans le voisinage, et oxydent, en très peu de temps, le fer sur le- quel elles s'arrêtent.

« Un pareil état de choses ne saurait être vu avec indifférence. S'il est juste que chacun soit libre d'exploiter son industrie, le gouvernement ne peut, d'un autre côté, tolérer que, pour l'avantage d'un individu, tout un quartier respire un air infect, ou qu'un particulier éprouve des dommages dans sa propriété. J'admets que la plupart des établissements dont on se plaint n'occasionnent pas des exhalaisons contraires à la salubrité publique ; mais, à coup sûr, on ne saurait nier que ces exhalaisons ne soient fort désagréables, et que par cela même elles ne préjudicient aux propriétaires des maisons voisines, en empêchant qu'ils ne louent ces maisons, ou en les forçant, s'ils les louent, à baisser le prix de leurs baux. La sollicitude du gouvernement embrassant toutes les classes de la société, il est de sa justice que les intérêts de ces propriétaires ne soient pas plus perdus de vue que ceux des manufacturiers. Un moyen qui me paraît propre à concilier ce qu'on doit aux uns et aux autres, serait d'arrêter en principe que les établissements qui répandent une odeur forte et gênant la respiration, ne seront dorénavant formés que dans les localités isolées.

Une disposition semblable ne saurait nuire à ces établissements : le seul changement qu'il apporterait à l'état des choses, c'est qu'au lieu d'être dans les villes où ils font naître des plaintes continuelles, ils se trouveraient dans des emplacements où ils n'incommoderaient personne. Ces considérations m'ont fait penser qu'il serait sage de dresser un tableau de ceux dont la formation ne sera plus permise dans les communes, et qu'il convient d'éloigner des habitations particulières. La classe des sciences physiques et mathématiques de l'Institut pouvant seule dresser ce tableau d'une manière satisfaisante pour le public et pour l'administration, je l'ai priée de vouloir bien s'en occuper. Le travail qu'elle m'a envoyé à cet égard ne laisse rien à désirer. Il consacre d'abord les principes posés par la lettre que je lui ai ai écrite pour le lui demander ; il est terminé par la proposition de diviser en trois classes les manufactures et ateliers qui répandent une odeur insalubre ou incommode. Dans la première classe seraient compris les établissements qu'il convient d'éloigner des habitations particulières ; dans la seconde, ceux dont l'éloignement des habitations n'est pas rigousement nécessaire, mais dont il importe néanmoins de ne permetre la formation qu'après avoir acquis la certitude que les opérations qu'on y pratique sont exécutées de manière à ne pas incommoder les propriétaires du voisinage, ni à leur causer des dommages. La dernière classe renferme les établissements qui peuvent rester sans inconvénient auprès des habitations.

« La division faite par la classe des sciences physiques et mathématiques paraîtra sans doute sage à Votre Majesté. Elle m'a donné lieu de rédiger un projet de décret impérial, dans lequel j'ai tâché de concilier tous les intérêts. D'après ce projet, le ministre de l'intérieur peut seul délivrer les permissions nécessaires pour la formation des établissements compris dans la première classe. Ces établissements étant ceux dont l'activité occasionne le plus de réclamations, j'ai pensé que la création devait en être subordonnée à son approbation. Sa décision, qui ne sera prise qu'en connaissance de cause, sera un garant que s'il accorde la permission, c'est qu'il a jugé qu'il ne pouvait en résulter aucun inconvénient, ni pour la salubrité publique, ni pour les propriétés du voisinage. Dans le cas où ces propriétés éprouveraient des dommages, un article du projet permet de demander des indemnités dont la quotité sera réglée par l'autorité judiciaire.

« Cette disposition n'a pas besoin d'être justifiée. Les tribunaux statuant sur tout ce qui intéresse la propriété, sa nature et son exercice, il est naturel de leur renvoyer la connaissance des plaintes qui peuvent être adressées.

« Il aurait été à désirer qu'il eût été possible de déterminer la distance où les établissements compris dans la première classe doivent être des habitations particulières. « Ce point a beaucoup occupé la classe des sciences physiques et mathématiques de l'Institut, et le résultat de ses méditations a été qu'on ne saurait le décider d'une manière positive. Une manufacture peut, en effet, quoique très-rapprochée des maisons, être placée de manière à n'incommoder personne, tandis qu'une autre, qui en est à une distance considérable, va, par sa situation sur une hauteur, les couvrir de vapeurs infectes qui en rendront le séjour insupportable. Il n'a donc pas été possible d'établir la distance dans le projet de décret ; et quelque désir que j'eusse d'empêcher qu'on agît arbitrairement, il a fallu abandonner ce soin à la sagesse de l'autorité locale.

« Ce sont les préfets et les sous-préfets qui accordent les permissions qu'exige la mise en activité des établissements placés dans la seconde et la dernière classe, après avoir fait procéder à des informations *de commodo et incommodo*. La formation de ces établissements cause moins de réclamations que l'exploitation de ceux compris dans la première classe ; et il est convenable de leur donner cette attribution, afin d'abréger les délais qui auraient lieu, si l'on était forcé de s'adresser au ministre de l'Intérieur.

« Le projet fait une exception à cette règle pour Paris et les villes où il y a des commissaires généraux de police. Le préfet de police de la première de ces villes, et les commissaires généraux, ayant eu, jusqu'à présent, la surveillance des établissements qui répandent une odeur insalubre ou incommode, il m'a paru qu'il ne fallait apporter aucun changement à ce qui existe. La loi du 22 germinal de l'an xi, titre 5, les charge d'ailleurs de régler les affaires de police entre les ouvriers et ceux qui les emploient ; et de cette attribution découle, à certains égards, celle que je propose ici de leur conserver.

« Les derniers articles du projet parlent des établissements déjà en activité ; d'après ces articles, ils sont conservés dans l'emplacement qu'ils occupent. Votre Majesté approuvera sans doute cette disposition. Ils ont été créés dans la persuasion qu'on ne les troublerait point dans leurs travaux, et il serait contraire aux principes de l'administration de revenir sur ce qui a été fait. Seulement les entrepreneurs de fabriques de soude qui n'opèrent point à vases clos, sont tenus de se pourvoir d'une permission, ou, s'ils en ont une, de la faire confirmer. Partout où il a été établi de ces fabriques, on les a dénoncées comme anéantissant la végétation et oxydant très-promptement le fer, et il importe d'en subordonner l'exploitation à l'accomplissement des formalités prescrites par le projet, afin de prouver aux propriétaires du voisinage que leurs intérêts ne sont pas plus perdus de vue que ceux des manufacturiers.

« J'ajoute que les plaintes dont elles ont été l'objet ont déterminé quelques préfets, notamment celui de la Seine-Inférieure, à ordonner des mesures particulières dont ils sollicitent l'approbation, et que j'ai ajourné ma décision jusqu'à ce que Votre Majesté ait pris un parti sur le travail que j'ai l'honneur de lui soumettre. Le projet ne fait subir la loi commune aux établissements en activité, qu'autant qu'ils seront transférés d'un emplacement dans un autre, ou qu'il y aura, dans leur exploitation, une interruption de six mois ; alors il assimile aux établissements à former, c'est-à-dire qu'ils ne peuvent être remis en activité qu'après avoir obtenu, s'il y a lieu, une nouvelle permission.

« Tels sont, Sire, les motifs qui m'ont dirigé dans la confection du travail que j'ai l'honneur de présenter à Votre Majesté. J'avais d'abord pensé qu'il convenait d'ordonner l'apposition d'affiches toutes les fois qu'il serait adressé une demande en établissement d'une manufacture répandant une odeur insalubre ou incommode ; mais des réflexions ultérieures m'ont fait changer d'avis. Une disposition semblable aurait donné naissance à des oppositions nombreuses et souvent peu fondées, et empêché par suite la formation des fabriques de produits chimiques, fabriques qui méritent toute la protection et la bienveillance de Votre Majesté, puisqu'elles nous fournissent des produits pour lesquels nous étions auparavant tributaires de l'étranger. Il m'a paru préférable de faire procéder à des informations *de commodo et incommodo* qui présentent toutes les garanties qu'on peut désirer.

11. — L'Empereur approuva le rapport ministériel que nous venons de transcrire et qui donne exactement l'esprit de la législation toujours en vigueur. Le décret organique du 15 octobre 1810 « relatif aux manufactures et ateliers qui repandent une odeur insalubre ou incommode, » est ainsi conçu :

5. — *Décret du 15 octobre 1810.*

NAPOLÉON, etc. Sur le rapport de notre ministre de l'intérieur ;

Vu les plaintes portées par différents particuliers contre les manufactures et ateliers dont l'exploitation donne lieu à des exhalaisons insalubres ou incommodes ;

Le rapport fait sur ces établissements par la section de chimie de la classe des sciences physiques et mathématiques de l'Institut ;

Notre Conseil d'État entendu ;

NOUS AVONS DÉCRÉTÉ ET DÉCRÉTONS ce qui suit :

ARTICLE PREMIER. — A compter de la publication du présent décret, les manufactures et ateliers qui répandent une odeur insalubre ou incommode ne pourront être formés sans une permission de l'autorité administrative : ces établissements seront divisés en trois classes.

La première classe comprendra ceux qui doivent être éloignés des habitations particulières ;

La seconde, les manufactures et ateliers dont l'éloignement des habitations n'est pas rigoureusement nécessaire, mais dont il importe néanmoins de ne permettre la formation qu'après avoir acquis la certitude que les opérations qu'on y pratique sont exécutées de manière à ne pas incommoder les propriétaires du voisinage, ni à leur causer des dommages.

Dans la troisième classe seront placés les établissements qui peuvent rester sans inconvénient auprès des habitations, mais doivent rester soumis à la surveillance de la police.

ART. 2. — La permission nécessaire pour la formation des manufactures et ateliers compris dans la première classe sera accordée avec les formalités ci-après par un décret rendu en notre Conseil d'État (1) ;

Celle qui exigera la mise en activité des établissements compris dans la seconde classe le sera par les préfets, sur l'avis des sous-préfets.

Les permissions pour l'exploitation des établissements placés dans la dernière classe seront délivrées par les sous-préfets, qui prendront préalablement l'avis des maires.

ART. 3. — La permission pour les manufactures et fabriques de première classe ne sera accordée qu'avec les formalités suivantes :

La demande en autorisation sera présentée au préfet, et affichée par son ordre dans toutes les communes, à cinq kilomètres de rayon.

Dans ce délai, tout particulier sera admis à présenter ses moyens d'oppostion.

Les maires des communes auront la même faculté.

ART. 4. — S'il y a des oppositions, le Conseil de préfecture donnera son avis, sauf la décision du Conseil d'État.

ART. 5. — S'il n'y a pas d'opposition, la permission sera accordée, s'il y a lieu, sur l'avis du préfet et le rapport de notre ministre de l'intérieur.

ART. 6. — S'il s'agit de fabrique de soude, ou si la fabrique doit être établie dans la ligne des douanes, notre directeur général des douanes sera consulté.

ART. 7. — L'autorisation de former des manufactures et ateliers compris dans la seconde classe ne

---

(1) Ce paragraphe a été modifié par le décret dit de décentralisation administrative, du 25 mars 1852, et dont voici un extrait :

§ 2. Les préfets statueront également, sans l'autorisation du ministre de l'intérieur, sur les divers objets concernant les subsistances, les encouragements à l'agriculture, l'enseignement agricole et vétérinaire, les affaires commerciales sanitaire et industrielle dont la nomenclature est fixée par le tableau B.

sera accordée qu'après que les formalités suivantes auront été remplies :

L'entrepreneur adressera d'abord sa demande au sous-préfet de son arrondissement, qui la transmettra au maire de la commune dans laquelle on projette de former l'établissement, en le chargeant de procéder à des informations de *commodo* et *incommodo*. Ces informations terminées, le sous-préfet prendra sur le tout un arrêté qu'il transmettra au préfet. Celui-ci statuera, sauf le recours à notre Conseil d'État par toutes les parties intéressés.

S'il y a opposition, il y sera statué par le Conseil de préfecture, sauf le recours au Conseil d'État.

ART. 8. — Les manufactures et ateliers ou établissements portés dans la troisième classe ne pourront se former que sur la permission du préfet de police, à Paris, et sur celle du maire, dans les autres villes (1).

S'il s'élève des réclamations contre la décision prise par le préfet de police ou les maires, sur une demande en formation de manufacture ou d'atelier compris dans la troisième classe, elles seront jugées au Conseil de préfecture.

ART. 9. — L'autorité locale indiquera le lieu où les manufactures et ateliers compris dans la première classe pourront s'établir, exprimera sa distance des habitations particulières. Tout individu qui ferait des constructions dans le voisinage de ces manufactures et ateliers, après que la formation en aura été permise, ne sera plus admis à en solliciter l'éloignement.

TABLEAU B. — § 8. Autorisation des établissements insalubres de première classe, dans les formes déterminées pour cette nature d'établissements, et avec les recours existant aujourd'hui pour les établissements de deuxième classe.

(1) Modifié par l'art. 3 de l'ordonnance royale du 14 janvier 1815, reproduite ci-après, p 40.

Art. 10. — La division en trois classes des établissements qui répandent une odeur insalubre ou incommode aura lieu conformémement au tableau annexé au présent décret (1). Elle servira de règle, toutes les fois qu'il sera question de prononcer sur des demandes en formation de ces établissements.

Art. 11. — Les dispositions du présent décret n'auront point d'effet rétroactif : en conséquence, tous les établissements qui sont aujourd'hui en activité continueront à être exploités librement, sauf les dommages dont pourront être passibles les entrepreneurs de ceux qui préjudicient aux propriétés de leurs voisins ; les dommages seront arbitrés par les tribunaux.

Art. 12. — Toutefois, en cas de graves inconvénients pour la salubrité publique, la culture ou l'intérêt général, les fabriques et ateliers de première classe qui les causent pourront être supprimés, en vertu d'un décret rendu en notre Conseil d'État, après avoir entendu la police locale, pris l'avis des préfets, reçu la défense des manufacturiers ou fabricants.

Art. 13. — Les établissements maintenus par l'art. 11 cesseront de jouir de cet avantage, dès qu'ils seront transférés dans un autre emplacement ou qu'il y aura une interruption de six mois dans leurs travaux. Dans l'un et l'autre cas, ils rentreront dans la catégorie des établissements à former, et ils ne pourront être remis en activité qu'après avoir obtenu, s'il y a lieu, une nouvelle permission.

Art. 14. — Nos ministres de l'intérieur et de la police générale sont chargés, chacun en ce qui le concerne, de l'exécution du présent décret, qui sera inséré au *Bulletin des lois*.

---

(1) Nous ne reproduisons pas ici ce tableau qui se trouve fondu dans le tableau général transcrit plus loin, p. 44 et suivantes.

12. — Le décret du 15 octobre 1810, malgré ses imperfections et ses lacunes, que nous aurons lieu de signaler lorsque nous en présenterons, dans le second chapitre, le commentaire, introduisit une véritable amélioration dans la police des établissements dangereux, insalubres ou incommodes ; ses dispositions qui présentent à la fois une garantie aux propriétaires et aux entrepreneurs des établissements industriels, ont été complétées par l'ordonnance royale du 14 janvier 1815, et dont voici les termes :

6.   *Ordonnance du 14 Janvier 1815.*

LOUIS, etc. Sur le rapport de notre ministre secrétaire d'État de l'intérieur ;

Vu le décret du 15 octobre 1810, qui divise en trois classes les établissements insulabres ou incommodes dont la formation ne peut avoir lieu qu'en vertu d'une permission de l'autorité administrative ;

Le tableau de ces établissements qui y est annexé ;

L'état supplémentaire arrêté par le Ministre de l'intérieur, le 22 novembre 1811 ;

Les demandes adressées par plusieurs préfets, à l'effet de savoir si les permissions nécessaires pour la formation des établissements compris dans la troisième classe seront délivrées par les sous-préfets ou par les maires ;

Notre Conseil d'État entendu ;

NOUS AVONS ORDONNÉ ET ORDONNONS ce qui suit :

ARTICLE PREMIER. — A compter de ce jour, la nomenclature jointe à la présente ordonnance servira seule de règle pour la formation des établissements répandant une odeur insalubre ou incommode.

ART. 2. — Le procès-verbal d'information de *commodo* et *incommodo*, exigé par l'article 7 du décret du 15 octobre 1810, pour la formation des établissements compris dans la seconde classe de la nomenclature, sera pareillement exigible, en outre de l'affiche de demande, pour la formation de ceux compris dans la première classe.

Il n'est rien innové aux autres dispositions de ce décret.

ART. 3. — Les permissions nécessaires pour la formation des établissements compris dans la troisième classe seront délivrés, dans les départements, conformément aux art. 2 et 8 du décret du 15 octobre 1810, par les sous-préfets, après avoir pris préalablement l'avis des maires et de la police locale.

ART. 4. — Les attributions données aux préfets et aux sous-préfets par le décret du 15 octobre 1810, relativement à la formation des établissements répandant une odeur insalubre ou incommode, seront exercées par notre directeur général de la police dans toute l'étendue du département de la Seine, et dans les communes de Saint-Cloud, de Meudon et de Sèvres, du département de Seine-et-Oise.

ART. 5. — Les préfets sont autorisés à faire suspendre la formation ou l'exercice des établissements nouveaux qui, n'ayant pu être compris dans la nomenclature précitée, seraient cependant de nature à y être placés. Ils pourront accorder l'autorisation d'établissement pour tous ceux qu'ils jugeront devoir appartenir aux deux dernières classes de la nomenclature, en remplissant les formalités prescrites par le décret du 15 octobre 1810, sauf, dans les deux cas, à rendre compte à notre directeur général des manufactures et du commerce.

ART. 6. — Notre ministre secrétaire d'État de l'intérieur est chargé de l'exécution de la présente ordonnance, qui sera insérée au *Bulletin des lois*.

13. — Le décret impérial de 1810 et l'ordonnance royale de 1815 doivent être complétés par l'ordonnance de police du 30 novembre 1837, et dont voici le texte :

7. — *Ordonnance du 30 novembre 1837.*

NOUS, Conseiller d'État, préfet de police,

Vu : 1° les art. 2 et 23 de l'arrêté du gouvernement du 12 messidor an VIII, et l'art. 1er de celui du 3 brumaire an IX ;

2° Le décret du 15 octobre 1810 et l'ordonnance royale du 14 janvier 1815 ;

3° Les ordonnances royales des 29 juillet 1818, 25 juin et 29 octobre 1823, 20 août 1824, 9 février 1825, 5 novembre 1826, 7 mai et 20 septembre 1828, 23 septembre 1829, 25 mars 1830, 31 mai 1833, 5 juillet 1834, 30 octobre 1836 et 27 janvier 1837, portant classification des diverses industries comprises dans le tableau annexé à la présente ordonnance (1) ;

Ordonnons ce qui suit :

Article premier. — Le décret du 15 octobre 1810 et l'ordonnance royale du 14 janvier 1815 précités seront de nouveau publiés et affichés dans le ressort de notre préfecture.

Art. 2. — Toute personne qui voudra établir, dans le ressort de notre préfecture, des manufactures ou ateliers compris dans l'une des trois classes de la nomenclature annexée à la présente ordonnance, devra nous adresser une demande en autorisation, conformément aux art. 3, 7 et 8 du décret du 15 octobre 1810, et à l'art. 4 de l'ordonnance du 14 janvier 1815 précités.

---

(1) D'autres ordonnances de classement, qui portent la date des 25 mars, 18 avril et 27 mai 1838 ; 27 janvier 1846 ; ainsi que les décrets des 6 mai 1849, 19 février 1853, 11 mai 1862, 26 août 1865, 18 avril 1866, ont été tous annulés par le règlement général du 31 décembre 1866, complété par les décrets des 31 janvier 1872, 7 mai 1878 et 22 avril 1879.

Art. 3. — Aucune demande en autorisation d'établissements classés ne sera instruite, s'il n'y est joint un plan en double expédition, dessiné sur une échelle de cinq millimètres par mètre, et indiquant les détails de l'exploitation, c'est-à-dire la désignation des fours, fourneaux, machines ou chaudières à vapeur, foyers de toute espèce, réservoirs, ateliers, cours, puisards, etc., qui devront servir à la fabrique. Ce plan devra indiquer les tènants et aboutissants-aux ateliers.

Lorsque la demande aura pour objet l'autorisation d'ouvrir un établissement compris dans la première classe, il devra être produit par le pétitionnaire, indépendamment du plan ci-dessus indiqué, un second plan, également en double expédition, dressé sur une échelle de vingt-cinq millimètres pour cent mètres, et qui donnera l'indication de toutes les habitations situées dans un rayon de huit cents mètres au moins.

Art. 4. — Il ne pourra être fait aucun changement dans un établissement classé et autorisé, sans une autorisation nouvelle.

Tout établissement dans lequel on aura fait des changements à l'état des lieux désignés sur le plan joint à la demande et dans l'autorisation pourra être fermé.

Art. 5. — Tout propriétaire d'établissements classés, qui n'est pas pourvu de l'autorisation exigée par le décret du 15 octobre 1810 précité devra, dans le délai d'un mois à compter du jour de la publication de la présente ordonnance, nous adresser la demande pour obtenir, s'il y a lieu, la permission qui lui est nécessaire.

Art. 6. — Les sous-préfets des arrondissements de Saint-Denis et de Sceaux, les maires des communes rurales du ressort de la préfecture de police, le chef de la police municipale, les commissaires de police, l'architecte-commissaire de la petite voirie, l'ingénieur en chef des mines du département de la Seine, l'inspecteur des établissements classés, et les préposés de la préfecture de police, sont chargés, chacun en ce qui les concerne, de tenir la main à l'exécution de la présente ordonnance.

14. — L'ordonnance du 14 janvier 1815 était accompagnée, ainsi que l'indique l'article 1ᵉʳ, d'un tableau contenant la nomenclature alphabétique des établissements industriels classés. Nous ne reproduisons pas ce tableau spécial, non plus que ceux qui l'ont suivi, modifié ou complété ; mais nous avons réuni et condensé dans le tableau suivant tous les décrets de classement qui ont successivement fait rentrer divers ateliers au nombre des établissements dangereux, insalubres ou incommodes. Voici ce tableau général, à la date du 1ᵉʳ janvier 1881.

TABLEAU GÉNÉRAL

des usines, fabriques, manufactures, ateliers, magasins et dépôts,

qui, à raison des dangers, de l'insalubrité ou de l'incommodité qui en résultent pour le voisinage, ne peuvent être formés sans la permission de l'autorité administrative.

DÉSIGNATION DES INDUSTRIES	INCONVÉNIENTS	CLASSES	DATE DES décrets de CLASSEMENT
A			
Abattoir public..	Odeurs et altération des eaux. .	1	31 déc. 1866
Absinthe. — Voir *Distillerie*.			
Acide arsénique (Fabrication de l') au moyen de l'acide arsénieux et de l'acide azotique :			
1° Quand les produits nitreux ne sont pas absorbés.	Vapeurs nuisibles.	1	Id.
2° Quant ils sont absorbés. . . .	*Idem.*	2	Id.
Acide chlorhydrique (Production de l') par décomposition des chlorures de magnésium, d'aluminium et autres:			
1° Quand l'acide n'est pas condensé.	Émanations nuisibles.	1	Id
2° Quand l'acide est condensé. .	Émanations accidentelles.	2	Id.
Acide lactique (Fabrique d'.. . .	Odeur..	2	7 mai 1878
Acide muriatique. — Voir *Acide Chlorhydrique*.	Émanations nuisibles		
Acide nitrique. (Fabrcation de l').		2	31 déc. 1866
Acide oxalique (Fabrication de l'):			
1° Par l'acide nitrique :			
a. Sans destruction des gaz nuisibles..	Fumée..	1	Id.
b. Avec destruction des gaz nuisibles. . . . . , .	Fumée accidentelle	3	Id.
2° Par la sciure de bois et la potasse..	Fumée	2	Id.

DÉSIGNATION DES INDUSTRIES	INCONVÉNIENTS	CLASSES	DATE DES décrets de CLASSEMENT
Acide picrique :			
1° Quand les gaz nuisibles ne sont pas brûlés	Vapeurs nuisibles.	1	31 déc. 1866
2° Avec destruction des gaz nuisibles.	Idem.	3	Id.
Acide pyroligneux (Fabrication de l') :			
1° Quand les produits gazeux ne sont pas brûlés.	Fumée et odeur.	2	Id.
2° Quand les produits gazeux sont brûlés.	Idem.	3	Id.
Acide pyroligneux (Purification de l').	Odeur.	2	Id.
Acide stéarique (Fabrication de l')			
1° Par distillation.	Odeur et danger d'incendie. . . .	1	Id.
2° Par saponification.	Idem.	2	Id.
Acide sulfurique (Fabrication de l') :			
1° Par combustion du soufre et des pyrites.	Émanations nuisibles.	1	Id.
2° De Nordhausen par la décomposition du sulfate de fer. . . .	Idem.	3	Id.
Acide urique. — Voir *Muraxide.*			
Acier (Fabrication de l').	Fumée.	3	Id.
Affinage de l'or et de l'argent par les acides.	Émanations nuisibles	1	Id.
Affinage des métaux au fourneau. (Voir *Grillage des minerais*).			
Albumine (Fabrication de l') au moyen du sérum frais du sang. . .	Odeur.	3	Id.
Alcali volatil. — Voir *Ammoniaque.*			
Alcools autre que le vin, sans travail de rectification.	Altération des eaux	3	Id.
Alcools. (Distillerie agricole). . . .	Altération des eaux	3	Id.
Alcools (Rectification de l').	Danger d'incendie	2	Id.
Agglomérés ou briquettes de houille (Fabrication des) ;			

DÉSIGNATION DES INDUSTRIES	INCONVÉNIENTS	CLASSES	DATE DES décrets de CLASSEMENT
1° Au brai gras.	Odeur, danger d'incendie.	2	31 déc. 1866
2° Au brai sec.	Odeur.	3	Id.
Aldéhyde (Fabrication de l'.) . . .	Danger d'incendie.	1	Id.
Allumettes chimiques (Fabrication des). , ...	Danger d'explosion ou d'incendie.	1	7 mai 1878
Allumettes chimiques (Dépôt d') :			
1° En quantité au-dessus de 25 mètres cubes..	Danger d'incendie	2	Id.
2° De 5 à 25 mètres cubes. . . .	*Idem*.	3	Id.
Alun. — Voir *Sulfate d'alumine*.			
Amidonneries :	Odeur, émanations nuisibles et altération des eaux.		
1° Par fermentation.		1	31 déc. 1866
2° Par séparation du gluten et sans fermentation. , ...	Altération des eaux	2	Id.
Ammoniaque (Fabrication en grand de l') par la décomposition des sels ammoniacaux.	Odeur.	1	Id.
Amorces fulminantes (Fabrication des)	Danger d'explosion	2	Id.
Amorces fulminantes pour pistolets d'enfants (Fabrication des). .	*Idem*.	1	31 jan. 187.
Aniline. — Voir *Nitro-Benzine*.			
Appareils de réfrigération :			
1. A ammoniaque.	Odeur.	3	Id
2. A éther ou autres liquides volatiles et combustibles.	Danger d'explosion et d'incendie. . .	3	31 déc 186
Arcansons ou résines de pin. — Voir *Résines*, etc.			
Argenture des glaces avec application de vernis aux hydrocarbures,	Odeur et danger d'incendie	2	7 mai 187
Argenture sur métaux. — Voir *Dorure et argenture*.			
Arséniate de potasse (Fabrication de l') au moyen du salpêtre ;			

DÉSIGNATION DES INDUSTRIES	INCONVÉNIENTS	CLASSES	DATE DES décrets de CLASSEMENT
1° Quand les vapeurs ne sont pas absorbées.	Émanations nuisibles.	1	31 déc. 1866
2° Quand les vapeurs sont absorbées.	Émanations accidentelles.	2	Id.
Artifices (Fabrication des pièces d')	Danger d'incendie et d'explosion. . .	1	Id.
Asphaltes, bitumes, brais et matières bitumineuses solides (Dépôt d')	Odeur, danger d'incendie.	3	Id.
Asphaltes et bitumes (Travail des) à feu nu.	*Idem.*	2	Id.
Ateliers de construction de machines et wagons. — Voir *Machines et wagons.*			
B			
Bâches imperméables (Fabrication des) :			
1° Avec cuisson des huiles. . . .	Danger d'incendie	1	Id.
2° Sans cuisson des huiles.	*Idem.* , ... , .	2	Id.
Baleines (Travail des fanons de). Voir *Fanons de Baleines.*			
Baryte (Décoloration du) (Sulfate de) au moyen de l'acide chlorhydrique à vases ouverts..	Émanations nuisibles..	2	Id.
Battage, cardage et épuration des laines, crins et plumes de literie. .	Odeur et poussière	3	Id.
Battage des cuirs (Marteaux pour le)	Bruit et ébranlement	3	Id.
Battage et lavage (Ateliers spéciaux pour les) des fils de laine, bourres et déchets de filature de laine et de soie dans les villes. . .	Bruit et poussière	3	Id.
Battage de tapis, en grand. . . .	*Idem.*	2	Id.
Batteurs d'or et d'argent.	Bruit.	3	Id.
Battoir à écorces dans les villes. .	Bruit et poussière	3	Id.

DÉSIGNATION DES INDUSTRIES	INCONVÉNIETNS	CLASSES	DATE DES décrets de CLASSEMENT
Benzine (Fabrication et dépôts de). Voir *Huile de Pétrole, de Schiste,* etc.			
Benzine (Dérivés de la) — Voir *Nitro-benzine.*			
Betteraves (Dépôt de pulpes de) . .	Odeur, émanations	3	22 avril 187
Bitumes et asphaltes (Fabrication et dépôts de) — Voir *Asphaltes, Bitumes,* etc.			
Blanc de plomb. — Voir *Céruse.*			
Blanc de zinc (Fabrication de) par la combustion du métal.	Fumées métalliques.	3	31 déc. 186
Blanchiment :			
1. Des fils, des toiles et de la pâte à papier par le chlore. . .	Odeurs, émanations nuisibles.	2	Id.
2. Des fils et tissus de lin, de chanvre et de coton par les chlorures (hypochlorites) alcalins., ,	Odeur, altération des eaux.	3	Id.
3. Des fils et tissus de laine et de soie par l'acide sulfureux. . . .	Émanations nuisibles.	2	Id.
4. Des fils et tissus de laine et de soie par l'acide sulfureux en dissolution dans l'eau.	Émanations accidentelles.	3	7 mai 187
Bleu de Prusse (Fabrication de). Voir *Cyanure de potassium.*			
Bocards à minerais ou à crasse. .	Bruits.	2	31 jan. 187
Boues et immondices (Dépôt de) et voiries.	Odeur. . . . . . ' . .	3	34 déc. 186
Bougies et paraffine et autres d'origine minérale (Moulage des). . . .	Odeur, danger d'incendie.	3	Id.
Bougies et autres objets en cire et en acide stéarique. . . . . , . .	Danger d'incendie	3	Id.
Bouillons de bière (Distillation de). Voir *Distilleries.*			

DÉSIGNATION DES INDUSTRIES	INCONVÉNIENTS	CLASSES	DATE DES décrets de CLASSEMENT
Boules au glucose caramélisé pour usage culinaire (Fabrication de) . .	Odeur.	3	7 mai 1878
Bourres. — Voir *Battage.*			
Boutonniers et autres emboutisseurs de métaux par moyens mécaniques.	Bruit	3	31 déc. 1866
Boyauderies. Travail des boyaux frais pour tous usages.	Odeur, émanations nuisibles.	1	Id.
Boyaux et pieds d'animaux abattus (Dépôts de). — Voir *Chairs et débris.*			
oyaux salés destinés au commerce de la charcuterie (Dépôts de) . . .	Odeur.	3	7 mai 1878
rasseries.. , ...	Odeur.	3	Id.
Briqueteries avec fours non fumivores. . . . . , ...	Fumée.	3	31 déc. 1866
riquettes ou agglomérés de houille — Voir *Agglomérés.*			
Brûleries des galons et tissus d'or ou d'argent — Voir *Galons.*			
Buanderies.	Altération des eaux	3	Id.

C

DÉSIGNATION DES INDUSTRIES	INCONVÉNIENTS	CLASSES	DATE DES décrets de CLASSEMENT
Café (Torréfaction en grand du). . .	Odeur et fumée. .	3	Id.
Caillettes et caillons pour la confection des fromages. — Voir *Chairs et débris, etc.*			
Cailloux (Fours pour la calcination des).	Fumée.	3	Id.
Calcination des cailloux. — Voir *Cailloux.*			
Carbonisation du bois :			
1° A l'air libre dans les établissements permanents et autres qu'en forêt..	Odeur et fumée.	2	Id.

DÉSIGNATION DES INDUSTRIES	INCONVÉNIENTS	CLASSES	DATE DES décrets de CLASSEMENT
2° En vase clos { 1° avec dégagement dans l'air des produits gazeux de la distillation.	*Idem.*	2	31 déc. 1866
2° avec combustion des produits gazeux de la distillation. .	*Idem.*	3	Id.
Carbonisation des matières animales en général.	Odeur.	1	Id.
Caoutchouc (Travail du) avec emploi d'huiles essentielles ou de sulfure de carbone	Odeur, danger d'incendie.	2	Id.
Caoutchouc (Application des enduits du).	Danger d'incendie.		
Cartonniers.	Odeurs.	2	Id.
Cendres d'orfèvres (Traitement des) par le plomb.	Fumées métalliques	3	Id.
Cendres gravelées : 1° Avec dégagement de la fumée au dehors.	Fumée et odeur. .	1	Id.
2° Avec combustion ou condensation des fumées.	*Idem.*	2	Id.
Céruse ou blanc de plomb (Fabrication de la).	Émanations nuisibles.	3	Id.
Chairs, débris et issues (Dépôt de) provenant de l'abattage des animaux.	Odeur	1	Id.
Chamoiseries.	*Idem.* . . . . . ,	2	Id.
Chandelles (Fabrication des	Odeurs, danger d'incendie.	3	Id.
Chantiers de bois à bruler dans les villes.	Émanations nuisibles, danger d'incendie.	3	Id.
Chanvre (Teillage et rouissage du) en grand. — Voir *Teillage et Rouissage.*			
Chanvre imperméable. — Voir *Feutre goudronné.*			

DÉSIGNATION DES INDUSTRIES	INCONVÉNIENTS	CLASSES	DATE DES décrets de CLASSEMENT
Chapeaux de feutre (Fabrication de)	Odeur et poussière	3	31 déc. 1866
Chapeaux de soie ou autres préparés au moyen d'un vernis (Fabrication de).	Danger d'incendie.	2	Id.
Charbons agglomérés. — Voir *Agglomérés.*			
Charbons animal (Fabrication ou revivification du) — Voir *Carbonisation des matières animales.*			
Charbons de bois dans les villes (Dépôts ou magasins de.	Danger d'incendie.	3	Id.
Charbons de terre.— Voir *Houille* et *Coke.*			
Chaudronnerie et serrurerie (Ateliers de) employant des marteaux à la main, (dans les villes et centres de population de 2,000 âmes et au-dessus :			
1. Ayant de 4 à 10 étaux ou enclumes, de 8 à 20 ouvriers. . . .	Bruit.	3	7 mai 1878
2. Ayant plus de 10 étaux ou enclumes ou plus de 20 ouvriers. .	Bruit.	2	Id.
Chaudronnerie. — Voir *Forges de grosses œuvres.*			
Chaux (Fours à) :			
1. Permanents.	Fumée, poussière.	2	31 déc. 1866
2. Ne travaillant pas plus d'un mois par an.	*Idem.*	3	Id.
Chiens (Infirmerie de).	Odeur et bruit. . .	1	Id.
Chiffons (Dépôts).	Odeur.	3	Id.
Chiffons (Traitement des) par la vapeur et l'acide chlorhydrique :			
1° Quand l'acide n'est pas condensé.	Émanations nuisibles.	1	7 mai 1878
2° Quand l'acide est condensé. . .	Émanations accidentelles.	3	Id.
Chlore (Fabrication du).	Odeur.	2	31 déc. 1866
Chlorure de chaux (Fabrication du)			
1° En grand.	*Idem.*	2	Id.

DÉSIGNATION DES INDUSTRIES	INCONVÉNIENTS	CLASSES	DATE DES décrets de CLASSEMENT
2° Dans des ateliers fabricant au plus 300 kilogrammes par jour.	*Idem.*	3	Id.
Chlorures alcalins, eau de javelle. (Fabrication des).	*Idem.*	2	Id.
Chromate de potasse (Fabrication du)	*Idem.* '	3	Id.
Chrysalides (Ateliers pour l'extraction des parties soyeuses des). .	*Idem.*	1	Id.
Ciment (Fours à) : 1° Permanents.	Fumée et poussière	3	31 jan. 1872
2° Ne travaillant pas plus d'un mois par an.	*Idem.*	3	31 déc. 1866
Cire à cacheter (Fabrication de la)..	Danger d'incendie.	3	Id.
Cochenille ammoniacale (Fabrication de la).	Odeur.	3	Id.
Cocons : 1° Traitement des frisons de cocons.	Altération des eaux	2	Id.
2° Filature de cocons. — Voir *Filature.*			
Coke (Fabrication du) : 1° En plein air ou en fours non fumivores.	Fumée et poussière..	1	Id.
2° En fours fumivores.	Poussière..	2	Id.
Colle forte (Fabrication de la). . . .	Odeur, altération des eaux..	1	Id.
Collodion (Fabrication de).	Danger d'incendie ou d'explosion. . .	1	Id.
Combustion des plantes marines dans les établissements permanents.	Odeur et Fumée..	1	Id.
Construction (Ateliers de). — Voir *Machines et wagons.*			
Cordes à instruments en boyaux (Fabrication de). — Voir *Boyauderies*			
Corroieries.	Odeur.	2	Id.
Coton et coton gras (Blanchisserie des déchets de).	Altération des eaux	3	Id.
Cretons (Fabrication de)..	Odeur et danger d'incendie. . . .	1	Id.

DÉSIGNATION DES INDUSTRIES	INCONVÉNIENTS	CLASSÉS	DATE DES décrets de CLASSEMEMT
Crins (Teinture des).— Voir *Teintureries.*			
Crins en soies de porc (Préparation des) sans fermentation.	Odeur et poussière.	2	31 déc. 1866
— Voir aussi *Soies de porc par fermentation*.			
Cristaux (Fabrication de).—Voir *Verreries*, etc.			
Cuirs vernis (Fabrication de).. . . .	Odeur et danger d'incendie..	1	Id.
Cuirs verts et peaux fraîches (Dépôts de).	Odeurs.	2	Id.
Cuivre (Dérochage du) par les acides.	Odeur, émanations nuisibles.	3	Id.
Cuivre (Fonte du).—Voir *Fonderies*, etc.			
Cyanure de potassium et bleu de Prusse (Fabrication de) :			
1° Par la calcination directe des matières animales avec la potasse	Odeur.	1	Id.
2° Par l'emploi de matières préalablement carbonisées en vase clos.	*Idem*.	2	Id.
Cyanure rouge de potassium ou prussiate rouge de potasse.	Émanations nuisibles.	3	Id.

D

Débris d'animaux (Dépôts de).— Voir *Chairs*, etc.			
Déchets de matières filamenteuses (Dépôts de) en grand dans les villes.	Danger d'incendie.	3	31 déc. 1866
Déchets des filatures de lin, de chanvre, de jute (Lavage et séchage en grand des).	Odeur, altération des eaux.	2	31 jan. 1872
Déchets de laine (Dégraissage des).— Voir *Peaux*.			
Dégras ou huile épaisse à l'usage			

DÉSIGNATION DES INDUSTRIES	INCONVÉNIENTS	CLASSES	DATE DU décret de CLASSEMENT
des chamoiseurs et corroyeurs. (Fabrication de)	Odeur, danger d'incendie..	1	31 déc. 18..
Dépôt de pulpes de betteraves humides destinées à la vente.	Odeur, émanations	3	22 avr. 18..
Dérochage du cuivre. — Voir *Cuivre*			
Distilleries en général, eau-de-vie, genièvre, kirsch, absinthe et autres liqueurs alcooliques.	*Idem.*	3	31 déc. 1..
Dorure et argenture sur métaux.. .	Émanations nuisibles.	3	Id.

E

DÉSIGNATION DES INDUSTRIES	INCONVÉNIENTS	CLASSES	DATE
Eau de Javelle (Fabrication d'). — Voir *Chlorures alcalins.*			
Eau-de-vie. — Voir *Distilleries.*			
Eau-Forte. — Voir *Acide nitrique.*			
Eaux-grasses (Extraction, pour la fabrication du savon et autres usages, des huiles contenues dans les) :			
1° En vases ouverts.	Odeur, danger d'incendie..	1	Id.
2° En vases clos. . . . . , . .	*Idem.*	2	Id.
Eaux savonneuses des fabriques. — Voir *Huiles extraites des débris d'animaux.*			
Échaudoirs :			
1° Pour la préparation industrielle des débris d'animaux.	Odeur.	1	Id.
2° Pour la préparation des parties d'animaux propres à l'alimentation.	*Idem.*	3	Id.
Email (Application de l') sur les métaux.	Fumée.	3	Id.
Émaux (Fabrication d') avec fours non fumivores..	*Idem.*	3	Id.
Encre d'imprimerie (Fabrique d'). .	Odeur, danger d'incendie..	1	Id.
Engrais (Fabrication des) au moyen des matières animales.	Odeur.	1	Id.

DÉSIGNATION DES INDUSTRIES	INCONVENIENTS	CLASSES	DATE DES décrets de CLASSEMENT
Engrais (Dépôts d') au moyen des matières provenant de vidanges ou de débris d'animaux :			
1. Non préparés ou en magasin non couvert....................	Odeur............	1	31 déc. 1866
2. Desséchés ou désinfectés et en magasin couvert, quand la quantité excède 25,000 kilogrammes.	Idem............	2	Id.
3. Les mêmes, quand la quantité est inférieure à 25,000 kilog.....	Idem............	3	Id.
Engraissement des volailles dans les villes (Établissement pour l')...	Idem............	3	Id.
Éponges (Lavage et séchage des)..	Odeur, altération des eaux......	3	Id.
Équarissage des animaux......	Odeurs, émanations nuisibles......	1	Id.
Étamage des glaces...........	Émanations nuisibles........	3	Id.
Éther (Fabrication d')...........	Danger d'incendie et d'explosion...	1	Id.
Éther (Dépôts d')			
1. Si la quantité emmagasinée est temporairement de mille litres ou plus...........	Idem........	1	31 jan. 1872
2. Si la quantité supérieure à 100 litres n'atteint pas mille litres..	Danger d'incendie et d'explosion...	2	Id.
Étoffes (Dégraissage des). — Voir *Peaux.*			
Étoupes (Transformation) des cordages hors de service goudronnés ou non,.................	Danger d'incendie.	3	7 mai 1878
Étoupilles (Fabrication d') avec matières explosives.............	Danger d'explosion ou d'incendie...	1	31 déc. 1866
F			
Faïence (Fabrique de) :			
1° Avec fours non fumivores.....	Fumée.........	2	Id.
2° Avec fours fumivores........	Fumée accidentelle	3	Id

DÉSIGNATION DES INDUSTRIES	INCONVÉNIENTS	CLASSES	DATE D décrets & CLASSEME
Fanons de baleine (Travail des). . .	Émanations incommodes.	3	31 déc 18
Farines (Moulins à). — V. *Moulins*	Odeur, altération des eaux.		
Féculeries.		3	Id.
Fer (Dérochage du).	Vapeurs nuisibles.	3	7 mai 18
Fer (Galvanisation de)..	Vapeurs nuisibles.	3	Id.
Fer-blanc (Fabrication du).	Fumée. . . , . . .	3	31 déc. l.
Feutres et visières vernies (Fabrication de).	Odeur, danger d'incendie, ...	1	Id.
Feutre goudronné (Fabrication du).	*Idem.*	2	Id.
Filature des cocons (Ateliers dans lesquels la) s'opère en grand, c'est-à-dire employant au moins six tours.	Odeur, altération des eaux.	3	Id.
Fonderie de cuivre, laiton et bronze	Fumées métalliques	3	Id.
Fonderies en 2e fusion..	Fumée.	3	Id.
Fonte et laminage du plomb, du zinc et du cuivre.	Bruit, fumée. . . .	3	Id.
Forges et chaudronnerie de grosses œuvres employant des marteaux mécaniques.	Fumée, Bruit.. . .	2	Id.
Formes en tôle pour raffinerie. — Voir *Tôles vernies.*			
Fourneaux à charbons de bois. — Voir *Carbonisation du bois.*			
Fourneaux (Hauts*).*	Fumée et poussière	2	Id.
Fours pour la calcination des cailloux. — Voir *Cailloux.*			
Fours à plâtre et fours à chaux. — Voir *Plâtre, Chaux.*			
Fromages (Dépôt de) dans les villes.	Odeur.	3	Id.
Fulminate de mercure (Fabrication du).	Danger d'explosion et d'incendie. . .	1	Id.

G

Galipots ou résines de pin. — Voir *Résines.*			
Galons et tissus d'or et d'argent			

ÉSIGNATION DES INDUSTRIES	INCONVÉNIENTS	CLASSES	DATE DES décrets de CLASSEMENT
(Brûleries en grand des) dans les villes..	Odeur.	2	31 déc. 1866
az.goudrons des usines. — Voir *Goudrons*.			
az d'éclairage et de chauffage (Faiication du) ;			
1. Pour l'usage public.	Odeur, danger d'incendie.	2	Id.
2. Pour l'usage particulier.	*Idem*.	3	Id.
azomètres pour l'usage particuier, non attenant aux usines de farication.	*Idem*.	3	Id.
élatine alimentaire et gélatines rovenant de peaux blanches et de eaux fraîches non tannées (Fabricaion de la)..	Odeur,	3	Id.
énérateurs à vapeur. (Régime écial.)			
enièvre. — Voir *Distilleries*.			
laces (Étamage des). — Voir *Étaage*).			
lace. — Voir *Appareils de réfrigéation*.			
oudrons (Usines spéciales pour l'élaboration des) d'origines diverses.	Odeur, danger d'incendie.	1	Id.
oudrons (Traitement des) dans les usines à gaz où ils se produisent..	*Idem*..	2	Id.
oudrons et matières bitumineuses fluides (Dépôts de).	*Idem*.	2	Id.
oudrons et brais végétaux d'origines diverses (Élaboration des).	*Idem*.	1	Id.
Graisses à feu nu (Fonte des)...	*Idem*.	1	Id.
Graisses de cuisine (Traitement des).	*Idem*.	1	Id.
Graisses et suifs (Refonte des)..	Odeur.	2	31 jan. 1872
Graisse pour voitures (Fabrication des).	*Idem*.	3	Id.
Grillage des minerais sulfureux.	*Idem*.	1	Id.
	Fumée, émanations nuisibles	1	Id.

DÉSIGNATION DES INDUSTRIES	INCONVÉNIENTS	CLASSES	DATE Des décrets de CLASSEMENT
Guano (Dépôt de) :			
1. Quand l'approvisionnement excède 2,000 kilogrammes.	Odeur.	1	Id.
2. Pour la vente au détail.	*Idem.*	3	Id.
H			
	Idem.	3	Id.
Harengs (Saurage des)	Odeur	3	Id.
Hongroieries.			
Houilles (Agglomérés de). — Voir *Agglomérés.*			
Huiles de Bergues (Fabrique d'). — Voir *Dégras.*			
Huiles de pétrole, de schiste et de goudron, essences et autres hydrocorbures employés pour l'éclairage, le chauffage, la fabrication des couleurs et vernis, le dégraissage des étoffes et autres usages :			
1° Fabrication, distillation et travail en grand.	Odeur et danger d'incendie.	1	31 déc. 1866
2. Dépôts.			
a. Substances très-inflammables, c'est-à-dire émettant des vapeurs susceptibles de prendre feu (1) à une température de moins de 35 degrés :			
Dépôts de 3009 litres et au-dessus (2)	Odeur et danger d'incendie. . . .	1	19 mai 1866
— de 1,500 à 3.000 litres. . .	*Idem.*	2	Id.
— de 300 à 1,500 litres . . .	*Idem.*	3	Id.
b. Substances moins inflammables c'est-à-dire n'émettant de vapeurs susceptibles de prendre feu (3) qu'à une température de 35 degrés et au-dessus :			

(1) Au contact d'une allumette enflammée.
(2) Le fût généralement adopté par le commerce pour les pétroles est de 150 litres ; 1050 litres représentent donc sept desdits fûts.
(3) Au contact d'une allumette enflammée.

ÉSIGNATION DES INDUSTRIES	INCONVÉNIENTS	CLASSES	DATE DES décrets de CLASSEMENT
1. Si la quantité emmagasinée est, même temporairement de 10,500 litres ou plus............	*Idem.*.........	1	31 déc. 1866
2. Si la quantité emmagasinée supérieure à 1,050 litres n'a-teint pas 10,500 litres.....	*Idem.*.........	2	Id.
Huile de pied de bœuf (Fabrication d')			
1. Avec emploi de matières en putréfaction...........	Odeur.........	1	Id.
2. Quand les matières employées ne sont pas putréfiées.....	*Idem.*.........	2	Id.
Huiles de poisson (Fabriques d')...	Odeur, danger d'incendie........	1	Id.
uile épaisse ou dégras.—Voir *Dégras*			
uiles de résine (Fabrication des).	*Idem.*.........	1	Id.
uile de ressence (Fabrication de)..	Odeur, altération des eaux.....	2	31 jan. 1872
uileries ou moulins à huile.....	*Idem.*.........	3	31 déc. 1866
uiles (Épuration des).........	Odeur, danger d'incendie........	3	Id.
iles essentielles ou essences de térébenthine, d'aspic et autres.—*Voir Huiles de pétrole, de schiste,* etc.			
uiles et autres corps gras extraits des débris des matières animales (Extraction des).........	*Idem.*.........	1	Id.
uiles extraites des schistes bitumineux. — Voir *Huiles de pétrole, de schiste,* etc.			
uiles (Mélange à chaud ou cuisson des) :			
1. En vases ouverts...........	*Idem.*.........	1	Id.
2. En vases clos...........	*Idem.*.........	2	Id.
Huiles lourdes créosotées (Injection des bois à l'aide des) ateliers opérant en grand et d'une manière permanente...........	Odeur, danger d'incendie........	1	31 jan. 1872
uiles rousses (Fabrication des) par			

DÉSIGNATION DES INDUSTRIES	INCONVÉNIENTS	CLASSES	DATE décrets CLASSE
extraction des cretons et débris de graisse à haute température..	*Idem.*	2	31 déc. !
I			
Impressions sur étoffes — Voir *Toiles peintes.*			
J			
Jute (Teillage du). — Voir *Teillage.*			
K			
Kirsch. — Voir *Distilleries.*			
L			
Laine. — Voir *Battage.*			
Laiteries en grand dans les villes.	Odeur	2	Id.
Lard (Atelier à enfumer le).	Odeur et fumée .	3	Id.
Lavage des cocons. — Voir *Cocons.*			
Lavage et séchage des éponges. — Voir *Éponges.*			
Lavoirs à houille.	Altération des eaux	3	31 déc. !
Lavoirs à laine.	*Idem*	3	Id.
Lavoirs à minerais en communication avec des cours d'eau. . . . , . .	Altération des eaux		31 jan. !
Lessives alcalines des papeteries	Fumée, odeur, émanations nuisibles..	3	7 mai !
Lies de vin (incinération des) :			
1. Avec dégagement de la fumée au dehors.	Odeur.	1	Id.
2. Avec combustion ou condensation des fumées	*Idem.*	1	Id.
Lies de vin (séchage des)	Odeur.	2	Id.
Lignites (Incinération des)..	Fumée, émanations nuisibles.	2	31 déc. !
Lin (Teillage en grand du). — Voir *Teillage*			
Lin (Rouissage du). — Voir *Rouissage*			
Liquides pour l'éclairage (Dépôts de) au moyen de l'alcool et des huiles essentielles.	Danger d'incendie et d'explosion. . .	1	Id.

ÉSIGNATION DES INDUSTRIES	INCONVÉNIENTS	CLASSE	DATE DES décrets de CLASSEMENT
Liqueurs alcooliques. (Voir *Distilleries*).			
Litharge (fabrication de). . . . . ,	Poussière nuisible.	3	Id.
M			
Machines et wagons (Ateliers de construction de).	Bruit, fumée. . . .	2	Id.
Machines à vapeur. — Voir *Générateurs*.			
Maroquineries. . . . . . . , . . .	Odeur. , ... : . .	3	Id.
Massicot (Fabrication du).	Émanations nuisibles.. . , . . .	3	Id.
atières colorantes (Fabrication des) au moyen de l'aniline et de la nitro-benzine. . . . . , ... ,	Odeur, émanations nuisibles.	3	Id.
égisseries. , , ...	Odeur. . . . • . , . .	3	Id.
élanges d'huiles. — Voir *Huiles, Mélanges*, etc.			
énageries. . . . •	Danger des animaux	1	31 déc. 1866
étaux *(Ateliers de)* pour construction de machines et appareils. — Voir *achines*.			
inium (Fabrication du). . , , . .	Émanations nuisibles.	3	Id.
Miroirs métalliques (Fabrique de) et autres ateliers employant des moutons).			
1. Où l'on emploie des marteaux ne pesant pas plus de 25 kilogr. et n'ayant que un mètre au plus de longueur de chute.	Bruit et ébranlement.	3	7 mai 1878.
2. Où l'on emploie des marteaux ne pesant pas plus de 25 kilogr. et ayant plus de 1 mètre de chute.	Bruit et ébranlement.	3	Id.
3. Où on emploie des marteaux d'un poids supérieur à 25 kilogr. quelle que soit la longueur de chute. . . . . , . . .	Bruit et ébranlement..	3	Id.
Morues (Sécheries des).. , ...	Odeur.	2 / 2**	31 déc. 1866

DÉSIGNATION DES INDUSTRIES	INCONVÉNIENTS	CLASSES	DATE DE décrets de CLASSEMENT
Moulins à broyer le plâtre, la chaux, les cailloux et les pouzzolanes.	Poussière.	3	31 déc. 18.
Moulins à huile. — Voir *Huileries.*			
Moutons (Ateliers employant des). — Voir *Miroirs métalliques*			
Murexide (Fabrication de la) en vase clos par la réaction de l'acide azotique et de l'acide urique du guano.	Émanations nuisibles.	2	Id.
N			
Nitrate de fer (Fabrication du) : 1. Lorsque les vapeurs nuisibles ne sont pas absorbées ou décomposées.	Émanations nuisibles	1	Id.
2. Dans le cas contraire.	*Idem.*	3	Id.
Nitrate de Méthyle (Fabrique de). .	Danger d'explosion	1	7 mai l
Nitro-benzine, aniline et matières dérivant de la benzine (Fabrication de la).	Odeur, émanations nuisibles, danger d'incendie.	2	31 déc. l
Noir des raffineries et des sucreries (Revivification du).	Émanations nuisibles, odeur. . .	2	Id.
Noir de fumée (Fabrication du) par la distillation de la houille, des goudrons, bitumes, etc.	Fumée, odeur. . .	2	Id.
Noir d'ivoire et noir animal (Distillation des os ou fabrication du) : 1. Lorsqu'on n'y brûle pas les gaz.	Odeur..	1	Id.
2. Lorsque les gaz sont brûlés. .	*Idem.*	2	Id.
Noir minéral (Fabrication du) par le broyage des résidus de la distillation des schistes bitumineux. . . .	Odeur et poussière	3	Id.

DÉSIGNATION DES INDUSTRIES	INCONVÉNIENTS	CLASSES	DATE DES décrets de CLASSEMENT
O			
Oignons (Dessication des) dans les villes.	Odeur.	2	Id.
Olives (Confiserie des).	Altération des eaux	3	Id.
Olives (Tourteau d'). — Voir *Tourteaux.*			
Orseille (Fabrication de l'; :			
1. En vases ouverts.	Odeur.	1	Id.
2. A vases clos, et employant de l'ammoniaque à l'exclusion de l'urine.	*Idem.*	3	Id.
Os (Torréfaction des) pour engrais :			
1. Lorsque les gaz ne sont pas brûlés.	Odeur et danger d'incendie.	1	Id.
2. Lorsque les gaz sont brûlés . .	*Idem.*	2	Id.
Os d'animaux (Calcination des).—Voir *Carbonisation des matières animales.*			
Os frais (Dépôts d') en grand.	Odeur, émanations nuisibles.	1	31 déc. 1866
Os secs en grand (Dépôts d').	Odeur	3	31 jan. 1872
Ouates (Fabrication des).	Poussière et danger d'incendie. . . .	3	31 déc. 1866
P			
Papiers (Fabrication de).	Danger d'incendie	3	Id.
Pâte à papier (Préparation de la) au moyen de la paille et autres matières combustibles.	Altération des eaux	3	Id.
Parchemineries.	Odeur. , ...	3	Id.
Peaux de lièvre et de lapin. — Voir *Secrétage.*			
Peaux de mouton (Séchage des). .	Odeur et poussière	3	Id.
Peaux fraîches. — Voir *Cuirs verts.*			
Peaux (Pelanage et séchage de). . .	Odeur.. , ...	3	31 jan. 1872
Peaux étoffes et déchets de laine (Dégraissage des) par les huiles de pétrole et autres hydrocarbures. . .	Odeur et danger d'incendie.	1	7 mai 1878

DÉSIGNATION DES INDUSTRIES	INCONVÉNIENTS	CLASSES	DATE DE décrets de CLASSEMENT
Peaux (Lustrage et apprétage des)..	Odeur et poussière	3	Id
Perchlorure de fer par dissolution du peroxyde de fer (Fabrication de).	Émanations nuisibles.	3	31 déc. 18..
Pétrole. — Voir *Huiles de pétrole*, etc.			
Phosphate de chaux (Ateliers pour l'extraction et le lavage des).	Altération des eaux	3	7 mai 18..
Phosphore (Fabrication de).	Danger d'incendie.	3	31 déc. 18..
Pileries mécaniques des drogues. .	Bruit et poussière.	3	Id
Pipes à fumer (Fabrication des) :			
1. Avec fours non fumivores. . .	Fumée.	2	Id.
2. Avec fours fumivores.	Fumée accidentelle	3	Id
Plantes marines.— Voir *Combustion des plantes marines.*			
Plâtres (Fours à) :			
1. Permanents, ...	Fumée et poussière.	2	Id.
2. Ne travaillant pas plus d'un mois.	Fumée et poussière	3	Id.
Plomb (fonte et laminage du).—Voir *Fonte*, etc.			
Poêliers fournalistes, poêles et fourneaux en faïence et terre cuite.—Voir *Faïence.*			
Poils de lièvres et de lapin. — Voir *Secrétage.*			
Poissons salés (Dépôt de).	Odeur incommode .	2	Id.
Porcelaine (Fabrication de) :			
1. Avec fours non fumivores. . .	Fumée.	2	Id.
2. Avec fours fumivores.	Fumée accidentelle	3	Id.
Porcheries.	Odeur, bruit. . . .	1	Id.
Potasse (Fabrication de) par calcination des résidus de mélasse	Fumée et odeur . .	2	Id.
Potasse.—Voir *Chromate de potasse.*			
Poteries de terre (Fabrication de) avec fours non fumivores.	Fumée.	3	Id.
Poudres et matières fulminantes (Fabrication de). — Voir aussi *Fulminate de mercure.*	Danger d'explosion et d'incendie. . .	1	Id.
Poudrette (Fabrication de) et autres			

DÉSIGNATION DES INDUSTRIES	INCONVÉNIENTS	CLASSES	DATE DES décret de CLASSEMENT
engrais au moyen de matières animales. . . .	Odeur et altération des eaux	1	31 déc. 1866
Poudrette (Dépôts de). — Voir *Engrais*			
Pouzzolane artificielle (Fours à). . .	Fumée.	3	Id.
Protochlorure d'étain ou sel d'étain (Fabrication du).	Émanations nuisibles.	2	Id.
Prussiate de potasse. — Voir *Cyanure de potassium*			
Pulpes de betteraves (Dépôt de) humides destinées à la vente	Odeur, émanations.	3	22 avril 1879
Pulpes de pommes de terre. — Voir *Fécules*			

R

DÉSIGNATION DES INDUSTRIES	INCONVÉNIENTS	CLASSES	DATE DES décret de CLASSEMENT
Raffineries et fabriques de sucre .	Fumée, odeur. .	2	31 déc. 186'
Résines, galipots et arcansons (Travail en grand pour la fonte et l'épuration des), ...	Odeur, danger d'incendie. . . . . ,	1	Id.
Réfrigération (Appareils de) par l'acide sulfureux.	Émanations nuisibles.	2	7 mai 187
Rogues (Dépôts de salaisons liquides connues sous le nom de).	Odeur	2	31 déc. 1866
Rouge de Prusse et d'Angleterre. . .	Émanations nuisibles. . . . . . ,	1	Id.
Rouissage en grand du chanvre et du lin. . . . . , ...	Émanations nuisibles et altération des eaux	1	Id.
Rouissage en grand du chanvre et du lin par l'action des acides, de l'eau chaude et de la vapeur. . . .	*Idem.*	2	Id.

S

DÉSIGNATION DES INDUSTRIES	INCONVÉNIENTS	CLASSES	DATE DES décret de CLASSEMENT
Sabots (Ateliers à enfumer les) par la combustion de la corne ou d'autres matières animales, dans les villes. .	Odeur et fumée. .	1	Id.
Salaison et préparation des viandes.	Odeur.	3	Id.
Salaisons (Ateliers pour les) et le saurage des poissons. . , ...	*Idem.*	2	Id.

DÉSIGNATION DES INDUSTRIES	INCONVÉNIENTS	CLASSES	DATE DES décrets de CLASSEMENT
Salaisons (Dépôts de) dans les villes.	*Idem*.	3	31 déc. 186
Sang :			
1. Ateliers pour la séparation de la fibrine, de l'albumine, etc. . .	Odeur.	1	Id.
2. (Dépôt de) pour la fabrication du bleu de Prusse et autres industries.	*Idem*.	1	Id.
3. (Fabrique de) poudre de pour la clarification des vins.	*Idem*.	1	Id.
Sardines (Fabriques de conserves de), dans les villes. . . . . , . .	*Idem*.	2	Id.
Saucissons (Fabrication en grand de).	*Idem*.	2	Id.
Saurage des harengs. — Voir *Harengs*			
Savonneries.	*Idem*.	3	Id.
Schistes bitumineux. — Voir *Huiles de pétrole, de schiste*, etc.			
Séchage des éponges. — Voir *Éponges*			
Sécheries des morues. — Voir *Morues*			
Secrétage des peaux ou poils de lièvre ou de lapin.	Odeur.	2	31 déc. 1
Sel ammoniac et sulfate d'ammoniaque (Fabrication des) par l'emploi des matières animales :			
1. Comme établissement principal.	Odeur, émanations nuisibles.	1	7 mai 187
2. Comme annexe d'un dépôt d'engrais provenant de vidanges ou de débris d'animaux précédemment autorisé.	*Idem*.	2	Id.
Sel ammoniac extrait des eaux d'épuration du gaz (Fabrication spéciale de).	Odeur.	2	31 déc. 186
Sel de soude (Fabrication du) avec le sulfate de soude.	Fumée, émanations nuisibles.	3	Id.
Sel d'étain. — Voir *Protochlorure d'étain.*			
Serrurerie (Ateliers de). — Voir *Chaudronnerie.*			

DÉSIGNATION DES INDUSTRIES	INCONVÉNIENTS	CLASSES	DATE DES décrets de CLASSEMENT
Sinapismes (Fabrication des) à l'aide des hydrocarbures :			
1. Sans distillation..	Odeur.	2	7 mai 1878
2. Avec distillation.	Odeur, émanations nuisibles.	1	Id.
Sirops de fécule et glucose (Fabrition des).	Odeur.	3	Id.
Soie. — Voir *Chapeaux*.			
Soie. — Voir *Filatures*.			
Soies de porc (Préparation des) :			
1. Par fermentation.	*Idem.*	1	Id.
2. Sans fermentation.— Voir *Crins et soies de porc.*			
Soude. — Voir *Sulfate de soude.*			
Soudes brutes (Dépôts de rendus provenant du lessivage des).	Odeur, émanations nuisibles.	1	Id.
Soudes brutes de varech (Fabrication des) dans les établissements permanents.	Odeur et fumée.	1	31 déc. 1866
Soufre (Fusion ou distillation du).	Émanations nuisibles, danger d'incendie.	2	Id.
Soufre (Pulvérisation et blutage du)	Poussière, danger d'incendie.	3	Id.
Sucre. — Voir *Raffineries et fabriques de sucre.*			
Suif brun (Fabrication du).	Odeur, danger d'incendie.	1	Id.
Suif en branches (Fonderies de) :			
1. A feu nu.	*Idem.*	1	Id.
2. Au bain-marie ou à la vapeur.	Odeur.	2	Id.
Suif d'os (Fabrication du).	Odeur, altération des eaux, danger d'incendie.	1	Id.
Sulfate de baryte. — Voir *Baryte.*			
Sulfate de cuivre (Fabrication de) au moyen du grillage des pyrites.	Émanations nuisibles et fumée.	1	Id.
Sulfate de mercure (Fabrication du):			
1. Quand les vapeurs ne sont pas absorbées.	Émanations nuisibles.	1	I.

DÉSIGNATION DES INDUSTRIES	INCONVÉNIENTS	CLASSES	DATE du décret de CLASSEMENT
2. Quand les vapeurs sont absorbées	Émanations moindres.	2	3 déc. l
Sulfate de peroxyde de fer (Fabrication du) par le sulfate de protoxyde de fer et l'acide nitrique (nitro-sulfate de fer) . . . , ...	Émanations nuisibles..	2	Id.
Sulfate de protoxyde de fer ou couperose verte par l'action de l'acide sulfurique sur la ferraille (Fabrication en grand du) . , . , ...	Fumée. émanations nuisibles.	3	Id.
Sulfate de soude (Fabrication du) : 1. Par la décomposition du sel marin par l'acide sulfurique, sans condensation de l'acide chlorhydrique	Émanations nuisibles.. . . , . .	1	Id.
2. Avec condensation complète de l'acide chlorydrique.	*Idem*. . . . . . . , .	2	Id.
Sulfate de fer, d'alumine et alun (Fabrication par le lavage des terres pyriteuses et alumineuses grillées du).	Fumée et altération des eaux. .	3	Id.
Sulfure d'arsénic (Fabrication du) à la condition que les vapeurs seront condensées.. . . . . , .	Odeur, émanations nuisibles.	2	7 mai l.
Sulfure de carbonne (Fabrication du	Odeur, danger d'incendie.	1	31déc. l.
Sulfure de carbone (Manufactures dans lesquelles on emploie en grand le). . . , . , ... , .	Danger d'incendie.	2	Id.
Sulfure de carbonne (Dépôts de). Suivent le régime des huiles de pétrole.	Odeur.	2	7 mai l.
Sulfure de sodium (Fabrication du).			
Sulfures métalliques.— Voir *Grillage des minerais sulfureux.*			
Superphosphate de chaux et de potasse (Fabrication du).	Émanations nuisibles..	2	31 jan. l.
T			
Tabacs (Manufacture de).	Odeur et poussière.	2	31 déc. l.
Tabac (Incinération des côtes de). .	Odeur et fumée. .	1	Id.
Tabatières en carton (Fabrication des). , ...	Odeur, danger d'incendie. . . . , .	3	Id.

DÉSIGNATION DES INDUSTRIES	INCONVÉNIENTS	CLASSES	DATE DES décrets de CLASSEMENT
Taffetas et toiles vernis ou cirés (Fabrication de)........	*Idem*...,..	1	31 déc. 1866
Tan (Moulins à).	Bruit et poussière.	3	Id.
Tannée humide (Fabrication de la).	Fumée, odeur...	2	7 mai 1878
Tanneries.	Odeur........	2	31 déc. 1866
Teinturiers...........	Odeur et altération des eaux.....	3	Id.
Teintureries de peaux........	Odeur......,..	3	Id.
Terres émaillées (Fabrication de) :			
1. Avec fours non fumivores....	Fumée......	2	Id.
2. Avec fours fumivores...,..	Fumée accidentelle	3	Id.
Terres pyriteuses et alumineuses (Grillage des)............	Fumée, émanations nuisibles	1	Id.
Teillage du lin, du chanvre et du jute en grand. ....,...	Poussière et bruit.	2	31 déc. 1866
Térébenthine (Distillation et travail en grand de la).—Voir *Huiles de pétrole, de schiste,* etc.			
Tissus d'or et d'argent (Brûleries en grand des). — Voir *Galons.*			
Toiles cirées. — Voir *Taffetas et toiles vernis.*			
Toiles (Blanchiment des). — Voir *Blanchiment.*			
Toiles grasses pour emballage, tissus, cordes goudronnées, papiers goudronnés, cartons et tuyaux bitumés (Fabrique de) :			
1. Travail à chaud.........	Odeur, danger d'incendie.......	2	Id.
2. Travail à froid.........	*Idem*.......	3	Id.
Toiles peintes (Fabrique de).....	Odeur........	3	Id.
Toiles vernies (Fabrique de).— Voir *Taffetas et toiles vernis.*			
Tôles et métaux vernis.......	Odeur et danger d'incendie. ...	3	Id.
Tonnellerie en grand opérant sur des fûts imprégnés de matières grasses et putrescibles.	Bruit, odeur et fumée........	2	Id.

DÉSIGNATION DES INDUSTRIES	INCONVÉNIENTS	CLASSES	DATE D décrets d CLASSEME.
Torches résineuses (Fabrication de).	Odeur et danger du feu. . . . , . .	2	Id.
Tourbe (Carbonisation de la) :			
1. A vases ouverts. · . '	Odeur et fumée. .	1	Id.
2. En vases clos . . . . , ,	Odeur. , ...	2	Id.
Tourteaux d'olives (Traitement des par le sulfure de carbone)	Danger d'incendie.	1	Id.
Tréfileries.	Bruit et fumée.. .	3	Id.
Triperies annexes des abbatoirs.. .	Odeur et altération des eaux.	3	Id.
Tueries d'animaux. — Voir aussi *Abattoirs publics*	Danger des animaux et odeur. .	2	31 déc 1
Tuiles métalliques (Trempage au Goudron des)., ...	Émanat. nuisibles danger d'incendie	3	7 mai 18?
Tuileries avec fours non fumivores.	Fumée..	3	31 déc. 1
Tuyaux de drainage (Fabrique des).	Fumée..	3	7 mai 18?

U

Urate (Fabrique d').— Voir *Engrais préparés.*

V

Vacheries dans les villes de plus de 5000 habitants. . . , ...	Odeur et écoulement des urines.	3	31 déc. 18?
Varech·— Voir *Soude de varech.*			
Vernis gras (Fabrique de).. . . , .	Odeur, danger d'incendie.	1	Id.
Vernis à l'esprit de vin (Fabrique de)..	*Idem.*	2	Id.
Vernis (Ateliers où l'on applique le) sur les cuirs, feutres, taffetas, toiles, chapeaux. Voir ces mots.			
Vernis.— Voir *Argenture des glaces.*			
Verreries, cristalleries et manufactures de glaces :			
1. Avec fours non fumivores·. . .	Fumée et danger d'incendie. . . .	2	Id.
2. Avec fours fumivores..	Danger d'incendie.	3	Id.
Vessies nettoyées et débarrassées			

DÉSIGNATION DES INDUSTRIES	INCONVÉNIENTS	CLASSES	DATE DES décrets de CLASSEMENT
de toutes substances membraneuses (Ateliers pour le gonflement et le séchage).	Fumée.	2	7 mai. 1878
Viandes (Salaisons des). — Voir *Salaisons*. . . . . , ...			
Visières et feutres vernis (Fabrique de). — Voir *Feutres et visières*.			
Voiries. — Voir *Boues et immondices*			
W			
Wagons et machines (Construction. de). — Voir *Machines* etc.			

15. — Ainsi qu'on vient de le voir par tous les documents qui précèdent, la législation des établissements dangereux, insalubres ou incommodes se réduit à trois textes : le décret impérial du 15 octohre 1810 ; — l'ordonnance du 14 janvier 1815 ; — les décrets de classement que nous avons réunis en un seul tableau alphabétique. C'est autour de ces décrets et ordonnances que devront se concentrer nos commentaires, et que nous grouperons les nombreux documents de jurisprudence que nous avons pu recueillir en cette matière.

CHAPITRE II

LÉGISLATION COMPLÉMENTAIRE DES ÉTABLISSEMENTS CLASSÉS

16. — Réduite aux documents législatifs dont nous avons donné le texte dans le chapitre précédent, la réglementation des établissements classés eût été bien insuffisante si, — avec les progrès même des sciences chimiques, l'emploi plus fréquent des machines à vapeur, les modes plus nombreux et plus faciles de transports, enfin les développements de l'hygiène publique, — des lois et décrets n'étaient venus compléter la législation organique des ateliers insalubres, dangereux ou incommodes. Ce sont ces lois et décrets complémentaires que nous allons maintenant faire connaître et grouper ici pour en faciliter la connaissance aux industriels.

I. — DES CONSEILS D'HYGIÈNE PUBLIQUE ET DE SALUBRITÉ

17. — L'organisation des conseils d'hygiène publique et de salubrité dans les départements, date de 1848. Avant cette époque, cette institution était entièrement facultative et laissée à l'initiative des maires ou des préfets. Quelques départements et la plupart des villes importantes en étaient toutefois pourvus. L'arrêté du gouvernement du 18 décembre 1848 est venu fort heureusement compléter cette lacune regrettable ; en voici le texte :

a. — Arrêté gouvernemental du 18 décembre 1848.

Au nom du peuple français,

Le président du conseil des ministres, chargé du pouvoir exécutif, sur le rapport du ministre de l'agriculture et du commerce, le Conseil d'État entendu;

Arrête :

DES INSTITUTIONS D'HYGIÈNE PUBLIQUE ET DE LEUR ORGANISATION.

Article premier. — Dans chaque arrondissement, il y aura un Conseil d'hygiène publique et de salubrité.

Le nombre des membres de ce Conseil sera de sept au moins et de quinze au plus.

Art. 2. — Les membres du Conseil d'hygiène d'arrondissement seront nommés pour quatre ans par le préfet et renouvelés par moitié tous les deux ans.

Art. 3. — Des Commissions d'hygiène publique pourront être instituées dans les chefs-lieux de canton par un arrêté spécial du préfet, après avoir consulté le Conseil d'arrondissement.

Art. 4. — Il y aura au chef-lieu de la préfecture un Conseil d'hygiène publique et de salubrité dé département.

Les membres de ce Conseil seront nommés pour quatre ans par le préfet et renouvelés par moitié tous les deux ans.

Il réunira les attributions des Conseils d'hygiène d'arrondissement aux attributions particulières qui sont énumérées à l'article 12.

Art. 5. — Chaque Conseil élira un vice-président et un secrétaire qui seront renouvelés tous les deux ans.

Art. 6. — Les Conseils d'hygiène et les Commissions se réuniront au moins une fois tous les trois mois, et chaque fois qu'ils seront convoqués par l'autorité.

Art. 7. — Les membres des commissions d'hygiène de canton pourront être appelés aux séances du Conseil d'hygiène d'arrondissement ; ils ont voix consultative.

Art. 8. — Tout membre des Conseils ou des Commissions de canton qui, sans motifs d'excuse approuvés par le préfet, aura manqué de se rendre à trois convocations consécutives, sera considéré comme démissionnaire.

ATTRIBUTIONS DES CONSEILS ET DES COMMISSIONS D'HYGIÈNE PUBLIQUE.

Art. 9. — Les Conseils d'hygiène d'arrondissement sont chargés de l'examen des questions relatives à l'hygiène publique de l'arrondissement qui leur seront renvoyées par le préfet ou le sous-préfet. Ils peuvent être spécialement consultés sur les objets suivants :

1° L'assainissement des localités et des habitations ;

2° Les mesures à prendre pour prévenir et combattro les maladies endémiques, épidémiques et transmissibles ;

3° Les épizooties et les maladies des animaux ;

4° La propagation de la vaccine ;

5° L'organisation et la distribution des secours médicaux aux malades indigents ;

6° Les moyens d'améliorer les conditions sanitaires des populations industrielles et agricoles ;

7° La salubrité des ateliers, écoles, hôpitaux, maisons d'aliénés, établissements de bienfaisance, casernes, arsenaux, prisons, dépôts de mendicité, asiles, etc ;

8° Les questions relatives aux enfants trouvés ;

9° La qualité des aliments, boissons, condiments et médicaments livrés au commerce ;

10° L'amélioration des établissements d'eaux minérales appartenant à l'État, aux départements, aux communes et aux particuliers, et les moyens d'en rendre l'usage accessible aux malades pauvres ;

11° Les demandes en autorisation, translation ou révocation des établissements dangereux, insalubres ou incommodes ;

12° Les grands travaux d'utilité publique, constructions d'édifices, écoles, prisons, casernes, ports, canaux, réservoirs, fontaines, halles, établissments des marchés, routoirs, égouts, cimetières, la voirie, etc., sous le rapport de l'hygiène publique.

ART. 10. — Les conseils d'hygiène publique d'arrondissement réuniront et coordonneront les documents relatifs à la mortalité et à ses causes, à la topographie et à la statistique de l'arrondissement, en ce qui touche la salubrité publique.

Ils adresseront régulièrement ces pièces au préfet, qui en transmettra une copie au ministre du commerce ;

ART. 11. — Les travaux des Conseils d'arrondissement seront envoyés au préfet.

ART. 12. — Le Conseil d'hygiène publique et de salubrité du département aura pour mission de donner son avis :

1° Sur toutes les questions d'hygiène publique qui lui seront renvoyées par le préfet ;

2° Sur les questions communes à plusieurs arrondissements ou relavives au département tout entier.

Il sera chargé de centraliser et coordonner, sur le renvoi du préfet, les travaux des Conseils d'arrondissement.

Il fera chaque année au préfet un rapport général sur les travaux des Conseils d'arrondissement.

Ce rapport sera immédiatement transmis par le préfet, avec les pièces à l'appui, au ministre du commerce.

ART. 13. — La ville de Paris sera l'objet de dispositions spéciales.

ART. 14. — Le ministre de l'agriculture et du commerce est chargé de l'exécution du présent arrêté.

18. — L'arrêté gouvernemental du 18 décembre 1848 a été complété par un arrêté ministériel du 15 février 1849, qui fixe le nombre des membres des conseils d'hygiène de département et d'arrondissement ; il importe également d'en faire connaître les dispositions. Il est ainsi conçu :

b. — Arrêté ministériel du 15 février 1849.

Le ministre de l'agriculture et du commerce ;

Vu les articles 1er et 4 de l'arrêté du Chef du pouvoir exécutif, en date du 18 décembre 1848, sur l'organisation des Conseils d'hygiène publique et de salubrité ;

ARRÊTE :

ARTICLE PREMIER. — Le nombre des membres des conseils d'hygiène et de salubrité, tant de département que d'arrondissement, sera fixé conformément au tableau annexé au présent arrêté.

ART. 2. — Le nombre des médecins, pharmaciens ou chimistes et vétérinaires est fixé, pour chaque Conseil, dans la proportion suivante :

NOMBRE des MEMBRES	MÉDECINS (Docteurs en médecine, chirurgiens, officiers de santé)	PHARMACIENS ou CHIMISTES	VÉTÉRINAIRES
10	4	2	1
12	5	3	1
15	6	4	2

Les autres membres sont pris soit parmi les notables agriculteurs, commerçants ou industriels, soit parmi les hommes qui, à raison de leurs fonctions ou de leurs travaux habituels, sont appelés à s'occuper des questions d'hygiène.

ART. 3. — L'ingénieur des mines, l'ingénieur des ponts et chaussées, l'officier du génie chargé du casernement ou, à son défaut, l'intendant ou le sous-intendant militaire, l'architecte du département, les chefs de division ou de bureau de la préfecture dans les attributions desquels se trouveront la salubrité, la voirie et les hôpitaux, pourront, dans le cas où ils ne feraient pas partie du Conseil d'hygiène publique et de salubrité de leur résidence, être appelés à assister aux délibérations de ce Conseil avec voix consultative.

ART. 4. — Dans les cantons où il n'aura pas été établi de Commission d'hygiène publique, des correspondants pourront être nommés par le préfet, sur la proposition du Conseil d'arrondissement.

ART. 5. — Les préfets des départements sont chargés, chacun dans ce qui le concerce, de l'exécution du présent arrêté.

19. — Les deux arrêtés de 1848 et de 1849, dont nous venons de citer le texte, régissent toujours les conseils d'hygiène et de salubrité des départements ou des arrondissements : le conseil du département de la Seine est le seul qui ait été modifié dans son organisation, et ce, à la date du 15 décembre 1851. Antérieurement à cette époque, ce conseil portait seulement le titre de *Conseil de salubrité* ; c'était le premier qui eût été fondé en France, et sa création remontait au 6 juillet 1802. Des arrêtés de police des 24 décembre 1832, 1er mars et 7 septembre 1838, et 24 février 1844 avaient complété successivement l'organisation du conseil de salubrité du département de la Seine ; le décret du 15 décembre 1851, tout en complétant le titre, maintient l'organisation primitive, dans les termes suivants :

c. —*Décret du 15 décembre 1851.*

Au nom du peuple français,

Le Président de la République,

Sur le rapport du ministre de l'agriculture et du commerce ;

Vu l'article 13 de l'arrêté du pouvoir exécutif, en date du 18 décembre 1848, relatif à l'institution des conseils de salubrité et d'hygiène publique ;

Vu l'avis du préfet de police, en date du 23 janvier 1851 ;

Le comité consultatif d'hygiène publique entendu :

Décrète :

Article premier. — Le Conseil de salubrité établi près la Préfecture de police conserve son organisation actuelle ; il prendra le titre de *Conseil d'hygiène publique et de salubrité du département de la Seine.*

La nomination des membres du Conseil d'hygiène publique et de salubrité continuera d'être faite par le préfet de police, et d'être soumis à l'approbation du ministre de l'agriculture et du commerce.

Art. 2. — Il sera chargé en cette qualité, et dans tout le ressort de la Préfecture de police, des attributions déterminées par les art. 9, 10 et 12 de l'arrêté du 18 décembre 1848.

Art. 3. — Il sera établi dans chacun des arrondissements de la ville de Paris, et dans chacun des arrondissements de Sceaux et de Saint-Denis, une Commission d'hygiène et de salubrité, composée de neuf membres, et présidée à Paris par le maire de l'arrondissement, et, dans chacun des arrondissements ruraux, par le sous-préfet.

Les membres de ces Commissions seront nommés par le préfet de police, sur une liste de trois candidats présentés, pour chaque place, par le maire de l'arrondissement, à Paris ; par les sous-préfets de Sceaux et de Saint-Denis, dans les arrondissement ruraux.

Les candidats seront choisis parmi les habitants notables de l'arrondissement. Dans chaque Commission, il y aura deux médecins, un pharmacien, un vétérinaire reçu dans les écoles spéciales, un architecte, un ingénieur. S'il n'y a pas de candidats de ces trois dernières professions, les choix devront porter de préférence sur les mécaniciens, directeurs d'usines ou de manufactures.

Les membres des Commissions d'hygiène publique du département de la Seine sont nommés pour six ans, et renouvelés par tiers tous les ans. Les membres sortant peuvent être réélus.

Il sera établi pour les trois communes de Saint-Cloud, Sèvres et Meudon, annexées au ressort de la Préfecture de police de l'arrêté du 3 brumaire an IX, une Commission centrale d'hygiène et de salubrité, qui sera présidée par le plus âgé des maires de ces communes, et dont le siège sera au lieu de la résidence du président. Toutes les dispositions qui précèdent seront du reste applicables à cette Commission.

ART. 4. — La commission dont il est question au dernier paragraphe de l'article précédent, et chacune des Commissions d'hygiène d'arrondissement, éliront un vice-président et un secrétaire qui seront renouvelés tous les deux ans.

Le préfet de police pourra, lorsqu'il le jugera utile, déléguer un des membres du Conseil d'hygiène publique du département auprès de chacune desdites Commissions, pour prendre part à ses délibérations avec voix consultative.

ART. 5. — Les commissions d'hygiène publique et de salubrité se réuniront au moins une fois par mois, à la mairie ou au chef-lieu de la sous-préfecture, ou, pour ce qui concerne la Commission centrale des communes de Saint-Cloud, Sèvres et Meudon, à la mairie de la résidence de son président, et elles seront convoquées extraordinairement toutes les fois que l'exigeront les besoins du service.

ART. 6. — Les commissions d'hygiène recueillent toutes les informations qui peuvent intéresser la santé publique dans l'étendue de leur circonscription. Elles appellent l'attention du préfet de police sur les causes d'insalubrité qui peuvent exister dans leurs arrondissements respectifs, et elles donnent leur avis sur les moyens de les faire disparaître.

Elles peuvent être consultées, d'après l'avis du Conseil d'hygiène publique et de salubrité du département, sur les mesures et dans les cas déterminés par l'art. 9 de l'arrêté du gouvernement du 18 décembre 1848.

Elles concourent à l'exécution de la loi du 13 avril 1850, relative à l'assainissement des logements insalubres, soit en provoquant, lorsqu'il y a lieu, dans les arrondissements ruraux, la nomination des Commissions spéciales qui peuvent être créées par les conseils municipaux en vertu de l'art. 1er de ladite loi, soit en signalant aux Commissions déjà instituées les logements dont elles auraient reconnu l'insalubrité.

En cas de maladies épidémiques, elles seront appelées à prendre part à l'exécution des mesures extraordinaires qui peuvent être ordonnées pour combattre les maladies, ou pour procurer de prompts secours aux personnes qui en seraient atteintes.

Art. 7. — Les Commissions d'hygiène publique et de salubrité réuniront les documents relatifs à la mortalité et à ses causes, à la topographie et à la statistique de l'arrondissement, en ce qui concerne la salubrité.

Ces documents seront transmis au préfet de police et communiqués au Conseil d'hygiène publique, qui est chargé de les coordonner, de les faire compléter, s'il y a lieu, et de les résumer dans les rapports dont la forme et le mode de publication seront ultérieurement déterminés.

Art. 8. — Le Conseil d'hygiène et de salubrité du département de la Seine fera, chaque année, sur l'ensemble de ses travaux et sur l'ensemble des travaux des Commissions d'arrondissement, un rapport général qui sera transmis par le préfet de police au ministre de l'agriculture et du commerce.

II. DE L'EMPLOI DES MACHINES A VAPEUR

20. — L'établissement des machines à vapeur est soumis à des conditions particulières, autrefois réglées par une ordonnance royale du 25 janvier 1843, puis par un décret impérial du 24 août 1865, qui a modifié profondément les règles d'abord admises ; enfin, aujourd'hui, par un décret du 30 avril 1880. Le rapport ministériel qui précède ce dernier décret nous paraît utile à faire connaître ; en voici le texte :

a. — Rapport ministériel relatif à la réglementation des appareils à vapeur.

Lorsqu'en 1865, le gouvernement révisa le règlement auquel étaient soumises, depuis plus de vingt ans, les machines et chaudières à vapeur autres que celles placées à bord des bateaux, il se proposait de supprimer une partie de la tutelle administrative qui n'était plus en harmonie avec les progrès de la construction de ces appareils, le développement de leur emploi et l'instruction technique des ouvriers chargés de leur fonctionnement. Son but fut de dégager l'industrie d'entraves devenues inutiles, dans toute la mesure compatible avec les exigences de la sécurité publique. Mais cette mesure ne pouvait être que préjugée : il appartenait à l'expérience seule de la fixer, et c'est ce qui explique le besoin de réviser à son tour le décret du 25 janvier 1865 et de le remplacer par un nouveau règlement.

En effet, une enquête, qui a été ouverte, à l'expiration de la période décennale, auprès de tous les ingénieurs chargés de la surveillance des appareils à vapeur, a montré l'inutilité d'assujettir à des prescriptions administratives les récipients de vapeur, qui en sont complétement exonérés depuis 1865, et d'apporter en outre quelques modifications de détail aux dispositions en vigueur concernant les chaudières proprement dites. Les résultats de cette enquête ont été communiqués à la commission centrale des machines à vapeur et au conseil d'État, qui se sont appliqués à concilier dans une sage mesure les nécessités de la sécurité publique avec les exigences de l'industrie.

Rien n'a été changé aux conditions essentielles de l'épreuve des chaudières neuves ; mais le renouvellement de cette épreuve pourra être exigé dans d'autres cas que ceux de réparation notable, seuls admis par le décret de 1865, et ne devra jamais être retardé de plus de dix ans.

Antérieurement à ce décret, les ingénieurs pouvaient provoquer la réforme des chaudières qu'un long service ou une détérioration accidentelle leur faisait regarder comme dangereuses. La commission centrale des machines à vapeur, sans doute préoccupée du rôle amoindri attribué à l'administration depuis 1865, avait exprimé le vœu que la faculté d'interdire l'usage d'un générateur réputé dangereux lui fût restituée. Le conseil d'État n'a point été favorable à ce retour partiel à un régime abandonné ; j'ai pensé avec lui qu'une telle mesure, rarement applicable dans la pratique, ne serait pas suffisamment motivée par des faits qu'aurait révélés l'application du décret de 1865.

Le renouvellement obligatoire de l'épreuve tous les dix ans donnera d'ailleurs un nouveau gage à la sécurité publique.

En raison de cette innovation, il a paru convenable d'admettre des motifs de dispense quant aux épreuves réglementaires à exécuter entre temps à la suite des réparations, des déplacements ou des chômages prolongés des chaudières, et de tenir compte, à cet effet, de l'existence des associations de propriétaires d'appareils à vapeur, qui se sont formées depuis quelques années.

Ces associations, employant et rémunérant un personnel spécial, ont en vue d'assurer le meilleur fonctionnement possible des appareils, notamment en procédant à des visites intérieures et extérieures des générateurs de vapeur, en les examinant au double point de vue de la sécurité et de la réalisation d'économies de combustible. Il convient d'encourager ces pratiques salutaires et d'appeler les institutions de ce genre à prêter leur concours à l'administration. Déjà le gouvernement vient de reconnaître l'utilité pratique de l'association des propriétaires d'appareils à vapeur du Nord de la France. Je me propose, en portant le nouveau règlement à la connaissance des préfets et des ingénieurs des mines, de donner des instructions pour que dans les régions industrielles où fonctionnent de telles associations, la surveillance officielle tienne compte, dans une juste mesure, des constatations faites par le personnel exerçant la surveillance officieuse dont il s'agit. Le renouvellement de l'épreuve règlementaire pourra, en conséquence, ne pas être exigé avant l'expiration de la période décennale, lorsque des renseignements authentiques sur l'époque et les résultats de la dernière visite intérieure et extérieure d'une chaudière constitueront des présomptions suffisantes en faveur de son bon état ; et les ingénieurs des mines seront autorisés à considérer, à cet égard, comme probants les certificats délivrés aux membres des associations de propriétaires d'appareils à vapeur par celles de ces associations que le ministère aura désignées.

Le classement des chaudières à demeure continuera à comprendre trois catégories, sous le rapport des conditions d'emplacement, ainsi que le prescrit le décret de 1865. La détermination de ces catégories aura lieu d'après une nouvelle base de calcul, que la commission centrale des machines à vapeur a considérée comme plus rationnelle que la base actuelle, mais qui s'en écarte peu, et dont l'effet est de réduire légèrement, au point de vue du classement, l'importance de la pression maximum sous laquelle une chaudière est appelée à fonctionner, comparativement à son volume.

Les conditions d'emplacement demeureront à très peu près les mêmes qu'aujourd'hui pour les chaudières de la première catégorie, qu'il est permis d'établir à dix mètres de distance d'une maison d'habitation sans aucune disposition particulière.

Les chaudières de la deuxième catégorie ne peuvent être placées dans l'intérieur des ateliers que lorsque ceux-ci ne font pas partie d'une maison d'habitation. Il n'y aura plus d'exception pour les maisons réservées aux manufacturiers, à leurs familles, à leurs employés, ouvriers et serviteurs, comme l'admettait le décret de 1865. Le nouveau règlement supprime avec raison sur ce point, une tolérance contraire à la sécurité publique.

Les chaudières de la troisième catégorie continuent à pouvoir être établies dans une maison quelconque.

La faculté précédemment reconnue aux tiers de renoncer à se prévaloir des conditions réglementaires cessera d'exister; il a paru à la commission centrale des machines à vapeur et au conseil d'État qu'elles ne pouvaient pas cesser d'être obligatoires, et je partage complètement cet avis.

De même, l'exécution de la disposition relative à la non production de fumée par les foyers de chaudières à vapeur a paru au conseil d'État de nature à donner lieu à des incertitudes de la part de l'administration et aussi de l'autorité judiciaire. J'ai considéré avec lui que les inconvénients de la fumée ne sont pas particuliers à l'emploi d'un appareil à vapeur, et ne touchent en rien à la sécurité, objet essentiel du décret dont il s'agit. Les contestations auxquelles la production de la fumée donnerait lieu appartiendront donc exclusivement au domaine judiciaire, qu'il s'agisse d'un foyer d'appareil à vapeur ou de tout autre foyer.

La plus importante innovation du nouveau règlement est, sans contredit, l'assujettissement des récipients de vapeur d'une certaine capacité à quelques mesures de sûreté. Omis dans l'ordonnance de 1843, ils avaient été assimilés aux générateurs en vertu d'une circulaire ministérielle de 1845, puis volontairement omis encore dans le décret de 1865. De nombreux accidents sont venus démontrer la nécessité de subordonner l'emploi de ces appareils à l'exécution de certaines prescriptions. En conséquence, la commission centrale des machines à vapeur et le conseil d'État ont été d'avis que les récipients d'un volume supérieur à cent litres fussent soumis à l'épreuve officielle, munis dans certains cas d'une soupape de sûreté et assujettis à la déclaration. Un délai de six mois sera accordé pour l'exécution de ces mesures.

Elles seront applicables, non seulement aux cylindres

sécheurs, chaudières à double fond et appareils divers employés dans l'industrie, mais encore aux machines locomotives sans foyer et aux autres réservoirs dans lesquels est emmagasinée de l'eau à haute température, pour dégager de la vapeur ou de la chaleur.

Enfin, le décret de 1865 n'avait point reproduit la disposition de l'ordonnance de 1843, aux termes de laquelle l'administration avait la faculté de dispenser les chaudières présentant un mode particulier de construction de l'application d'une partie des mesures de sûreté réglementaires pour les soumettre à des conditions spéciales.

Il se bornait à prévoir des cas de dispense, en ce qui touche le niveau du plan d'eau dans les générateurs dont la forme ou la faible dimension semblait exclure toute crainte de danger. Dorénavant, le ministre, après instruction locale et sur l'avis de la commission centrale des machines à vapeur, pourra accorder toute dispense qui ne paraîtra pas de nature à entraîner des inconvénients.

Telles sont les principales modifications du règlement de 1865, concernant les chaudières à vapeur fixes ou locomobiles, les locomotives et les récipients, qui me paraissent devoir être adoptées dans l'intérêt commun des industriels et du public.

b. — *Décret du 30 avril 1880*

ART. 1er. — Sont soumis aux formalités et aux mesures prescrites par le présent règlement : 1° les générateurs de vapeur, autres que ceux qui sont placés à bord des bateaux ; 2° les récipients définis ci-après.

MESURES DE SURETÉ RELATIVES AUX CHAUDIÈRES PLACÉES A DEMEURE.

ART. 2. — Aucune chaudière neuve ne peut être mise en service qu'après avoir subi l'épreuve réglementaire ci-après définie. Cette épreuve doit être faite chez le constructeur et sur sa demande.

Toute chaudière venant de l'étranger est éprouvée avant sa mise en service, sur le point du territoire français désigné par le destinataire dans sa demande.

ART. 3. — Le renouvellement de l'épreuve peut être exigé de celui qui fait usage d'une chaudière :

1º Lorsque la chaudière ayant déjà servi, est l'objet d'une nouvelle installation ;

2º Lorsqu'elle a subi une réparation notable ;

3º Lorsqu'elle est remise en service après un chômage prolongé.

A cet effet, l'intéressé devra informer l'ingénieur des mines de ces diverses circonstances. En particulier, si l'épreuve exige la démolition du massif du fourneau ou l'enlèvement de l'enveloppe de la chaudière et un chômage plus ou moins prolongé, cette épreuve ne pourra point être exigée, lorsque des renseignements authentiques sur l'époque et les résultats de la dernière visite, intérieure et extérieure, constitueront une présomption suffisante en [faveur du bon état de la chaudière. Pourront être notamment considérés comme renseignements probants les certificats délivrés aux membres des associations de propriétaires d'appareils à vapeur par celle de ces associations que le ministre aura désignée.

Le renouvellement de l'épreuve est exigible également lorsque, à raison des conditions dans lesquelles une chaudière fonctionne, il y a lieu, par l'ingénieur des mines, d'en suspecter la solidité.

Dans tous les cas, lorsque celui qui fait usage d'une chaudière contestera la nécessité d'une nouvelle épreuve, il sera, après une instruction où celui-ci sera entendu, statué par le préfet.

En aucun cas, l'intervalle entre deux épreuves consécutives n'est supérieur à dix années. Avant l'expiration de ce délai, celui qui fait usage d'une chaudière à vapeur doit lui-même demander le renouvellement de l'épreuve.

ART. 4. — L'épreuve consiste à soumettre la chaudière à une pression hydraulique supérieure à la pression effective qui ne doit point être dépassée dans le service. Cette pression d'épreuve sera maintenue pendant le temps nécessaire à l'examen de la chaudière dont toutes les parties doivent pouvoir être visitées.

La surcharge d'épreuve par centimètre carré est égale à la pression effective, sans jamais être inférieure à un demi kilogramme ni supérieure à 6 kilogrammes.

L'épreuve est faite sous la direction de l'ingénieur des mines, en sa présence, ou, en cas d'empêchement, en présence du garde-mine, opérant d'après ses instructions.

Elle n'est pas exigée pour l'ensemble d'une chaudière dont les diverses parties, éprouvées séparément, ne doivent être réunies que par des tuyaux placés sur tout leurs parcours, en dehors du foyer et des conduits de flamme, et dont les joints peuvent être facilement démontés.

Le chef de l'établissement où se fait l'épreuve fournit la main-d'œuvre et les appareils nécessaires à l'opération.

ART. 5. — Après qu'une chaudière ou partie de chaudière a été éprouvée avec succès, il y est apposé un timbre, indiquant en kilogrammes par centimètre carré la pression effective que la vapeur ne doit pas dépasser.

Les timbres sont poinçonnés et reçoivent trois nombres indiquant le jour, le mois et l'année de l'épreuve.

Un de ces timbres est placé de manière à être toujours apparent après la mise en place de la chaudière.

ART. 6. — Chaque chaudière est munie de deux soupapes de sûreté, chargées de manière à laisser la vapeur s'écouler dès que sa pression effective atteint la limite maximum indiquée par le timbre réglementaire.

L'orifice de chacune des soupapes doit suffire à maintenir, celle-ci étant au besoin convenablement déchargée ou soulevée et quelle que soit l'activité du feu, la vapeur dans la chaudière à un degré de pression qui n'excède pour aucun cas la limite ci-dessus.

Le constructeur est libre de répartir, s'il le préfère, la section totale d'écoulement nécessaire des deux soupapes réglementaires entre un plus grand nombre de soupapes.

ART. 7. — Toute chaudière est munie d'un manomètre en bon état placé en vue du chauffeur et gradué de manière à indiquer, en kilogrammes, la pression effective de la vapeur de la chaudière.

Une marque très apparente indique sur l'échelle du manomètre la limite que la pression effective ne doit point dépasser.

La chaudière est munie d'un ajutage terminé par une bride de quatre centimètres (0^m,04) de diamètre et cinq millimètres (0^m,005) d'épaisseur disposées pour recevoir le manomètre vérificateur.

ART. 8. — Chaque chaudière est munie d'un appareil de retenue, soupape ou clapets, fonctionnant automatiquement et placé au point d'intersection du tuyau d'alimentation qui lui est propre.

ART. 9. — Chaque chaudière est munie d'une soupape ou d'un robinet d'arrêt de vapeur, placé autant que possible à l'origine du tuyau de conduite de vapeur, sur la chaudière même.

ART. 10. — Toute paroi en contact par une de ses faces avec la flamme doit être baignée par l'eau sur sa face opposée.

Le niveau d'eau doit être maintenu dans chaque

chaudière, à une hauteur de marche telle qu'il soit, en toute circonstance, à six centimètres ($0^m,06$) au moins au-dessus du plan pour lequel la condition précédente cesserait d'être remplie. La position limite sera indiquée, d'une manière très apparente au voisinage du tube de niveau mentionné à l'article suivant.

Les prescriptions énoncées au présent article ne s'appliquent point :

1° Aux surchauffeurs de vapeur distincts de la chaudière ;

2° A des surfaces relativement peu étendues et placées de manière à ne jamais rougir, même lorsque le feu est poussé à son maximum d'activité, telles que les tubes ou parties de cheminées qui traversent le réservoir de vapeur, en envoyant directement à la cheminée principale les produits de la combustion.

Art 11. — Chaque chaudière est munie de deux appareils indicateurs du niveau de l'eau indépendants l'un de l'autre, et placés en vue de l'ouvrier chargé de l'alimentation.

L'un de ces deux indicateurs est un tube en verre, disposé de manière à pouvoir être facilement nettoyé et remplacé au besoin.

Pour les chaudières verticales de grande hauteur, le tube en verre est remplacé par un appareil disposé de manière à reporter, en vue de l'ouvrier chargé de l'alimentation, l'indication du niveau d'eau dans la chaudière.

ÉTABLISSEMENTS DES CHAUDIÈRES A VAPEUR PLACÉES A DEMEURE

Art. 12. — Toute chaudière à vapeur destinée à être employée à demeure ne peut être mise en service qu'après une déclaration adressée, par celui qui fait usage du générateur, au préfet du département. Cette déclaration est enregistrée à sa date. Il en est donné acte. Elle est communiquée sans délai à M. l'ingénieur en chef des mines.

ART. 13. — La déclaration fait connaître avec précision :

1° Le nom et le domicile du vendeur de la chaudière ou l'origine de celle-ci ;

2° La commune et le lieu où elle est établie ;

3° La forme, la capacité et la surface de chauffe ;

4° Le numéro du timbre réglementaire ;

5° Un numéro distinctif de la chaudière, si l'établissement en possède plusieurs ;

6° Enfin, le genre d'industrie et l'usage auquel elle est destinée.

ART. 14. — Les chaudières sont divisées en trois catégories :

Cette classification est basée sur le produit de la multiplication du nombre exprimant en mètres cubes la capacité totale de la chaudière (avec ses bouilleurs et ses réchauffeurs alimentaires, mais sans y comprendre les surchauffeurs de vapeur), par le nombre exprimant, en degrés centigrades, l'excès de la température de l'eau correspondant à la pression indiquée par le timbre réglementaire sur la température de 100 degrés conformément à la table annexée au présent décret (1).

Si plusieurs chaudières doivent fonctionner ensemble dans un même emplacement et si elles ont entre elles une communication quelconque, directe ou indirecte, on prend, pour former le produit, comme il vient d'être dit, la somme des capacités de ces chaudières.

Les chaudières sont de la première catégorie quand le produit est plus grand que 200 ; de la deuxième quand le produit n'excède pas 200, mais surpasse 50 ; de la troisième, si le produit n'excède pas 50.

____

(1) Voir au tableau, plus loin, page 99.

Art. 15. — Les chaudières comprises dans la première catégorie doivent être établies en dehors de toute maison d'habitation et de tout atelier surmonté d'étages. N'est pas considérée comme un étage au-dessus de l'emplacement d'une chaudière, une construction dans laquelle ne se fait aucun travail nécessitant la présence d'un personnel à poste fixe.

Art. 16. — Il est interdit de placer une chaudière de première catégorie à moins de trois mètres d'une maison d'habitation.

Lorsqu'une chaudière de première catégorie est placée à moins de dix mètres d'une maison d'habitation, elle en est séparée par un mur de défense.

Ce mur, en bonne et solide maçonnerie, est construit de manière à défiler la maison par rapport à tout point de la chaudière distant de moins de dix mètres, sans toutefois que sa hauteur dépasse de un mètre la partie la plus élevée de la chaudière. Son épaisseur est égale au tiers au moins de sa hauteur, sans que cette épaisseur puisse être inférieure à un mètre en couronne. Il est séparé du mur de la maison voisine par un intervalle libre de trente centimètres de largeur au moins.

L'établissement d'une chaudière de première catégorie à la distance de dix mètres et plus d'une maison d'habitation n'est assujetti à aucune condition particulière.

Les distances de trois mètres et de dix mètres, fixées ci-dessus, sont réduites respectivement à 1^m,50 et à cinq mètres, lorsque la chaudière est enterrée de façon que la partie supérieure de ladite chaudière se trouve à un mètre en contre-bas du sol du côté de la maison voisine.

Art. 17. — Les chaudières comprises dans la deuxième catégorie peuvent être placées dans l'intérieur de tout atelier, pourvu que l'atelier ne fasse pas partie d'une maison **d'habitation**.

Les foyers sont séparés des murs des maisons voisines par un intervalle libre de un mètre au moins.

ART. 18. — Les chaudières de troisième catégorie peuvent être établies dans un atelier quelconque, même lorsqu'il fait partie d'une maison d'habitation.

Les foyers sont séparés des murs des maisons voisines par un intervalle libre de 50 centimètres au moins.

ART. 19. — Les conditions d'emplacement prescrites pour les chaudières à demeure, par les précédents articles, ne sont pas applicables aux chaudières pour l'établissement desquelles il aura été satisfait au décret du 25 janvier 1865, antérieurement à la promulgation du présent règlement.

ART. 20. — Si, postérieurement à l'établissement d'une chaudière, un terrain contigu vient à être affecté à la construction d'une maison d'habitation, celui qui fait usage de la chaudière devra se conformer aux mesures prescrites par les articles 16, 17 et 18 comme si la maison eût été construite avant l'établissement de la chaudière.

ART. 21. — Indépendamment des mesures générales de sûreté prescrites au titre Ier de la déclaration prévue par les articles 12 et 13, les chaudières à vapeur fonctionnant dans l'intérieur des mines sont soumises aux conditions que pourra prescrire le préfet, suivant le cas et sur le rapport de l'ingénieur des mines.

CHAUDIÈRES LOCOMOBILES

ART. 22. — Sont considérées comme locomobiles les chaudières qui peuvent être transportées facilement d'un lieu dans un autre, n'exigent aucune construction pour fonctionner sur un point donné et ne sont employées que d'une manière temporaire à chaque station.

ART. 23. — Les dispositions des articles 2 à 11 inclusivement du présent décret sont applicables aux chaudières locomobiles.

Art. 24. — Chaque chaudière porte une plaque sur laquelle sont gravés, en caractères très apparents, le nom et le domicile du propriétaire et un numéro d'ordre, si ce propriétaire possède plusieurs chaudières locomobiles.

Art. 25. — Elle est l'objet de la déclaration prescrite par les articles 12 et 13. Cette déclaration est adressée au préfet du département où est le domicile du propriétaire.

L'ouvrier chargé de la conduite devra représenter à toute réquisition le récépissé de cette déclaration.

CHAUDIÈRES DES MACHINES LOCOMOTIVES

Art. 26. — Les machines à vapeur locomotives sont celles qui, sur terre, travaillent en même temps qu'elles se déplacent par leur propre force, telles que les machines des chemins de fer et des tramways, les machines routières, les rouleaux compresseurs, etc.

Art. 27. — Les dispositions des articles 2 à 8 inclusivement et celles des articles 11 et 24 sont applicables aux chaudières des machines locomotives.

Art. 28. — Les dispositions de l'article 25, paragraphe Ier, s'appliquent également à ces chaudières.

Art. 29. — La circulation des machines locomotives a lieu dans les conditions déterminées par des règlements spéciaux.

RÉCIPIENTS

Art. 30. — Sont soumis aux dispositions suivantes les récipients de formes diverses d'une capacité de plus de cent litres au moyen desquels les matières à élaborer sont chauffées, non directement à feu nu, mais par de la vapeur empruntée à un générateur distinct lorsque leur communication avec l'atmosphère n'est point établie par des moyens excluant toute pression effective nettement appréciable.

ART. 31. — Ces récipients sont assujettis à la déclaration prescrite par les articles 12 et 13.

Ils sont soumis à l'épreuve, conformément aux articles 2, 3, 4 et 5. Toutefois, la surcharge d'épreuve sera, dans tous les cas, égale à la moitié de la pression maximum à laquelle l'appareil doit fonctionner, sans que cette surcharge puisse excéder 4 kilogrammes par centimètre carré.

ART. 32. — Ces récipients sont munis d'une soupape de sûreté réglée pour la pression indiquée par le timbre, à moins que cette pression ne soit égale ou supérieure à celle fixée pour la chaudière alimentaire.

L'orifice de cette soupape, convenablement déchargée ou soulevée au besoin, doit suffire à maintenir pour tous les cas la vapeur dans le récipient à un degré de pression qui n'excède pas la limite du timbre.

Elle peut être placée, soit sur le récipient lui-même, soit sur le tuyau d'arrivée de la vapeur, entre le robinet et le récipient.

ART. 33. — Les dispositions des articles 30, 31 et 32 s'appliquent également aux réservoirs dans lesquels de l'eau à haute température est emmagasinée, pour fournir ensuite un dégagement de vapeur ou de chaleur quel qu'en soit l'usage.

ARL. 34. — Un délai de six mois, à partir de la promulgation du présent décret, est accordé pour l'exécution des quatre articles qui précèdent.

DISPOSITIONS GÉNÉRALES

ART. 35. — Le ministre peut, sur le rapport des ingénieurs des mines, l'avis du préfet et celui de la commission centrale des machines à vapeur, accorder dispense de tout ou partie des prescriptions du présent décret dans tous les cas où, à raison soit de la forme, soit de la faible dimension des appareils, soit de la position spéciale des pièces contenant de la vapeur, il serait reconnu que la dispense ne peut pas avoir d'inconvénient.

Art. 36. — Ceux qui font usage de générateurs ou de récipients de vapeur veilleront à ce que ces appareils soient entretenus constamment en bon état de service.

A cet effet, ils tiendront la main à ce que des visites complètes, tant à l'intérieur qu'à l'extérieur, soient faites à des intervalles rapprochés pour constater l'état des appareils et assurer l'exécution en temps utile des réparations ou remplacements nécessaires.

Ils devront informer les ingénieurs des réparations notables faites aux chaudières et aux récipients, en vue de l'exécution des articles 3 (1°, 2° et 3°) et 31, § 2.

Art. 37. — Les contraventions au présent règlement sont constatées, poursuivies et réprimées conformément aux lois.

Art. 38. — En cas d'accident ayant occasionné la mort ou des blessures, le chef de l'établissement doit prévenir immédiatement l'autorité chargée de la police locale et l'ingénieur des mines chargé de la surveillance. L'ingénieur se rend sur les lieux, dans le plus bref délai, pour visiter les appareils, en constater l'état et rechercher les causes de l'accident. Il rédige sur le tout :

1° Un rapport qu'il adresse au procureur de la République et dont une expédition est transmise à l'ingénieur en chef, qui fait parvenir son avis à ce magistrat ;

2° Un rapport qui est adressé au préfet, par l'intermédiaire et avec l'avis de l'ingénieur en chef.

En cas d'accident n'ayant occasionné ni mort ni blessures, l'ingénieur des mines seul est prévenu, il

3**

rédige un rapport qu'il envoie, par l'intermédiaire et avec l'avis de l'ingénieur en chef, au préfet.

En cas d'explosion, les constructions ne doivent point être réparées et les fragments de l'appareil rompu nè doivent point être déplacés ou dénaturés avant la constatation de l'état des lieux par l'ingénieur.

Art. 39. — Par exception, le ministre pourra confier la surveillance des appareils à vapeur aux ingénieurs ordinaires et aux conducteurs des ponts et chaussées, sous les ordres de l'ingénieur en chef des mines de la circonscription.

Art. 40. — Les appareils à vapeur qui dépendent des services spéciaux de l'Etat sont surveillés par les fonctionnaires et agents de ces services.

Art. 41. — Les attributions conférées aux préfets des départements par le présent décret sont exercées par le préfet de police dans toute l'étendue de son ressort.

Art. 42. — Est rapporté le décret du 25 janvier 1865.

VALEURS CORRESPONDANTES	
de la pression effective EN KILOGRAMMES	de la température EN DEGRÉS CENTIGRADES
0.5	111
1.0	120
1.5	127
2.0	133
2.5	138
3.0	143
3.5	147
4.0	151
4.5	155
5.0	158
5.5	161
6.0	164
6.5	167
7.0	170
7.5	173
8.0	175
8.5	177
9.0	179
9.5	181
10.0	183
10.5	185
11.0	187
11.5	189
12.0	191
12.5	193
13.0	194
13.5	196
14.0	197
14.5	199
15.0	200
15.5	202
16.0	203
16.5	205
17.0	207
17.5	208
18.0	209
18.5	210
19.0	211
19.5	213
20.0	214

III. DU TRANSPORT DES MATIÈRES DANGEREUSES

21. — L'on comprend la nécessité d'imposer aux transports des matières dangereuses employées dans l'industrie, certaines règles et conditions de nature à assurer la sécurité publique et à prévenir autant qu'il est possible les causes d'explosions ou d'incendie. Un décret du 12 août 1874 a d'abord fixé la nomenclature des matières pouvant être une cause d'explosion ou d'incendie ; il est ainsi conçu.

a. — Décret du 12 août 1874.

ARTICLE PREMIER. — Les matières pouvant être une cause d'explosion ou d'incendie sont divisées en deux catégories :

1° Les matières explosibles ou très-dangereuses et dont le transport exige les plus grandes précautions;

2° Les matières inflammables et comburantes ou moins dangereuses, mais dont il importe cependant de soumettre le transport à des précautions spéciales.

ART. 2. — Les matières de la 1ʳᵉ catégorie sont contenues dans la nomenclature suivante :

Nitro-glycérine ;
Dynamite ;
Picrates ;
Coton-poudre ;
Coton azotique (pour collodion);
Fulminates purs ou mélangés ;
Amorce ;
Mélanges de chlorates et d'une matière combustible;
Poudres et cartouches de guerre, de chasse et de mine;
Pièces d'artifice ;
Mèches de mineur (1).

---

(1) Lorsque ces mèches sont munies d'amorces ou d'autres moyens d'inflammation (Décret du 26 janvier 1875).

Art. 3. — Les matières de la 2° catégorie sont désignées dans la nomenclature ci-après :

Phosphore ;
Allumettes ;
Sulfure de carbone ;
Éthers ;
Collodion liquide ;
Huiles brutes de pétrole, de schiste, de boghead, de résine ;
Essences et huiles lampantes de pétrole ;
       id.   de schiste ;
       id.   de boghead ;
       id.   de résine ;
Essence de houille, benzine, toluène ;
Acide nitrique monohydraté.

22. — Les conditions des *transports de matières dangereuses par chemins de fer* avaient été réglées par deux arrêtés des 15 juillet 1863 et 25 mars 1874 ; un arrêté ministériel du 1er décembre 1874 a rapporté les deux arrêtés antérieurs, et a statué en ces termes :

b. — Arrêté ministériel du 1er décembre 1874.

Le ministre des travaux publics,

Vu les lois et décrets portant concession des diverses lignes de chemins de fer; ensemble les cahiers des charges y annexés ;

Vu les articles 21 et 66 de l'ordonnance du 15 novembre 1846, lesdits articles ainsi conçus :

« Art. 21. — Il est défendu d'admettre, dans les convois qui portent des voyageurs, aucune matière pouvant donner lieu, soit à des explosions, soit à des incendies.

« Art. 66. — Les personnes qui voudront expédier des marchandises de la nature de celles qui sont mentionnées à l'article 21 devront les déclarer au moment où elles les apporteront dans les stations du chemin de fer.

« Des mesures spéciales de précaution seront prescrites, s'il y a lieu, pour le transport desdites marchandises, la Compagnie entendue ; »

Vu les arrêtés ministériels des 15 juillet 1863 et 25 mars 1874 relatifs au transport des matières explosibles ou inflammables autres que la poudre ;

Vu le règlement du 25 juillet 1873 concernant le transport de la poudre et des munitions de guerre ;

Vu le règlement du 20 août 1873 relatif au transport de la dynamite ;

Vu les avis de la Commission des inventions et des règlements et du Comité consultatif des chemins de fer ;

Considérant que l'arrêté du 25 mars 1874 contient certaines lacunes qu'il convient de combler ;

Les Compagnies entendues ;

Sur le rapport du conseiller d'État, directeur général des ponts et chaussées et des chemins de fer ;

ARRÊTE :

CLASSIFICATION.

ARTICLE PREMIER. — Les matières explosibles ou inflammables sont classées au point de vue des précautions à prendre pour le transport sur les chemins de fer, en quatre catégories, savoir :

PREMIÈRE CATÉGORIE. — *Poudres de guerre, de mine ou de chasse ; munitions de guerre, fulminates, fulmicoton, picrate de potasse, dynamite, acide nitrique monohydraté,* connu dans le commerce sous le nom d'*acide nitrique fumant ; artifices, mèches de mineur, huile de pétrole non rectifiée ;* huiles dites *essentielles,* extraites par distillation du *pétrole,* des *schistes bitumineux* ou du *goudron de houille* (ces huiles ont pour caractère d'émettre des vapeurs qui prennent feu au contact d'une allumette enflammée, même lorsque leur température ne dépasse pas 35 degrés centigrades).

2° CATÉGORIE. — *Capsules, allumettes chimiques, chlorates, phosphores, éther, collodion, sulfure de carbone, benzines; huile de pétrole rectifiée* et *huile de schiste* ou de *goudron de houille*, quand elles sont contenues dans des touries en verre ou en grès.

3° CATÉGORIE. — *Pailles, foins, cotons, chiffons gras, résines liquides, brai gras, goudron liquide; pétrole rectifié* et *huiles minérales* dans des fûts de bois.

4° CATÉGORIE. — *Bois* de toute nature, *charbons de bois, huiles végétales; résines sèches; brai sec, goudron sec; pétrole rectifié* et *huiles minérales* dans des vases métalliques; *alcools, essence de térébenthine*, et, en général toutes les matières plus ou moins inflammables non dénommées dans les trois premières catégories.

EMBALLAGE ET CHARGEMENT.

ART. 2. — *Matières de la première catégorie.* — Les dispositions prescrites par l'arrêté du 25 juillet 1873 pour l'emballage et le chargement des poudres de guerre, de mine ou de chasse, et des munitions de guerre sont maintenues. Ces dispositions sont également applicables aux *fulminates*, aux *fulmi-coton* et au *picrate de potasse* (1).

Quant à la *dynamite*, les mesures de précaution dont elle doit être l'objet sont prescrites par le règlement spécial du 20 août 1873 (2).

L'acide nitrique monohydraté sera renfermé dans des wagons blindés avec des lames à recouvrement en

---

(1) Voir les dispositions de l'arrêté du 25 juillet 1873, plus loin, aux mots : *Poudres* et *Fulminates.*

(2) Voir les dispositions de l'arrêté du 20 août 1873, plus loin, au mot: *Dynamite.*

tôle ou en plomb très-épais. Ces wagons devront être fournis par les expéditeurs.

Les *pièces d'artifice* de petites dimensions et les *mèches de mineurs* seront emballées dans des caisses en planches de 1 centimètre au moins d'épaisseur. Les *pièces d'artifice* de grande dimension seront fixées avec soin contre les parois des wagons et isolées. On n'admettra aucune matière facilement explosible ou inflammable dans les wagons contenant des artifices ou des mèches de mineurs.

L'*huile de pétrole non rectifiée* et les *huiles essentielles* comprises dans la première catégorie doivent être contenues dans des vases métalliques bien fermés, dans des fûts cerclés en fer ou dans des touries en verre ou en grès, bien bouchées et entourées d'une enveloppe en paille, en osier ou en toute autre matière qui les protège contre les chocs.

ART. 3. — *Matières de la deuxième catégorie.* — Les matières comprises dans la deuxième catégorie seront chargées dans des wagons couverts et à panneaux pleins. Elles ne pourront être acceptées qu'autant que les emballages rempliront les conditions suivantes :

Capsules. — Emballage dans des sacs, et les sacs dans des caisses en planches de 1 centimètre au moins d'épaisseur.

Allumettes chimiques, chlorates. — Emballage dans des caisses en planches de 1 centimètre au moins d'épaisseur.

Phosphore. — Emballage dans des fûts étanches et remplis d'eau.

Éther, collodion, sulfure de carbone, benzine. — Emballage dans des vases métalliques bien fermés, dans des fûts cerclés en fer, ou dans des touries en verre ou en grès, bien bouchées et entourées d'une enveloppe en paille, en osier ou en toute autre matière qui les protège contre les chocs.

Huile de pétrole rectifiée et *huile de schiste ou de goudron de houille.* — Emballage dans des touries en verre ou en grès, bien bouchées et entourées d'une enveloppe en paille, en osier ou en toute autre matière qui les protège contre les chocs.

Art. 4. — *Matières de la troisième catégorie.* — Les *pailles, foins* et *cotons,* lorsqu'ils sont transportés dans des wagons découverts, doivent être bâchés de telle sorte que la surface supérieure du chargement, au moins, soit couverte. Les *chiffons gras* doivent être bâchés complètement.

Les *résines liquides,* le *brai gras,* le *goudron liquide,* le *pétrole rectifié* et les *huiles minérales* comprises dans la troisième catégorie doivent être contenus dans des fûts de bois cerclés en fer.

Art. 5. — *Matières de la quatrième catégorie.* — Les matières de la quatrième catégorie ne sont assujetties à aucune condition spéciale de chargement. Les vases métalliques contenant des liquides inflammables seront refusés, s'ils ne sont pas hermétiquement bouchés.

TRANSPORT

Art. 6. — Le transport de la *nitro-glycérine* est absolument interdit sur les chemins de fer, même par les trains de marchandises.

§ 1ᵉʳ. — *Trains de toute nature transportant des voyageurs.*

Art. 7. — Le transport des matières comprises dans la première catégorie ne peut, dans aucun cas, être effectué par les trains contenant des voyageurs.

Les matières de la deuxième catégorie sont également exclues des trains portant des voyageurs sur les sections où circulent des trains réguliers de marchandises.

Sur les sections où ne circulent pas des trains réguliers de marchandises, les matières de la deuxième catégorie pourront être transportées par trains mixtes, à la condition que les wagons qui les contiennent soient séparés des voitures de voyageurs par trois véhicules, au moins, ne renfermant pas des matières facilement inflammables, qu'ils soient placés à l'avant ou à l'arrière des voitures de voyageurs.

Les wagons contenant des matières de la troisième catégorie doivent être séparés des voitures de voyageurs par trois véhicules, au moins, ne contenant pas de matières facilement inflammables, lorsqu'ils sont placés à l'avant des voitures de voyageurs, et par un véhicule, au moins, lorsqu'ils sont placés à l'arrière de ces voitures.

Les wagons contenant des matières de la quatrième catégorie doivent être séparés des voitures de voyageurs par un véhicule au moins, ne contenant pas de matières facilement inflammables.

Les wagons contenant des matières de la deuxième ou de la troisième catégorie doivent être séparés de la machine par deux wagons, au moins, ne contenant pas de matières facilement inflammables.

Lorsque les matières de la troisième ou de la quatrième catégorie seront chargées dans des wagons couverts et à panneaux pleins, ces wagons pourront occuper dans le train une place quelconque.

ART. 8. — Les dispositions de l'article précédent, concernant les trains transportant des voyageurs, ne sont pas applicables aux trains de marchandises dans lesquels se trouvent les agents de l'État ou de l'industrie privée qui doivent accompagner certaines expéditions.

§ II. — *Trains de marchandises.*

ART. 9. — Les wagons chargés de matières de la

première catégorie sont placés à l'extrémité du train opposé à la locomotive. Ils doivent toujours être précédés et suivis de trois wagons non chargés de matières de la première catégorie.

Les trains de marchandises contenant des wagons chargés de matières de la première catégorie pourront être d'ailleurs remorqués, dans les cas prévus par les règlements, par deux machines placées, l'une à l'avant, l'autre à l'arrière, à la condition que les wagons chargés de ces matières seront toujours précédés et suivis de trois wagons, au moins, ne contenant pas de matières de la première ou de la deuxième catégorie.

La position, dans les trains de marchandises, des wagons chargés de matières des trois dernières catégories, ne donne lieu à aucune prescription spéciale.

DISPOSITIONS DIVERSES.

ART. 10. — Les arrêtés sus-visés des 15 juillet 1863 et 25 mars 1874 sont rapportés.

Sont également rapportées toutes dispositions antérieures qui seraient contraires au présent arrêté.

ART. 11. — Le présent arrêté sera notifié aux Compagnies de chemins de fer.

Il sera publié et affiché.

Les préfets, les fonctionnaires et agents du contrôle sont chargés d'en surveiller l'exécution.

23. — Nous connaissons maintenant les conditions imposées au transport des matières dangereuses par voie de terre, par chemin de fer ; d'autres régles concernent les *transports sur les voies navigables intérieures ;* elles sont contenues dans la loi du 18 juin 1870 et dans le décret du 31 juillet 1875 ainsi conçu :

c. — *Décret du 31 juillet 1875.*

Le Président de la République française,

Sur le rapport du ministre des travaux publics ;

Vu l'article 3 de la loi du 18 juin 1870, aux termes duquel un règlement d'administration publique doit déterminer les conditions de l'embarquement et du débarquement des matières pouvant être une cause d'explosion ou d'incendie, et les précautions à prendre pour l'amarrage, dans les ports, des bâtiments qui en sont porteurs ;

Vu l'article 4 de ladite loi, portant que toute contravention au règlement d'administration publique énoncé à l'article 3 et aux arrêtés pris par les préfets, sous l'approbation du ministre des travaux publics, sera punie de la peine portée à l'article 1er, c'est-à-dire d'une amende de 16 francs à 3,000 francs, et à l'article 5 de la même loi, portant qu'en cas de récidive dans l'année, les peines prononcées par l'article 1er seront portées au double, et que le tribunal pourra, selon les circonstances, prononcer, en outre, un emprisonnement de trois jours à un mois ;

Vu les avis des ingénieurs des ponts et chaussées et des chambres de commerce ;

Vu les avis du Conseil général des ponts chaussées des 26 décembre 1872 et 19 octobre 1874 ;

Vu le décret du 12 août 1874, rendu en exécution de l'article 2 de la loi du 18 juin 1870, déterminant la nomenclature des matières qui doivent être considérées comme pouvant donner lieu soit à des explosions, soit à des incendies ;

Le Conseil d'État entendu ;

Décrète :

Article premier. — Les bateaux circulant sur les voies navigables intérieures, qui sont chargés en totalité ou en partie de l'une des marchandises dangereu ses dont la nomenclature a été déterminée par le décret du 12 août 1874, doivent arborer un pavillon rouge au haut de leur mât et, à défaut de mât, au haut d'une perche de 2 mètres de hauteur placée à l'avant.

ART. 2. — Le chargement et le déchargement des marchandises dangereuses ne peuvent avoir lieu que sur les quais ou portions de quais désignés à cet effet.

Ces opérations ne peuvent être commencées sans l'autorisation écrite d'un agent de la navigation. Elles n'ont lieu que de jour et sont poursuivies sans désemparer avec la plus grande célérité, de telle sorte qu'aucun colis ne reste sur le quai pendant la nuit.

L'embarquement des marchandises dangereuses n'a lieu qu'à la fin du chargement.

ART. 3. — Les essences doivent être contenues dans des vases métalliques hermétiquement fermés.

L'usage des bonbonnes ou touries en verre et en grès, lors même qu'elles sont protégées par un revêtement extérieur, est interdit.

ART. 4. — Les marchandises dangereuses sont arrimées dans des compartiments isolés du reste de la cargaison. Elles sont tenues à l'abri du soleil et recouvertes d'une couche de sable humide de vingt centimètres d'épaisseur.

ART. 5. — Dans le cas où les dispositions de l'article précédent n'auraient pas été observées, il ne peut être fait usage de feu à bord, même pour la préparation des aliments. Il est également interdit de fumer. Les seules lumières permises dans ce cas sont celles des lanternes dont les règlements sur la police de la navigation prescrivent l'emploi, au stationnement, pendant la marche de nuit et au passage des souterrains.

ART. 6. — Lorsque les marchandises dangereuses

ont été embarquées en France, le patron est tenu de faire connaître le moment du départ à l'agent de la navigation qui a autorisé l'embarquement, et de lui remettre une déclaration écrite indiquant la nature et la quantité desdites marchandises, ainsi que l'itinéraire à suivre jusqu'à destination.

Lorsque les marchandises dangereuses ont été chargées hors de France, cette déclaration est faite sans délai à l'éclusier ou à l'agent de la navigation le plus voisin de la frontière.

Dans les deux cas, il est délivré un récipissé de la déclaration, que le porteur, au cours du voyage, est tenu d'exhiber à toute réquisition des agents de la navigation.

Art. 7. — Les bateaux portant des marchandises dangereuses doivent avoir à bord au moins deux personnes chargées de les diriger.

Sur les canaux et rivières canalisées, où il existe des services de traction réguliers, ils doivent se faire haler dans les conditions requises pour l'exercice du droit de trématage et de priorité de passage aux écluses et aux ponts mobiles.

Art. 8. — Il est interdit aux bateaux chargés de marchandises dangereuses de naviguer de nuit dans les villes, dans les ports et dans les biefs contenant une agglomération de bateaux ou de trains de bois.

Art. 9. — Les bateaux chargés de marchandises dangereuses doivent, lorsqu'ils stationnent, se tenir éloignés, à la distance de 50 mètres ou à la distance moindre fixée par les agents de la naviagtion, de tous autres bateaux ou trains de bois, des ponts en charpente, portes d'écluses ou autres ouvrages en bois ainsi que des dépôts de matières combustibles existant sur les bords.

Il est interdit à tout bateau de stationner à de moindres distances des bateaux chargés de marchandises dangereuses.

ART. 10. — Des arrêtés préfectoraux, approuvés par le ministre des travaux publics, déterminent :

1° Les mesures nécessaires pour l'exécution du présent règlement ;

2° Les conditions sous lesquelles il pourra être dérogé aux dispositions du présent règlement, à l'égard des bateaux chargés de petites quantités de marchandises dangereuses.

ART. 11. — Le ministre des travaux publics est chargé de l'exécution du présent décret, qui sera inséré au *Bulletin des lois*.

d. — *Loi du 18 juin 1870.*

ARTICLE PREMIER. — Quiconque aura embarqué ou fait embarquer sur un bâtiment de commerce employé à la navigation maritime ou à la navigation sur les rivières et canaux, expédié ou fait expédier par voie de terre des matières pouvant être une cause d'explosion ou d'incendie, sans en avoir déclaré la nature au capitaine, maître ou patron, au commissionnaire expéditeur, ou au voiturier et sans avoir apposé des marques apparentes sur les emballages, sera puni d'une amende de seize francs (16 fr.) à trois mille francs (3,000 fr.).

Cette disposition est applicable à l'embarquement sur navire étranger, dans un port français ou sur un point quelconque des eaux françaises.

ART. 2. — Un règlement d'administration publique déterminera la nomenclature des matières qui doivent être considérées comme pouvant donner lieu soit à des explosions, soit à des incendies (1).

ART. 3. — Un règlement d'administration publique déterminera également les conditions de l'embarque-

---

(1) Voir plus haut ce règlement, p. 101.

ment et du débarquement desdites matières et les précautions à prendre pour l'amarrage dans les ports, des bâtiments qui en sont porteurs.

ART. 4. — Toute contravention au règlement d'administration publique énoncé à l'article précédent et aux arrêtés pris par les préfets sous l'approbation du ministre des travaux publics, pour l'exécution dudit règlement, sera punie de la peine portée à l'article 1er.

ART. 5. — En cas de récidive dans l'année, les peines prononcées par la présente loi seront portées au double, et le tribunal pourra, selon les circonstances, prononcer, en outre, un emprisonnement de trois jours à un mois.

IV. DES MOYENS DE PRÉVENIR LES DANGERS D'INCENDIE ET DE CONCOURIR A LES ÉTEINDRE

24. — Dans le but de prévenir les dangers d'incendie qui peuvent être si nombreux dans certains établissements industriels, et d'indiquer les moyens efficaces d'en combattre, lorsqu'ils se produisent, les désastreux effets, plusieurs ordonnances de police ont été publiées, et notamment celle du 11 décembre 1852. Mais plus récemment, tenant compte des modifications dont l'expérience a fait reconnaître l'utilité, le préfet de police a pris, à la date du 15 septembre 1875, une ordonnance dont il importe de ne pas perdre de vue les minutieuses mais nécessaires prescriptions, et dont voici le texte.

a.— Ordonnance de police du 15 septembre 1875.

NOUS, PRÉFET DE POLICE,

Vu : 1° les lois des 16-24 août 1790 et 19-22 juillet 1791 ;

2° L'arrêté du Gouvernement du 12 messidor an VIII (1ᵉʳ juillet 1800);

3° L'ordonnance du 25 mars 1828 concernant les magasins de détaillants de fourrages ; les ordonnances de police des 24 novembre 1843 et 11 décembre 1852 concernant les incendies ;

4° La délibération du Conseil d'hygiène publique et de salubrité du département de la Seine, en date du 9 avril 1875, et l'instruction qui lui fait suite, concernant les tuyaux de fumée ;

5° Les articles 471 et 475 du code pénal ;

Considérant qu'il importe de rappeler aux habitants de Paris les obligations qui leur sont imposées par les règlements, soit pour prévenir les incendies, soit pour concourir à les éteindre ; qu'il importe aussi de faire concorder ces obligations avec celles prescrites par l'arrêté du préfet de la Seine, en date du 8 août 1874, concernant la construction des tuyaux de cheminées dans Paris ;

Considérant que non-seulement il y a un intérêt général à prévenir les dangers d'incendie, mais encore que la santé publique peut être compromise par le mauvais état et le défaut d'entretien des tuyaux de fumée qui traversent des habitations ;

Considérant, enfin, qu'il importe d'apporter à l'ordonnance de police ci-dessus visée du 11 décembre 1852 les modifications dont l'expérience a fait reconnaître l'utilité ;

Ordonnons ce qui suit :

DISPOSITION COMMUNE AUX LOYERS DE CHAUFFAGE ET AUX CONDUITS DE FUMÉE.

Article premier. — Toutes les cheminées et tous les autres foyers ou appareils de chauffage fixes ou mobiles, ainsi que leurs conduits ou tuyaux de fumée, doivent être établis et disposés de manière à éviter les dangers de feu et à pouvoir être visités, nettoyés facilement et entretenus en bon état.

ÉTABLISSEMENT DES CHEMINÉES OU AUTRES FOYERS FIXES ET DES POÊLES OU AUTRES FOYERS MOBILES.

ART. 2. — Il est interdit d'adosser les foyers de cheminée, les poêles, les fourneaux et autres appareils de chauffage à des pans de bois ou à des cloisons contenant du bois.

On doit toujours laisser entre le parement extérieur du mur entourant ces foyers et lesdits pans de bois ou cloisons un isolement ou une charge de plâtre d'au moins 16 centimètres.

Les foyers industriels et ceux d'une importance majeure doivent avoir des isolements ou charges de plâtre proportionnés à la chaleur produite et suffisants pour éviter tout danger de feu.

ART. 3. — Les foyers de cheminées et de tous appareils fixes de chauffage, sur plancher en charpente de bois, doivent avoir, au-dessous, des trémies en matériaux incombustibles.

La longueur des trémies sera au moins égale à la largeur des cheminées, y compris la moitié de l'épaisseur des jambages ; leur largeur sera de 1 mètre au moins, à partir du fond du foyer jusqu'au chevêtre.

Cette prescription s'applique également aux autres appareils de chauffage.

ART. 4. — Les fourneaux potagers doivent être disposés de telle sorte que les cendres qui en proviennent soient retenues par des cendriers fixes construits en matériaux incombustibles et ne puissent tomber sur les planchers.

Ces fourneaux doivent être surmontés d'une hotte, si le conduit de fumée n'aboutit pas au foyer.

ART. 5. — Les poêles mobiles et autres appareils de chauffage également mobiles doivent être posés sur une plate-forme en matériaux incombustibles dépassant d'au moins 20 centimètres la face de l'ouverture du foyer. Il devront, de plus, être élevés sur pieds de telle sorte que, au-dessus de la plate-forme, il y ait un vide de 8 centimètres au moins.

ÉTABLISSEMENT, ENTRETIEN ET RAMONAGE DES CONDUITS DE FUMÉE FIXES OU MOBILES.

§ 1ᵉʳ. — *Établissement des conduits de fumée.*

Art. 6. — Les conduits de fumée faisant partie de la construction et traversant les habitations doivent être construits conformément aux lois, ordonnances et arrêtés en vigueur.

Toute face intérieure de ces tuyaux doit être à 16 centimètres au moins des bois de charpente.

Quant aux conduits de fumée mobiles, en métal ou autres existant dans le local où est le foyer et aux conduits de fumée montant extérieurement, ils doivent être établis de façon à éviter tout danger de feu, ainsi qu'il est dit en l'article 1ᵉʳ. Ils doivent être, dans tout leur parcours, à 16 centimètres au moins de tout bois de charpente, de menuiserie et autres.

Les conduits de chaleur des calorifères et autres foyers sont soumis aux mêmes conditions d'isolement que les conduits de fumée.

Art. 7. — Tout conduit de fumée traversant les étages supérieurs ou les habitations doit avoir une section horizontale ou capacité suffisante pour l'importance du foyer qu'il dessert.

Tout conduit de fumée de foyer industriel doit, autant que possible, être à l'extérieur ; mais dans le cas contraire, et si le tuyau traverse les habitations, il doit avoir des dimensions telles ou être construit de telle sorte que la chaleur produite ne puisse le détériorer ou être la cause d'une incommodité grave et de nature à altérer la santé dans les habitations.

Les conduits de fumée des fournaux en fonte des restaurateurs, traiteurs, rôtisseurs, charcutiers et ceux des fours des boulangers, pâtissiers, et des autres grands fours, ceux des forges, des moufles, des calorifères chauffant plusieurs pièces, doivent, notamment, être établis dans ces conditions particulières.

ART. 8. — Tout conduit de fumée doit, à moins d'autorisation spéciale, desservir un seul foyer et monter dans toute la hauteur du bâtiment, sans ouverture d'aucune sorte dans tout son parcours.

En conséquence, il est formellement interdit de pratiquer des ouvertures dans un conduit de fumée traversant un étage, pour y faire arriver de la fumée, des vapeurs ou des gaz, ou même de l'air (1).

§ 2. — *Entretien des conduits de fumée.*

ART. 9. — Les conduits de fumée fixes ou mobiles doivent être entretenus en bon état.

A cet effet, les conduits de fumée fixes en maçonnerie doivent toujours être apparents sur une de leurs faces au moins, ou disposés de façon à pouvoir être facilement visités ou sondés.

Tout conduit de fumée brisé ou crevassé doit être de suite réparé et refait au besoin.

Après un feu de cheminée, le conduit de fumée où le feu se sera déclaré devra être visité dans tout son parcours par un architecte ou un constructeur et sera, au besoin, réparé ou refait.

Les tuyaux mobiles doivent toujours être apparents dans toutes leurs parties.

---

(1) Voir l'instruction du Conseil de salubrité reproduite plus loin, p. 127.

§ 3. — *Ramonage.*

ART. 10. — Il est enjoint aux propriétaires et locataires de faire nettoyer ou ramoner les cheminées et tous tuyaux conducteurs de fumée assez fréquemment pour prévenir les dangers de feu.

Les conduits et tuyaux de cheminées ou de foyers ordinaires dans lesquels on fait habituellement du feu doivent être nettoyés ou ramonés deux fois au moins pendant l'hiver.

Les conduits et tuyaux de tous foyers qui sont allumés tous les jours doivent être nettoyés et ramonés tous les deux mois au moins.

Les conduits et tuyaux des grands fourneaux de restaurateurs, des fours de boulanger, pâtissier, ou autres foyers industriels semblables, doivent être nettoyés ou ramonés tous les mois au moins.

ART. 11. — Il est défendu de faire usage du feu pour nettoyer les cheminées, les poêles, les conduits et tuyaux de fumée quels qu'ils soient.

Le nettoyage des cheminées ne se fera par un ramoneur que si ces cheminées et leur tuyau ont partout un passage d'au moins 60 centimètres sur 25.

Le nettoyage des cheminées et tuyaux ayant une dimension moindre se fera soit à la corde avec bérisson, ou écouvillon, soit par tout autre instrument bien confectionné ou tout autre mode accepté par l'administration.

ART. 12. — Il nous sera donné avis des vices de construction des cheminées, poêles, fourneaux et calorifères qui pourraient occasionner un incendie.

Il nous sera aussi donné avis du mauvais état, de l'insuffisance ou du défaut de ramonage de tout conduit de fumée qui pourrait, par suite, faire craindre soit un feu de cheminée, soit une incommodité grave et pouvant occasionner l'altération de la santé des habitants.

COUVERTURES EN CHAUME, JONC, ETC.

ART. 13. — Aucune couverture en chaume, jonc, ou autre matière inflammable, ne pourra être conservée ou établie sans notre autorisation.

FOURS, FORGES, FOYERS D'USINES A FEU, FOURS DE BOULANGERS ET DE PATISSIERS, ATELIERS DE CHARRONS, CARROSSIERS, MENUISIERS, ETC.

ART. 14. — Les fours, les forges et les foyers d'usines à feu, non compris dans la nomenclature des établissements classés, lesquels sont soumis à des règlements spéciaux, ne pourront être établis dans l'intérieur de Paris sans une déclaration préalable à la Préfecture de police.

Le sol, le plafond et les parois des locaux où ils seront construits ne pourront être en bois apparent.

ART. 15. — L'exploitation des fournils et fours de boulangers et de pâtissiers est soumise aux prescriptions suivantes :

1º Les fournils devront être indépendants des locations et habitations voisines et en être séparés par des murs en moellons ou en briques d'une épaisseur suffisante.

Les locaux où ils seront installés seront d'un accès facile ;

2º Les fours seront isolés de toute construction et leurs tuyaux disposés ou construits comme il est dit en l'article 7 ;

3º Le bois de provision devra toujours être disposé en dehors du fournil, dans un lieu où il ne puisse présenter aucun danger d'incendie ;

4º Le bois destiné à la consommation du jour ne pourra, soit avant, soit après sa dessiccation, être laissé dans les fournils que s'il est placé dans une resserre en matériaux incombustibles, fermant hermétiquement par une porte en fer.

Les arcades situées sous les fours ne pourront être affectées à cet usage qu'autant qu'elles seront fermées également par une porte en fer, à demeure, posée en retraite à 10 centimètres de la face du four ;

5° Les escaliers desservant les fournils seront en matériaux incombustibles ;

6° Les soupentes et resserres et toutes autres constructions établies dans les fournils, ainsi que les supports de pannetons, les étouffoirs et coffres à braise, seront aussi en matériaux incombustibles ;

7° Les pétrins et les couches à pain seront revêtus extérieurement de tôle, quand ils se trouveront placés à moins de 2 mètres de la bouche du four. Dans le même cas, les glissoires à farine seront construites en métal, avec fourreau en peau.

8° Les tuyaux à gaz, dans les fournils, devront être en fer ou en cuivre et non en plomb.

Art. 16. — Les forges doivent être construites suivant les lois et coutumes. Elles doivent, de plus, être sous une hotte. Leur tuyau doit être disposé et construit comme il est dit à l'article 7.

Les charrons, les carrossiers, menuisiers et autres ouvriers qui travaillent le bois et le fer sont tenus, s'ils exercent les deux professions dans la même maison, d'y avoir deux ateliers entièrement séparés par un mur, à moins que, entre la forge et l'endroit où l'on travaille ou dépose des bois, il y ait une distance de 10 mètres au moins.

Art. 17. — Dans tous les ateliers où il y aura des fourneaux dits sorbonnes, ces fourneaux seront établis sous des hottes en matériaux incombustibles.

L'âtre sera entouré d'un mur en briques de 25 centimètres de hauteur au-dessus du foyer, et ce foyer sera disposé de manière à être clos, pendant l'absence des ouvriers, par une fermeture en tôle.

Dans ces ateliers, ainsi que dans ceux qui sont mentionnés à l'article précédent, les copeaux seront enlevés chaque soir.

ENTREPÔT, MAGASIN ET DÉBITS DE MATIÈRES COMBUSTIBLES OU INFLAMMABLES, THÉATRES, SALLES DE SPECTACLE, ÉTABLISSEMENTS ET LIEUX PUBLICS OU PARTICULIERS.

ART. 18. — Les magasins et entrepôts de charbons de terre, houille et autres combustibles minéraux, les débits de bois de chauffage, de charbon et de tous autres combustibles, les magasins de marchands de paille et de fourrages en gros ne pourront être formés dans Paris sans notre autorisation.

On ne pourra entrer avec de la lumière dans les magasins de fourrages en gros.

ART. 19. — Tous magasins des détaillants de paille et de fourrages ne peuvent être ouverts qu'après une déclaration à la Préfecture de police. Ils ne devront être établis ni dans des boutiques ni dans des soupentes y attenant. Il n'y aura dans ces magasins ni bois de construction apparent, ni foyer, ni tuyau de cheminée. On ne pourra y entrer avec de la lumière.

ART. 20. — Il est interdit d'entrer avec de la lumière dans les établissements, magasins, caves et autres lieux renfermant des spiritueux et, en général, des matières dégageant des gaz ou des vapeurs inflammables, à moins que cette lumière ne soit renfermée dans une lampe de sûreté dite de Davy.

Les caves et les magasins renfermant des spiritueux ou des matières dégageant des gaz ou des vapeurs inflammables devront être suffisamment ventilés au moyen d'une ouverture ménagée dans la partie inférieure de la porte d'entrée et d'une autre ouverture opposée à la première. Cette seconde ouverture sera pratiquée dans la partie supérieure de la cave ou du magasin.

Il est défendu d'entrer dans les écuries et dans les étables avec de la lumière non renfermée dans une lanterne.

Art. 21. — Il est défendu de rechercher les fuites de gaz avec du feu ou de la lumière.

Art. 22. — La vente des matières d'artifice, le tir des armes à feu et des feux d'artifice, la conservation, le transport et la vente des capsules et des allumettes fulminantes auront lieu conformément aux règlements spéciaux relatifs à ces matières.

Art. 23. — Les lieux publics de réunion tels que théâtres, les salles de bal, les cafés concerts, etc., ne pourront, à moins d'une autorisation spéciale, être chauffés autrement que par des bouches à air chaud et être éclairés autrement que par le gaz ou par des lampes à l'huile, mais non à l'huile minérale.

Art. 24. — Il est expressément défendu de brûler de la paille sur aucune partie de la voie publique, dans l'intérieur des abattoirs, des halles et marchés, dans les cours, les jardins et terrains particuliers, et d'y mettre en feu aucun amas de matières combustibles.

Art. 25. — Il est interdit de fumer dans les salles de spectacle, sous les abris des halles, dans les marchés, et en général dans l'intérieur de tous les monuments et édifices publics placés sous notre surveillance.

Il est également défendu de fumer dans les magasins et autres endroits renfermant des spiritueux, ainsi que des matières combustibles, inflammables ou fulminantes.

Art. 26. — Il n'est point dérogé, par la présente ordonnance, aux dispositions relatives aux dangers d'incendie qui se trouvent contenues dans les règlements spéciaux concernant les halles et marchés, les abattoirs, les ports et berges, les salles de spectacle, etc.

Les établissements classés et les locaux contenant des produits spécialement réglementés restent soumis aux conditions particulières que leur imposent les règlements en vigueur.

EXTINCTION DES INCENDIES.

ART. 27. — Aussitôt qu'un feu de cheminée ou un incendie se manifestera, il en sera donné avis au plus prochain poste de sapeurs-pompiers et au commissaire de police du quartier.

ART. 28. — Il est enjoint à toute personne chez qui le feu se manifesterait d'ouvrir les portes de son domicile à la première réquisition des sapeurs-pompiers et de tous agents de l'autorité.

ART. 29. — Les propriétaires ou locataires des lieux voisins du point incendié seront obligés de livrer, au besoin, passage aux sapeurs-pompiers et aux agents de l'autorité appelés à porter des secours.

ART. 30. — Les habitants de la rue où se manifestera l'incendie et ceux des rues adjacentes tiendront les portes de leurs maisons ouvertes et laisseront puiser de l'eau à leurs puits, pompes et robinets de concession pour le service de l'incendie.

ART. 31. — En cas de refus de la part des propriétaires et des locataires de déférer aux prescriptions des trois articles précédents, les portes seront ouvertes à la diligence du commissaire de police et, à son défaut, de tout commandant de détachement de sapeurs-pompiers

ART. 32. — Il est enjoint aux propriétaires et principaux locataires des maisons où il y des puits, des pompes et autres appareils hydrauliques, de les entretenir en bon état de service. Les puits devront être constamment garnis de cordes, de poulies et de seaux.

ART. 33. — Les propriétaires, gardiens ou détenleurs de seaux, pompes, échelles, etc., qui se trouveront soit dans les édifices publics, soit chez les particuliers, seront tenus de déférer aux demandes du commandant de détachement des sapeurs-pompiers et des commissaires de police qui les requerront de mettre ces objets à leur disposition.

Art. 34. — Les porteurs d'eau à tonneaux rempliront leurs tonneaux, chaque soir, avant de les remiser, et les tiendront pleins toute la nuit.

Au premier avis d'un incendie, ils y conduiront leurs tonneaux pleins d'eau (1).

Art. 35. — Les gardiens des pompes et réservoirs publics seront tenus de fournir l'eau nécessaire pour l'extinction des incendies.

Art. 36. — Toute personne requise pour porter secours en cas d'incendie, et qui s'y serait refusée, sera poursuivie ainsi qu'il est dit en l'article 475 du code pénal (2).

Art. 37. — Les maçons, charpentiers, fumistes, couvreurs, plombiers et autres ouvriers seront tenus, à la première réquisition, de se rendre au lieu de l'incendie, avec leurs outils ou agrès, mais il ne travailleront que d'après les ordres du commandant de détachement des sapeurs-pompiers ; faute par eux de déférer à cette réquisition, ils seront poursuivis devant les tribunaux conformément audit article 475.

---

(1) Il sera accordé une gratification à chacun des porteurs d'eau arrivés les premiers au lieu de l'incendie avec leurs tonneaux pleins. Cette gratification sera :

De 12 francs pour le premier arrivé ;

De 6 francs pour le second.

En cas d'incendie, les porteurs d'eau sont autorisés à puiser à toutes les fontaines indistinctement.

Ils seront payés de leur travail à raison de 0 fr. 35 c. par hectolitre d'eau fournie.

(2) La peine est de 6 à 10 francs d'amende.

ART. 38. — Tous propriétaires de chevaux seront tenus, au besoin, de les fournir pour le service des incendies, et le prix du travail de ces chevaux sera payé sur mémoires certifiés par le commissaire de police ou par le colonel des sapeurs-pompiers.

ART. 39. — Il est enjoint à tous marchands voisins de l'incendie de fournir, sur la réquisition du commissaire de police ou du commandant de détachement de sapeurs-pompiers, les flambeaux et terrines nécessaires pour éclairer les travailleurs, ainsi que le combustible destiné au service des pompes à vapeur.

Le prix des fournitures faites sera payé sur des mémoires certifiés ainsi qu'il est dit à l'article précédent.

DISPOSITIONS GÉNÉRALES.

ART. 40. — Les ordonnances de police des 24 novembre 1843 et 11 décembre 1852, concernant les incendies, ainsi que celle du 25 mars 1828, concernant les magasins de détaillants de fourrages, sont rapportées.

ART. 41. — Les contraventions à la présente ordonnance seront constatées par des procès-verbaux qui nous seront transmis pour être déférés, s'il y a lieu, aux tribunaux compétents.

Il sera pris, en outre, suivant les circonstances, telles mesures d'urgence qu'exigera la sûreté publique.

ART. 42. — La présente ordonnance sera publiée et affichée.

Les commissaires de police, le chef de la police municipale, le colonel du régiment de sapeurs-pompiers, les officiers de paix, les architectes de la Préfecture de police, l'inspecteur général des halles et marchés, l'inspecteur principal des combustibles et les autres préposés de la Préfecture de police en surveilleront et en assureront l'exécution, chacun en ce qui le concerne.

Elle sera adressée à notre collègue, M. le préfet de la Seine, à M. le général commandant la place de Paris, à M. le colonel de la garde républicaine et à M. le commandant de la gendarmerie de la Seine.

25. — L'ordonnance de police du 15 septembre 1875 doit être complétée par deux instructions émanées également de la préfecture de police, l'une concernant les incendies, l'autre concernant les tuyaux de cheminées, et qui sont ainsi conçues :

b. — Instruction du 15 septembre 1875.

Le poste de sapeurs-pompiers qui aura eu connaissance d'un incendie, ou d'un feu de cheminée, se rendra immédiatement sur le lieu avec la pompe.

Le chef du poste en fera, au besoin, donner immédiatement avis à la caserne de sapeurs-pompiers la plus rapprochée. Dans tous les cas, il fera prévenir le commissaire de police du quartier qui se transportera aussi sur le lieu de l'incendie.

Si l'incendie présente un caractère alarmant, le commissaire de police fera prévenir le préfet de police, le général commandant la place et le colonel de la garde républicaine, ainsi que le colonel du régiment de sapeurs-pompiers qui dirigera sur le théâtre de l'incendie tous les moyens de secours nécessaires.

Le commissaire de police fera transporter en nombre suffisant les seaux à incendie qui se trouveront dans les dépôts publics (1), et, au besoin, ceux des établissements particuliers.

---

(1) Les principaux dépôts publics de seaux à incendie sont :
1º Dans les casernes de sapeurs-pompiers et de la garde républicaine ;
2º Dans les commissariats de police ;
3º Dans les postes de police.

Il prendra, de concert avec le commandant de détachement de sapeurs-pompiers, les dispositions convenables pour éclairer les travailleurs.

Le commandant de détachement de sapeurs-pompiers prendra la direction des moyens de secours.

Le commissaire de police s'occupera plus spécialement des diverses mesures à prendre dans l'intérêt de l'ordre, de la conservation des propriétés et de la sûreté publique.

Il veillera aussi à ce que les diverses fournitures, et particulièrement celles de l'eau, soient exactement constatées.

Si plusieurs commissaires de police sont présents à l'incendie, ils se partageront le service, mais la direction principale appartiendra toujours au commissaire du quartier.

Les commissaires de police requerront, au besoin, la force armée.

Les troupes appelées sur le théâtre de l'incendie ne doivent être généralement employées qu'au maintien du bon ordre, à former les chaînes, ou à manœuvrer les balanciers des pompes, la direction des secours et de toutes mesures prises pour combattre les incendies devant être laissée au corps des sapeurs-pompiers.

Afin d'éviter les accidents, et pour ne pas porter le feu dans les parties de bâtiments qu'il n'a pas encore atteintes, le public qui se rend sur le théâtre de l'incendie ne doit, en aucune façon, ouvrir les portes, les croisées et autres issues des lieux incendiés, et surtout ne rien démolir avant l'arrivée des sapeurs-pompiers, à moins que ce ne soit pour sauver des personnes en danger. Ce sauvetage doit se faire, autant que possible, par les escaliers.

Le déménagement des gros meubles et des gros effets ne doit avoir lieu qu'à l'arrivée des sapeurs-

pompiers, qui jugent si ce déménagement est nécessaire.

C'est ainsi qu'on pourra reconnaître, à l'état des
lieux, comment le feu a pris, empêcher les vols et les
dégradations, et maîtriser le feu plus facilement, en
évitant les encombrements dans les escaliers et autour
du point incendié.

Le commissaire de police, le colonel du régiment
de sapeurs-pompiers, et tous autres agents de l'autorité, nous signaleront les personnes qui se seront fait
remarquer dans les incendies.

Les commissaires de police dresseront procès-verbal des incendies et des circonstances qui les auront
accompagnés.

Ils rechercheront les causes des incendies et les in-
diqueront, ainsi que le montant approximatif des pertes occasionnées ; ils feront aussi connaître si l'incendié est assuré, et pour quelle somme.

c. — *Instruction du 9 avril 1875.*

La salubrité d'une habitation dépend, en grande
partie, de la pureté de l'air qu'on y respire. Tout ce
qui vicie l'air doit donc exercer une influence fâcheuse
sur la santé des habitants.

Les tuyaux de fumée en maçonnerie qui traversent
des étages et des habitations peuvent, s'ils sont brisés
ou en mauvais état, être la cause non-seulement d'incendies, mais encore d'altération de la santé, d'as-
phyxie même, parce que ces tuyaux peuvent alors
laisser échapper des gaz délétères qui vicient l'air
des habitations. C'est notamment dans les chambres
où l'on couche qu'il importe que ces tuyaux soient en
bon état.

Il faut donc non-seulement que ces tuyaux soient
solidement et convenablement établis, mais encore
qu'ils soient bien entretenus et que tout tuyau brisé

par feu de cheminée, ou par toute autre cause, soit, de suite, réparé soigneusement ou remplacé au besoin.

Il faut que les tuyaux de fumée soient d'une capacité suffisante pour les foyers qu'ils desservent, car l'excessive chaleur d'un tuyau peut le faire éclater, le briser et causer, d'ailleurs, dans certains cas, une incommodité de nature à altérer la santé.

Les ramonages doivent être faits fréquemment, avec le plus grand soin, pour éviter les feux dits de cheminée qui brisent et qui dérériorent les tuyaux de fumée, notamment ceux cylindriques. Par suite, après un feu de cheminée, le tuyau doit être visité attentivement, en vue des réparations ou des remplacements à opérer.

Il importe donc que tout foyer ait son conduit particulier de fumée, montant jusqu'au-dessus des toits; que tout foyer fixe ou mobile soit convenablement établi.

Il importe, enfin, de rappeler ce qui est dit dans l'ordonnance de police du 23 novembre 1853 et dans l'instruction du conseil à la suite, savoir :

« Tout foyer mobile, brasero ou autre, alors même qu'on n'y brûle que de la braise ou du combustible ne produisant pas de fumée, est dangereux s'il n'est, par un tuyau, en communication directe avec l'air extérieur. »

On ne doit, par la même raison, fermer la clef d'un poêle qu'après s'être assuré que le feu est complétement éteint.

V. DU TRAVAIL DES ENFANTS EMPLOYÉS DANS L'INDUSTRIE

26. — De nos jours où les progrès réalisés par l'industrie moderne, en substituant le travail de la machine à celui de l'homme, ont néanmoins rendu le travail de ce dernier toujours plus nécessaire et plus pénible, où la population industrielle s'accroît sans cesse au détriment de la population agricole, il importait d'entourer l'enfant employé dans les manufactures de protections de nature à ne pas entraver son développement physique et intellectuel. La loi du 22 mars 1841 vint, une première fois, donner satisfaction à ce grand intérêt national ; mais, si complète qu'elle parût à l'origine, cette loi fut bientôt jugée insuffisante, et dès 1847, le gouvernement sentit le besoin de la refaire et de la compléter. Le projet qui fut alors soumis à la Chambre des pairs, et qui fut adopté par elle le 22 février 1848, ne put, à cause des événements politiques, être discutée à la Chambre des députés. Après la révolution de 1848, la commission d'assistance, nommée dans le sein de l'Assemblée nationale, présenta une nouvelle loi relative au même objet, et dont le coup d'Etat fit encore avorter la discussion. Enfin, Napoléon III, toujours préoccupé de l'intérêt des ouvriers, réunit, en 1867, une commission chargée de réglementer à nouveau la matière ; et cette commission avait presque terminé ses travaux, lorsque les événements de 1870 vinrent encore ajourner la réforme de la loi de 1841.

27. — L'Assemblée nationale de 1871 reprit l'œuvre de la commission de 1867, et, grâce à l'initiative d'un industriel, membre de l'Assemblée, M. Joubert, la loi du 19 mai 1874 fut enfin discutée et promulguée ; en voici le texte :

a. — *Loi du 19 mai 1874.*

L'ASSEMBLÉE NATIONALE A ADOPTÉ LA LOI dont la teneur suit :

AGE D'ADMISSION. — DURÉE DU TRAVAIL.

ARTICLE PREMIER. — Les enfants et les filles mineures ne peuvent être employés à un travail industriel, dans les manufactures, fabriques, usines, mines, chantiers et ateliers, que sous les conditions déterminées dans la présente loi.

ART. 2. — Les enfants ne pourront être employés par des patrons, ni être admis dans les manufactures, usines, ateliers ou chantiers avant l'âge de douze ans révolus.

Ils pourront être, toutefois, employés à l'âge de dix ans révolus dans les industries spécialement déterminées par un règlement d'administration publique, rendu sur l'avis conforme de la Commission supérieure ci-dessous instituée.

ART. 3. — Les enfants, jusqu'à l'âge de douze ans révolus, ne pourront être assujettis à une durée de travail de plus de six heures par jour, divisé par un repos.

A partir de douze ans, ils ne pourront être employés plus de douze heures par jour, divisées par des repos.

TRAVAIL DE NUIT, DES DIMANCHES ET JOURS FÉRIÉS.

ART. 4. — Les enfants ne pourront être employés à aucun travail de nuit jusqu'à l'âge de seize ans révolus.

La même interdiction est appliquée à l'emploi des filles mineures, de seize à vingt et un ans, mais seulement dans les usines et manufactures.

Tout travail entre neuf heures du soir et cinq heures du matin est considéré comme travail de nuit.

Toutefois, en cas de chômage, résultant d'une interruption accidentelle et de force majeure, l'interdiction ci-dessus pourra être temporairement levée et pour un délai déterminé par la Commission locale ou l'inspecteur ci-dessous institués, sans que l'on puisse employer au travail de nuit des enfants âgés de moins de douze ans.

ART. 5. — Les enfants âgés de moins de seize ans et les filles âgées de moins de vingt et un ans ne pourront être employés à aucun travail par leurs patrons, les dimanches et fêtes reconnues par la loi, même pour rangement de l'atelier.

ART. 6. — Néanmoins, dans les usines à feu continu, les enfants pourront être employés la nuit ou les dimanches et jours fériés aux travaux indispensables.

Les travaux tolérés et le laps de temps pendant lequel ils devront être exécutés, seront déterminés par des règlements d'administration publique.

Ces travaux ne seront, dans aucun cas, autorisés que pour des enfants âgés de douze ans au moins.

On devra, en outre, leur assurer le temps et la liberté nécessaires pour l'accomplissement des devoirs religieux.

TRAVAUX SOUTERRAINS.

ART. 7. — Aucun enfant ne peut être admis dans les travaux souterrains des mines, minières et carrières avant l'âge de douze ans révolus.

Les filles et femmes ne peuvent être admises dans ces travaux.

Les conditions spéciales du travail des enfants de douze à seize ans, dans les galeries souteraines, seront déterminées par des règlements d'administration publique.

INSTRUCTION PRIMAIRE.

ART. 8. — Nul enfant, ayant moins de douze ans révolus, ne peut être employé par un patron qu'autant que ses parents ou tuteurs justifient qu'il fréquente actuellement une école publique ou privée.

Tout enfant admis avant douze ans dans un atelier devra, jusqu'à cet âge, suivre les classes d'une école, pendant le temps libre du travail.

Il devra recevoir l'instruction pendant deux heures au moins, si une école spéciale est attachée à l'établissement industriel.

La fréquentation de l'école sera constatée au moyen d'une feuille de présence, dressée par l'instituteur et remise chaque semaine au patron.

Art. 9. — Aucun enfant ne pourra, avant l'âge de quinze ans accomplis, être admis à travailler plus de six heures chaque jour, s'il ne justifie, par la production d'un certificat de l'instituteur ou de l'inspecteur primaire, visé par le maire, qu'il a acquis l'instruction primaire élémentaire.

Ce certificat sera délivré sur papier libre et gratuitement.

SURVEILLANCE DES ENFANTS. — POLICE DES ATELIERS.

Art. 10. — Les maires sont tenus de délivrer aux père, mère ou tuteur, un livret sur lequel sont portés les nom et prénoms de l'enfant, la date et le lieu de sa naissance, son domicile, le temps pendant lequel il a suivi l'école.

Les chefs d'industrie ou patrons inscriront sur le livret la date de l'entrée dans l'atelier ou l'établissement, et celle de la sortie. Ils devront également tenir un registre sur lequel seront mentionnées toutes les indications insérées au présent article.

Art. 11. — Les patrons ou chefs d'industrie seront tenus de faire afficher, dans chaque atelier, les dispositions de la présente loi et les règlements d'administration publique relatifs à son exécution.

Art. 12. — Des règlements d'administration publique détermineront les différents genres de travaux, présentant des causes de danger ou excédant leurs forces, qui seront interdits aux enfants dans les ateliers où ils seront admis.

ART. 13. — Les enfants ne pourront être employés dans les fabriques et ateliers indiqués au tableau officiel des établissements insalubres ou dangereux, que sous les conditions spéciales déterminées par un règlement d'administration publique.

Cette interdiction sera généralement appliquée à toutes les opérations où l'ouvrier est exposé à des manipulations ou à des émanations préjudiciables à sa santé.

En attendant la publication de ce règlement, il est interdit d'employer les enfants âgés de moins de seize ans :

1° Dans les ateliers où l'on manipule des matières explosibles et dans ceux où l'on fabrique des mélanges détonants, tels que poudre, fulminates, etc., ou tous autres éclatant par le choc ou par le contact d'un corps enflammé ;

2° Dans les ateliers destinés à la préparation, à la distillation ou à la manipulation de substances corrosives, vénéneuses, et de celles qui dégagent des gaz délétères ou explosibles.

La même interdiction s'applique aux travaux dangereux ou malsains, tels que :

L'aiguisage ou le polissage à sec des objets en métal et des verres ou cristaux :

Le battage ou grattage à sec des plombs carbonatés dans les fabriques de céruse :

Le grattage à sec d'émaux à base d'oxyde de plomb dans les fabriques de verre dits *de mousseline* ;

L'étamage au mercure des glaces ;

La dorure au mercure.

ART. 14. — Les ateliers doivent être tenus dans un

4**

état constant de propreté et convenablement ventilés.

Ils doivent présenter toutes les conditions de sécurité et de salubrité nécessaires à la santé des enfants.

Dans les usines à moteurs mécaniques, les roues, les courroies, les engrenages ou tout autre appareil, dans le cas où il aura été constaté qu'ils présentent une cause de danger, seront séparés des ouvriers de telle manière que l'approche n'en soit possible que pour les besoins du service.

Les puits, trappes et ouvertures de descente doivent être clôturés.

ART. 15. — Les patrons ou chefs d'établissement doivent, en outre, veiller au maintien des bonnes mœurs et à l'observation de la décence publique dans leurs ateliers.

INSPECTION.

ART. 16. — Pour assurer l'exécution de la présente loi, il sera nommé quinze inspecteurs divisionnaires. La nomination des inspecteurs sera faite par le Gouvernement, sur une liste de présentation dressée par la Commission supérieure ci-dessous instituée, et portant trois candidats pour chaque emploi disponible.

Ces inspecteurs seront retribués par l'État.

Chaque inspecteur divisionnaire résidera et exercera sa surveillance dans l'une des quinze circonscriptions territoriales déterminées par un règlement d'administration publique.

ART. 17. — Seront admissibles aux fonctions d'inspecteur les candidats qui justifieront du titre d'ingénieur de l'État ou d'un diplôme d'ingénieur civil, ainsi que les élèves diplômés de l'École centrale des arts et manufactures et des écoles des mines.

Seront également admissibles ceux qui auront déjà rempli, pendant trois ans au moins, les fonctions d'inspecteur du travail des enfants ou qui justifieront avoir dirigé ou surveillé pendant cinq années, des établissement industriels occupant cent ouvriers au moins.

ART. 18. — Les inspecteurs ont entrée dans tous les établissements manufacturiers, ateliers et chantiers. Ils visitent les enfants ; ils peuvent se faire représenter le registre prescrit par l'article 10, les livrets, les feuillles de présence aux écoles, les règlements intérieurs.

Les contraventions seront constatées par les procès-verbaux des inspecteurs, qui feront foi jusqu'à preuve contraire.

. Lorsqu'il s'agira de travaux souterrains, les contraventions seront constatées concurremment par les inspecteurs ou par les gardes-mines.

Les procès-verbaux seront dressés en double exemplaire dont l'un sera envoyé au préfet du département et l'autre déposé au parquet.

Toutefois, lorsque les inspecteurs auront reconnu qu'il existe dans un établissement ou atelier une cause de danger ou d'insalubrité, ils prendront l'avis de la Commission locale ci-dessous instituée, sur l'état de danger et d'insalubrité, et ils consigneront cet avis dans un procès-verbal.

Les dispositions ci-dessus ne dérogent point aux règles du droit commun, quant à la constatation et à la poursuite des infractions commises à la présente loi.

ART. 19. — Les inspecteurs devront, chaque année, adresser des rapports à la commission supérieure ci-dessous instituée.

COMMISSIONS LOCALES.

ART. 20. — Il sera institué, dans chaque département, des commissions locales, dont les fonctions seront gratuites, chargées : 1° de veiller à l'exécution de la présente loi ; 2° de contrôler le service de l'inspection ; 3° d'adresser au préfet du département, sur l'état du service et l'exécution de la loi, des rapports qui seront transmis au ministre et communiqués à la Commission supérieure.

A cet effet, les Commissions locales visiteront les établissements industriels, ateliers et chantiers ; elles pourront se faire accompagner d'un médecin quand elles le jugeront convenable.

ART. 21. — Le Conseil général déterminera, dans chaque département, le nombre et la circonscription des Commissions locales ; il devra en établir une au moins dans chaque arrondissement ; il en établira, en outre, dans les principaux centres industriels ou manufacturiers, là où il le jugera nécessaire.

Le Conseil général pourra également nommer un inspecteur spécial rétribué par le département : cet inspecteur devra toutefois agir sous la direction de l'inspecteur divisionnaire.

ART. 22. — Les commissions locales seront composées de cinq membres au moins et de sept au plus, nommés par le préfet sur une liste de présentation arrêtée par le Conseil général.

On devra faire entrer, autant que possible, dans chaque Commission, un ingénieur de l'État ou un ingénieur civil, un inspecteur de l'instruction primaire et un ingénieur des mines dans les régions minières.

Les Commissions sont renouvelées tous les cinq ans : les membres sortants pourront être de nouveau appelés à en faire partie.

COMMISSION SUPÉRIEURE.

ART. 23. — Une commission supérieure, composée de neuf membres, dont les fonctions seront gratuites, est établie auprès du ministre du commerce ; cette commission est nommée par le président de la République ; elle est chargée :

1° De veiller à l'application uniforme et vigilante de la présente loi ;

2° De donner son avis sur les règlements à faire et généralement sur les diverses questions intéressant les travailleurs protégés ;

3° Enfin d'arrêter les listes de présentation des candidats pour la nomination des inspecteurs divisionnaires.

ART. 24. — Chaque année, le président de la Commission supérieure adressera au président de la République un rapport général sur les résultats de l'inspection et sur les faits relatifs à l'exécution de la présente loi.

Ce rapport devra être, dans le mois de son dépôt, publié au *Journal officiel.*

Le gouvernement rendra compte, chaque année, à l'Assemblée nationale, de l'exécution de la loi et de la publication des règlements d'administration publique destinés à la compléter.

PÉNALITÉS.

ART. 23. — Les manufacturiers, directeurs ou gérants d'établissements industriels et les patrons qui auront contrevenu aux prescriptions de la présente loi et des règlements d'administration publique relatifs à son exécution, seront poursuivis devant le tribunal correctionnel et punis d'une amende de 16 à 50 francs.

L'amende sera appliquée autant de fois qu'il y a eu de personnes employées dans des conditions contraires à la loi, sans que son chiffre total puisse excéder 500 francs.

Toutefois la peine ne sera pas applicable si les manufacturiers, directeurs ou gérants d'établissements industriels et les patrons établissent que l'infraction à la loi a été le résultat d'une erreur provenant de la production d'actes de naissance, livrets ou certificats contenant de fausse énonciations ou délivrés pour une autre personne.

Les dispositions des articles 12 et 13 de la loi du 22 juin 1854, sur les livrets d'ouvriers, seront, dans ce cas, applicables aux auteurs des falsifications.

Les chefs d'industrie sont civilement responsables des condamnations prononcées contre leurs directeurs ou gérants.

ART. 26. — S'il y a récidive, les manufacturiers, directeurs ou gérants d'établissements industriels et les patrons seront condamnés à une amende de 50 à 200 francs.

La totalité des amendes réunies ne pourra toutefois excéder 1,000 francs.

Il y a récidive lorsque le contrevenant a été frappé, dans les douze mois qui ont précédé le fait qui est l'objet de la poursuite, d'un premier jugement pour infraction à la présente loi ou aux règlements d'administration publique relatifs à son exécution.

ART. 27. — L'affichage du jugement pourra, suivant les circonstances et en cas de récidive seulement, être ordonné par le tribunal de police correctionnelle.

Le tribunal pourra également ordonner, dans le même cas, l'insertion de sa sentence, aux frais du contrevenant, dans un ou plusieurs journaux du département.

ART. 28. — Seront punis d'une amende de 16 à 100 francs les propriétaires d'établissements industriels et les patrons qui auront mis obstacle à l'accomplissement des devoirs d'un inspecteur, des membres des commissions, ou des médecins, ingénieurs et experts délégués pour une visite ou une constatation.

ART. 29. — L'article 463 du code pénal est applicable aux condamnations prononcées en vertu de la présente loi.

Le montant des amendes résultant de ces condamnations sera versé au fonds de subvention affecté à l'enseignement primaire dans le budget de l'instruction publique.

DISPOSITIONS SPÉCIALES.

ART. 30. — Les articles 2, 3, 4 et 5 de la présente loi sont applicables aux enfants placés en apprentissage et employés à un travail industriel.

Les dispositions des articles 18 et 25 ci-dessus seront appliquées auxdits cas, en ce qu'elles modifient la juridiction et la quotité de l'amende indiquées au premier paragraphe de l'article 20 de la loi du 22 février 1851.

Ladite loi continuera à recevoir son exécution dans ses autres prescriptions.

ART. 31. — Par mesure transitoire, les dispositions édictées par la présente loi ne seront applicables qu'un an après sa promulgation.

Toutefois à la dite époque, les enfants déjà admis légalement dans les ateliers continueront à être employés aux conditions spécifiées dans l'article 3.

ART. 32. — A l'expiration du délai sus-indiqué, toutes dispositions contraires à la présente loi seront et demeureront abrogées.

27 — Plusieurs décrets ont été rendus pour l'exécution de la loi du 19 mai 1874 ; nous allons en donner les textes complets, en raison de leur importance. Et d'abord, voici le règlement d'administration publique du 27 mars 1875, qui a spécifié les *industries dans lesquelles les enfants de dix à douze ans peuvent être exceptionnellement admis.*

b. — Décret du 27 mars 1875.

ARTICLE PREMIER. — Les enfants de dix à douze ans peuvent, dans les conditions déterminées par la loi, être employés dans les industries dont la nomenclature suit :

1° Dévidage des cocons ;
2° Filature de bourre de soie ;
3° Filature du coton ;
4° Filature de la laine ;
5° Filature du lin ;
6° Filature de la soie ;
7° Impressions à la main sur tissus ;
8° Moulinage de la soie ;
9° Papeterie (Les enfants de dix à douze ans ne pourront être employés au triage des chiffons) ;
10° Retordage du coton ;
11° Tulles et dentelles (Fabrication mécanique des);
12° Verreries.
13° Dévidage du coton et de la corderie à la fendue. (Décret du 1er mars 1877).

28. — Un décret du 22 mai 1875, rendu pour l'exécution des articles 4, 5 et 6, de la loi du 19 mai 1874, a déterminé *les industries où les enfants peuvent être admis à travailler*, soit la nuit, soit les dimanches et jours fériés, la nature et la durée de ce travail, ainsi que les conditions sous lesquelles ce travail est permis. En voici le texte :

c. — Décret du 22 mai 1875.

ARTICLE PREMIER. — Les enfants du sexe masculin de douze à seize ans peuvent être employés la nuit dans les usines à feu continu dont la nomenclature suit :

Papeteries ;
Sucreries ;
Verreries ;
Usines métallurgiques.

Dans les papeteries, les enfants peuvent être employés à aider les surveillants des machines et appareils, ainsi qu'aux opérations qui ont pour objet de couper, trier, ranger, rouler et apprêter le papier.

Dans les sucreries, les enfants sont admis à coopérer aux travaux de râperie suivants : alimenter le lavoir, secouer les sacs de pulpe, porter les sacs vides, présenter les sacs et les claies. Ils peuvent êtres chargés de la manœuvre de robinets à jus et à eau et être appelé à aider les ouvriers d'état en cas de réparations urgentes.

Dans les verreries, les enfants ne sont employés qu'aux travaux suivants : aider l'ouvrier qui moule et qui souffle le verre, porter les objets dans les fours à cuire, présenter les outils.

Dans les usines métallurgiques, les enfants peuvent être employés comme aide aux opérations des fours à puddler et à réchauffer, à celles des fours d'affinerie et des fours de réduction, aux travaux du laminage et du martelage, à la fabrication du fer-machine et des objets en fonte moulée de première fusion.

Art. 2. — Lorsque les enfants sont employés toute la nuit, leur travail doit être coupé par des intervalles de repos représentant un temps total de repos au moins égal à deux heures.

La durée totale du travail, y compris le temps de repos, ne peut d'ailleurs dépasser douze heures par vingt-quatre heures.

Les enfants ne peuvent être employés plus de six nuits par quinzaine, sauf dans les verreries où l'on travaille à la fonte.

Art. 3. — Le travail est autorisé, aux conditions fixées par l'article 1er, le dimanche et les jours fériés, dans les sucreries et les verreries, sauf de six heures du matin à midi.

Dans les papeteries et usines métallurgiques, il est

également autorisé, sauf de six heures du matin à six heures du soir.

ART. 4. — L'ordre du travail du dimanche dans les usines dénommées à l'article 3 sera toujours distribué de manière à permettre l'application du paragraphe 4 de l'article 6 de la loi susvisée, et concernant l'accomplissement des devoirs religieux.

ART. 5. — Les chefs des industries dénommées au présent règlement doivent afficher dans leurs ateliers un tableau de l'emploi du temps des enfants, faisant connaître les heures de reprise et le système d'alternance des équipes, ainsi que les suspensions de travail.

Ce tableau de l'emploi du temps doit être revêtu de la signature de l'inspecteur institué par l'article 16 de la loi susvisée.

29. — Vient ensuite un règlement d'administration publique, du 12 mai 1875, rendu pour l'exécution de l'article 7 de la loi de 1874, qui a déterminé la durée de la journée de travail, pour les enfants de douze à seize ans, occupés dans les usines, et la nature des travaux ou ils pourront être employés ; ce décret est ainsi conçu :

d. — Décret du 12 mai 1875.

ARTICLE PREMIER. — La durée du travail effectif des enfants du sexe masculin de douze à seize ans dans les galeries souterraines des mines, minières et carrières, ne peut excéder huit heures sur vingt-quatre heures, coupées par un repos d'une heure au moins.

ART. 2. — Les enfants de douze à seize ans ne peuvent être occupés aux travaux proprement dits du mineur, tel que l'abatage, le forage, le boisage, etc.

Ils ne peuvent être employés qu'au triage et au

chargement du minerai, à la manœuvre et au roulage des wagonnets, à la garde et à la manœuvre des portes d'aérage, à la manœuvre des ventilateurs à bras et autres travaux accessoires n'excédant pas leurs forces.

Les enfants employés à faire tourner les ventilateurs ne pourront y être occupés pendant plus de quatre heures, coupées par un repos d'une demi-heure au moins.

ART. 3. — *Disposition transitoire.* — Dans les mines où le service est actuellement réglé sur le pied de dix heures de travail effectif, les enfants pourront continuer d'être occupés pendant le même temps et dans les conditions fixées par l'article 2, mais seulement jusqu'au 1er janvier 1878. A partir de cette époque, les enfants ne pourront travailler que huit heures sur vingt-quatre, ainsi qu'il est dit à l'article premier.

30. — La loi de 1874 avait encore laissé à un conseil d'État le soin de déterminer les différents genres de travaux présentant des causes de danger ou excédant leurs forces, qui doivent être interdits aux enfants dans les ateliers où ils sont admis ; le règlement d'administration publique du 13 mai 1875, a complété en ces termes la pensée de législateur :

e. — Décret du 13 mai 1875.

ARTICLE PREMIER. — Il est interdit d'employer les enfants au-dessous de seize ans au graissage, au nettoyage, à la visite ou à la réparation des machines ou mécanismes en marche.

Il est interdit de les employer aux mêmes opérations lorsque, les mécanismes étant arrêtés, les transmissions marchent encore, à moins que le débrayage ou le volant n'aient été préalablement calés.

ART. 2. — Il est interdit d'employer des enfants au-dessous de seize ans dans les ateliers qui mettent en jeu des machines dont les parties dangereuses et pièces saillantes mobiles ne sont point couvertes de couvre-engrenages, ou garde-mains, ou autres organes protecteurs.

ART. 3. — Les enfants de dix à douze ans, exceptionnellement autorisés par le règlement du 27 mars 1875 à participer aux travaux de certaines industries, ne pourront être employés ni à porter ni à traîner des fardeaux.

Les enfants, depuis l'âge de douze ans jusqu'à celui de quatorze ans révolus, ne pourront être chargés sur la tête ou sur le dos au delà du poids de 10 kilogrammes. Les enfants, depuis l'âge de quatorze ans jusqu'à celui de seize ans révolus, ne pourront, dans les mêmes conditions, recevoir une charge supérieure à 15 kilogrammes.

Il est interdit de faire traîner aux enfants de douze à seize ans des charges exigeant des efforts supérieurs à ceux qui correspondent aux poids indiqués au paragraphe précédent.

ART. 4. — Il est interdit d'employer les enfants au-dessous de seize ans à faire tourner des appareils en sautillant sur une pédale. Il est également interdit de les employer à faire tourner des roues horizontales.

ART. 5. — Les enfants au-dessous de seize ans ne pourront être employés à tourner des roues verticales ou utilisées comme protecteurs de force motrice que pendant une durée d'une demi-journée de travail divisée par un repos d'une heure au moins.

ART. 6. — Dans les usines ou ateliers employant des scies circulaires ou des scies à ruban, les enfants au-dessous de seize ans ne pourront être employés à pousser la matière à scier contre la scie.

ART. 7. — Les enfants au-dessous de seize ans ne pourront être employés au travail des cisailles et autres lames tranchantes mécaniques.

Art. 8 (1). — Les enfants au-dessous de douze ans ne peuvent, dans les verreries, être employés à cueillir le verre dans les creusets. — Au-dessous de douze ans jusqu'à quatorze, ils pourront cueillir un poids de verre moindre de trois cents grammes.

Art. 9. — Il est interdit de préposer des enfants au-dessous de seize ans au service des robinets à vapeur.

35 — Enfin un décret du 14 mai 1875 a dressé le tableau officiel des établissements industriels dans lesquelles les enfants ne pourront jamais être employés et celui des ateliers où ils ne pourront l'être que sous des conditions spéciales. Voici le décret et les deux tableaux qui y sont annexés :

f. — Décret du 14 mai 1875 (2).

Article premier. — Le travail des enfants est interdit dans les établissements dénommés au tableau A annexé au présent décret. Il est interdit également dans les ateliers où se pratique l'aiguisage et le polissage à sec des objets en métal et des verres ou cristaux.

Art. 2. — Le travail des enfants est autorisé dans les établissements dénommés au tableau B, mais seulement sous les conditions spécifiées audit tableau.

Art. 3. — Dans les établissements compris dans la nomenclature générale des ateliers dangereux, incommodes ou insalubres qui ne figurent ni au tableau A ni au tableau B annexés au présent décret, le travail des enfants est autorisé sans autres conditions que celles prescrites par la loi du 19 mai 1874 et par les autres lois et règlements sur la matière.

---

(1) Modifié par le décret du 2 mars 1877.
(2) Le décret du 14 mai 1875 a été complété par un décret du 22 septembre 1879 dont nous avons tenu compte dans les tableaux A et B qui vont suivre.

NOMENCLATURE DES ÉTABLISSEMENTS

DANS LESQUELS L'EMPLOI DES ENFANTS EST INTERDIT.
ET RAISONS DE L'INTERDICTION

NOMENCLATURE	MOTIFS DE L'INTERDICTION
A	
Abattoir public.	Dangers de blessures.
Absinthe. — Voir *Distilleries*.	
Acide arsénique (Fabrication de l') au moyen de l'acide arsénieux et de l'acide azotique.	Dangers d'empoisonnement, vapeurs délétères.
Acide chlorhydrique (Production de l') par décomposition des chlorures de magnésium, d'aluminium et autres.	Émanations corrosives, dangers d'accidents.
Acide muriatique. — Voir *Acide chlorhydrique.*)	
Acide nitrique.	Vapeurs délétères.
Acide oxalique (Fabrication de l').	Idem.
Acide picrique.	Idem.
Acide sulfurique (Fabrication de l').	Vapeurs irritantes et dangers de brûlure.
Acide urique. — Voir *Murexide*.	
Affinage de l'or et de l'argent par les acides.	Vapeurs corrosives.
Alcools autres que de vin, sans travail de rectification.	Dangers d'incendie.
Alcools (Distillerie agricole des).	Idem.
Alcool (Rectification de l').	Idem.
Allumettes chimiques (Dépôts d'), sans distinction de classe.	Dangers de brûlures et d'incendie.
Amorces fulminantes (Fabrication des) sans distinction de classe.	Dangers d'explosion et d'incendie.
Aniline. — Voir *Nitro-benzine*.	
Argenture sur métaux. — Voir *Dorure et Argenture).*	

NOMENCLATURE	MOTIFS DE L'INTERDICTION
Arséniate de potasse (Fabrication de l') au moyen du salpêtre.	Dangers d'empoisonnement, vapeur délétères.
Artifice (Fabrication des pièces d').	Dangers d'explosion et d'incendie.
B	
Benzine (Fabrication et Dépôts de). — Voir *Nitro-benzine, Huiles de pétrole, de schiste,* etc.	Dangers d'incendie.
Blanc de plomb. — Voir *Céruse.*	
Blanc de zinc (Fabrication de) par la combustion du métal.	Poussières nuisibles.
Bleu de Prusse (Fabrication de). — Voir *Cyanure de potassium.*	
Bouillon de bière (Distillation de). —Voir *Distilleries.*	
C	
Caoutchouc (Travail du) avec emploi d'huiles essentielles ou de sulfure de carbone.	Vapeurs délétères.
Caoutchouc (Application des enduits du).	Idem.
Cendres d'orfèvre (Traitement des) par le plomb.	Idem.
Cendres gravelées.	Dangers d'empoisonnement.
Céruse ou blanc de plomb (Fabrication de la).	Idem.
Chiens (Infirmeries de).	Dangers de morsures.
Chiffons (Dépôts de).	Poussière nuisible.
Chiffons (Traitement des) par la vapeur de l'acide chlorhydrique, sans distinction de classe.	Émanations corrosives.
Chlore (Fabrication du).	Vapeurs délétères.
Chlorure de chaux (Fabrication du).	Idem.
Chlorures alcalins, eau de javelle (Fabrications des).	Idem.
Chromate de potasse (Fabrication du).	Maladies spéciales dues aux émanations.
Chrysalides (Ateliers pour l'extraction des parties soyeuses des).	Émanations malsaines.

NOMENCLATURE	MOTIFS DE L'INTERDICTION
Collodion (Fabrique de). Cuirs vernis (Fabrication de) Cuivre (Dérochage du) par les acides. Cyanure de potassium et bleu de Prusse (Fabrication de). Cyanure rouge de potassium ou prussiate rouge de potasse.	Dangers d'explosion. Dangers d'incendie. Vapeurs corrosives. Émanations malsaines. Dangers d'empoisonnement.
D Déchets de laine (Dégraissage des) — Voir *Peaux*. Dérochage du cuivre.— Voir *Cuivre*. Distilleries en général, eau-de-vie, genièvre, kirsch, absinthe et autres liqueurs alcooliques. Dorure et argenture sur métaux.	 Dangers d'incendie. Dangers d'empoisonnement dans le procédé au mercure ; vapeurs délétères par les procédés aux acides.
E Eau de javelle (Fabrication d'). — Voir *Chlorures alcalins*. Eau-de-vie. — Voir *Distilleries*. Eau forte — Voir *Acide nitrique*. Émail (Application de l') sur les métaux. Émaux (Fabrication d') avec fours non fumivores. Équarrissage des animaux. Étamage des glaces. Éther (Fabrication et dépôts d'), sans distinction de classe. Etoffes (Dégraissage des). — Voir *Peaux*. Étoupilles (Fabrication d') avec matières explosibles.	 Émanations vénéneuses. Poussières vénéneuses. Dangers d'accidents. Vapeurs délétères. Dangers d'incendie. Dangers d'explosion et d'incendie.
F Fer (Dérochage du). Fer (Galvanisation du). Feutres et visières vernis (Fabrication de).	Vapeurs délétètres. Idem. Dangers d'incendie.

NOMENCLATURE	MOTIFS DE L'INTERDICTION
Fonte et laminage du plomb, du zinc et du cuivre.	Émanations malsaines.
Fulminate de mercure (Fabrication du).	Vapeurs délétères, dangers d'explosion.
G	
Genièvre. — Voir *Distilleries*.	
Glaces (Étamage des). — Voir *Étamage*.	
H	
Huiles de pétrole, de schiste et de goudron, essences et autres hydrocarbures employées pour l'éclairage, le chauffage, la fabrication des couleurs et vernis, le dégraissage des étoffes et autres usages.	Dangers d'incendie.
Huiles essentielles ou essences de térébenthine, d'aspic et autres. — Voir *Huiles de pétrole, de schiste*, etc.	Dangers d'incendie.
Huiles extraites des schistes bitumineux, — Voir *Huiles de pétrole, de schiste*, etc.	
K	
Kirsch. — Voir *Distilleries*.	
L	
Liquides pour l'éclairage (Dépôts de) au moyen de l'alcool et des huiles essentielles.	Dangers d'incendie.
Liqueurs alcooliques. — Voir *Distilleries*.	
Litharge (Fabrication de).	Dangers d'empoisonnement.
M	
Massicot (Fabrication du).	Dangers d'empoisonnement.
Matières colorantes (Fabrication des) au moyen de l'aniline et de la nitro-benzine.	Émanations nuisibles.

NOMENCLATURE	MOTIFS DE L'INTERDICTION
Minium (Fabrication du).	Dangers d'empoisonnement
Murexide (Fabrication de la) en vases clos par la réaction de l'acide azotique et de l'acide urique du guano.	Vapeurs délétères.
N	
Nitrate de fer (Fabrication du).	Danger d'explosion.
Nitrate de méthyle (Fabrique de).	Vapeurs délétères.
Nitro-benzine, aniline et matières dérivant de la benzine (Fabrication de la).	Vapeurs délétères
O	
Olives (Tourteaux d'). — Voir *Tourteaux.*	
P	
Peaux, étoffes et déchets de laine (Dégraissage des) par les huiles de pétroles et autres hydrocarbures.	Dangers de brûlures.
Peaux de lièvre et de lapin. Voir *Secrétage.*	
Pétrole. — Voir *Huiles de pétrole.*	Vapeurs délétères.
Phosphore (Fabrication de).	Poussières nuisibles et parfois vénéneuses.
Pileries mécaniques des drogues.	Dangers d'intoxication.
Plomb (Fonte et laminage du). — Voir *Fonte*, etc.	
Poils de lièvre et de lapin. — Voir *Secrétage.*	
Potasse. — Voir *Chromate de potasse.*	
Poudres et matières fulminantes (Fabrication de). — Voir aussi *Fulminate de mercure.*	Dangers d'explosion et d'incendie.
Prussiate de potasse. — Voir *Cyanure de potassium.*	
R	
Rouge de Prusse et d'Angleterre.	Émanations nuisibles.

NOMENCLATURE	MOTIFS DE L'INTERDICTION
S	
Schiste bitumeux. — Voir *Huiles de pétrole, de schiste,* etc.	
Secrétage des peaux ou poils de lièvre et de lapin.	Emanations délétères et poussières.
Sel de soude (Fabrication du) avec le sulfate de soude.	Vapeurs corrosives.
Sinapisme (Fabrication des) à l'aide des hydrocarbures sans distinction de classe.	
Soude — Voir *Sulfate de soude.*	Vapeurs corrosives.
Sulfate de mercure (Fabrication du).	
Sulfate de peroxide de fer (Fabrication du) par le sulfate de protoxide de fer et l'acide nitrique (nitro-sulfate de fer).	Vapeurs délétères
Sulfate de protoxide de fer ou couperose verte par l'action de l'acide sulfurique sur la ferraille (Fabrication en grand du).	Vapeurs irritantes, dangers de brûlure.
Sulfate de soude (Fabrication du).	Dégagements corrosifs.
Sulfure d'arsenic (Fabrication du).	Danger d'empoisonnement
Sulfure de carbone (Fabrication du).	Vapeurs délétères, dangers d'incendie.
Sulfure de carbone (Manufactures dans lesquelles on emploie en grand le).	Vapeurs délétères, dangers d'incendie.
Sulfure de carbone (Dépôts de). (Suivant le régime des huiles de pétrole.)	Vapeurs délétères, dangers d'incendie.
Sulfure de sodium (Fabrication de).	Emanations nuisibles.
T	
Taffetas et toiles vernis (Fabrication de).	Dangers d'incendie.
Toiles vernies (Fabrication de). — Voir *Taffetas et toiles vernis.*	
Térébenthine (Distillation et travail en	

NOMENCLATURE	MOTIFS DE L'INTERDICTION
grand de la). — Voir *Huiles de pétrole, de schiste*, etc.	Dangers d'incendie.
Tourteaux d'olives (Traitement des) par le sulfure de carbone.	Vapeurs insalubres, dangers d'incendie.
Tueries d'animaux. — Voir aussi *Abattoir public*.)	Dangers d'accidents.
V	
Vernis à l'esprit-de-vin (Fabrique de).	Dangers d'incendie.
Vernis (Ateliers où l'on applique le) sur les cuirs, feutres, taffetas, toiles. — Voir ces mots.	
Visières et feutres vernis (Fabrique de). — Voir *Feutres et visières*.	Dangers d'incendie.

NOMENCLATURE DES ÉTABLISSEMENTS

DANS LESQUELS L'EMPLOI DES ENFANTS EST AUTORISÉ

SOUS CERTAINES CONDITIONS.

NOMENCLATURE	MOTIFS DE L'INTERDICTION
A	
Allumettes (Fabrication des) avec matières détonantes et fulminantes.	Interdiction dans les locaux où l'on fond la pâte et où l'on trempe les allumettes. Dans les autres locaux, emploi autorisé, mais pendant six heures seulement sur vingt-quatre.
Allumettes chimiques (Fabrication des).	Idem.

NOMENCLATURE	MOTIFS DE L'INTERDICNION
B	
Battage, cardage et épuration des laines, crins et plumes de literie.	Interdiction dans les locaux où les poussières provenant des opérations se dégagent librement.
Battage des tapis en grand.	Idem.
Blanchiment des fils et tissus de laine et de soie par l'acide sulfureux en dissolution dans l'eau.	Interdiction dans les locaux où se dégage l'acide sulfureux.
Boutonniers et autres emboutisseurs de métaux par moyens mécaniques.	Interdiction dans les locaux où les poussières provenant du tournage se dégagent librement.
Boyauderies. (Travail des boyaux frais pour tous usages.)	Interdiction du travail des enfants pour le soufflage ; dangers d'affections pulmonaires.
C	
Chanvre (Teillage et rouissage du) en grand. — Voir *Teillage et rouissage.*	Interdiction dans les locaux où l'on effectue le teillage mécanique.
Chanvre imperméable. — Voir *Feutre goudronné.*	
Chapeaux de feutre (Fabrication de).	Interdiction dans les locaux où les poussières provenant de la préparation des poils soies, etc., se dégagent librement.
Chapeaux de soie ou autres préparés au moyen d'un vernis (Fabrication de).	Interdiction dans les locaux où l'on applique ou prépare le vernis.
Chaux (Fours à).	Interdiction dans les locaux où les poussières provenant du broyage, du tamisage, etc., se dégagent librement.
Ciment (Fours à)	Interdiction dans les locaux où les poussières provenant du broyage, du tamisage, etc., se dégagent librement.

5.

NOMENCLATURE	MOTIFS DE L'INTERDICTION
Cordes à instruments en boyaux (Fabrication de). —Voir *Boyauderies*.	
Coton et coton gras (Blanchisserie des déchets de).	Interdiction dans les opérations où l'on emploie le sulfure de carbone.
Crins (Teinture des). — Voir *Teintureries*.	
Crins et soies de porc (Préparation des) sans fermentation.—Voir aux *Soies de porcs par fermentation.*	Interdiction dans les locaux où les poussières provenant des opérations se dégagent librement.
E	
Eaux grasses (Extraction pour la fabrication du savon et autres usages des huiles contenues dans les).	Interdiction quand on emploie le sulfure de carbonne.
Etoupe (Transformation en) des cordages hors de service, goudronnés ou non.	Interdiction dans les locaux où se dégagent.
F	
Faïence (Fabrique de).	Interdiction dans les locaux où se pratique l'émaillage et où il se produit des dégagements de poussière par suite du broyage, du blutage, etc
Feutre goudronné (Fabrication du).	Interdiction dans les locaux où les poussières se dégagent librement.
Filature de cotons (Ateliers dans lesquels la) s'opère en grand, c'est-à-dire employant au moins, six tours.	Interdiction de l'emploi des enfants pour l'extraction des parties soyeuses de chysalides.
Fours à plâtre et fours à chaux. — Voir *Plâtre, Chaux.*	
I	
Impressions sur étoffes. — Voir *Toiles peintes.*	
J	
Jute (Teillage du). — Voir *Teillage.*	

NOMENCLATURE	MOTIFS DE L'INTERDICTION
L Lin (Teillage en grand du). — Voir *Teillage*.	
M Ménageries.	Interdiction quand la ménagerie renferme des bêtes féroces ou venimeuses.
Moulins à broyer le plâtre, la chaux les cailloux et les pouzzolanes.	Interdiction dans les locaux où les poussières provenant des opérations se dégagent librement.
N Noir minéral (Fabrication du) par le broyage des résidus de la distillation des schistes bitumeux.	Idem.
O Ouates (Fabrications des).	Idem.
P Papiers (Fabrication de).	Interdiction du travail des enfants pour le triage et la préparation des chiffons.
Peaux (Lustrage et apprétage des).	Interdiction dans les ateliers où se dégagent les poussières.
Pipes à fumer (Fabrication des).	Interdiction dans les locaux où les poussières se dégagent librement.
Plâtres (Fours à).	Interdiction dans les locaux où les poussières provenant du broyage, du blutage, etc., se dégagent librement.
Poêliers fournalistes, poêles et fourneaux en faïence et terre cuite. — Voir *Faïence*.	
Porcelaine (Fabrication de).	Idem.
Poteries de terre (Fabrication de) avec fours non fumivores.	Idem.

NOMENCLATURE	MOTIFS DE L'INTERDICTION
Pouzzolane artificielle (Fours à).	Idem.
R	
Refrigération (Appareil de) par l'acide sulfurique.	Interdiction dans les locaux où se dégage l'acide sulfurique.
S	
Soie. — Voir *Chapeaux, Filature*.	
Soies de porc (Préparation des).	Interdiction dans les locaux où les poussières du battage se dégagent librement.
Soufre (Pulvérisation et blutage du).	Interdiction dans les locaux où les poussières du broyage, bluttage, etc, se dégagent librement.
Superphosphate de chaux et de potasse (Fabrication du).	Interdiction dans les locaux où se dégagent les poussières des opérations ou les vapeurs du traitement par les acides.
T	
Tabacs (Manufactures de).	Interdiction dans les locaux où l'on démolit les masses.
Tan (Moulins à).	Interdiction dans les locaux où les poussières se dégagent librement.
Tanneries.	Idem.
Teillage du lin, du chanvre et du jute en grand.	Idem.
Teinturiers.	Interdiction dans les locaux où l'on emploie des matières toxiques.
Teintureries de peaux.	Idem.
Terres émaillées (Fabrication de).	Idem.
Toiles (Blanchiment des). — Voir *Blanchiment*.	
Toiles peintes (Fabriques de).	Idem.
Tôles et métaux vernis.	Idem.

NOMENCLATURE	MOTIFS DE L'INTERDICTION
V	
Vernis (Ateliers où l'on applique le) sur les chapeaux. (Voir ce mot.) Verreries, cristalleries et manufactures de glaces.	Interdiction dans les locaux où se dégagent les poussières des opérations ou dans lesquelles il est fait usage de matières toxiques.
Vessies nettoyées et debarrassées de toute substance membraneuses (Ateliers pour le gonflement et le séchage des).	Danger d'affections pulmonaires.

COMMENTAIRES SUR LA LOI DU 19 MAI 1874

32. — Avant de noter les décisions judiciaires auxquelles a donné lieu l'application de la loi du 19 mai 1874 et des divers décrets qui l'ont complétée, observons que cette loi, évidemment conçue dans un esprit de généreuse philanthropie, a rencontré tout d'abord une résistance sourde de la part d'industriels qui s'habituent mal à l'idée d'une contrainte législative en cette matière. Beaucoup d'industriels se sont plaints, et non sans raison, de la loi de 1874 ; il est certain que celle-ci devra être modifiée lorsque l'expérience aura démontré ses faiblesses (1).

33. — L'article 1er de la loi du 19 mai 1874 s'applique à tout jeune ouvrier employé à un travail industriel, qu'il soit français ou étranger, qu'il soit ouvrier proprement dit ou simple apprenti. La loi concerne tous les enfants ou filles mineures employés dans la grande industrie ou dans l'atelier industriel ; mais elle ne s'applique pas à l'enfant qui travaille dans la maison paternelle, à côté de son père. Elle serait pourtant applicable au travail des enfants employés dans les chantiers, ateliers ou usines, même quand le père les dirige et y travaille.

34. — L'interdiction du travail de nuit des enfants s'applique aux pâtissiers, boulangers, préparateurs de salaisons, tripiers, qui ont l'habitude de travailler

---

(1) Voir sur les modifications dont la loi du 19 mai 1874 est susceptible, l'étude que M. André Morillot, avocat général à Besançon, y a consacré dans la *France judiciaire*, Ire année, Ire partie, p. 169 et 201.

la nuit ; c'est ce qui a été jugé par le tribunal correc
tionnel de la Seine, le 17 février 1877, notamment
pour les pâtissiers et tripiers.

Les enfants au-dessous de seize ans ne peuvent être
employés la nuit dans les triperies dépendant des
abattoirs, et au triage des chiffons dans les papeteries (Circulaire du 20 mars 1877).

35. — Lorsqu'il y a plusieurs ateliers dans un établissement industriel, la loi et les règlements doivent
être affichés dans chaque atelier (Cass., 17 juin 1842).
Les exemplaires destinés à l'affichage sont délivrés par
l'administration au prix de revient. Un décret du 22 mai
1875 prescrit également l'affichage de l'emploi du
temps des enfants.

36. — L'industriel doit exiger la remise du certificat d'instruction primaire élémentaire délivré à l'enfant dans les conditions de l'article 9 de la loi du 19
mai 1874. En cas de contravention relevée contre lui,
s'il ne pouvait fournir la preuve que les enfants qu'il
occupe se trouvent dans les conditions exigées relativement à leur instruction, il ne pourrait être renvoyé
de la poursuite en établissant qu'il a donné les ordres
nécessaires pour que les enfants employés par lui
reçussent l'enseignement voulu par la loi. Ceci a été
jugé par la cour de cassation le 14 mai 1846, sous l'empire de la loi de 1841, mais nous paraît également
fondé sous l'empire de la loi de 1874.

37. — Relativement à la tenue de registre que le
législateur de 1874 a imposé aux industriels (art. 10,
§ 3), nons croyons devoir signaler l'importance de
ce registre. Il doit être tenu régulièrement, sans blancs,
ni ratures, ni surcharges, ni intercalations. Il peut être
disposé de la manière suivante :

OBSERVATIONS	
INDICATION DE L'ÉCOLE que fréquente l'enfant	
DATE DE LA NAISSANCE	
LIEU DE LA NAISSANCE	
SEXE	
NOMS ET PRÉNOMS DE L'ENFANT	
COMMUNE OU LE LIVRET A ÉTÉ DÉLIVRÉ	
DATE DE LA DÉLIVRANCE DU LIVRET	
DATE { DE L'ENTRÉE	
DE LA SORTIE	

Les patrons devront garder entre leurs mains les livrets de leurs jeunes ouvriers depuis leur entrée jusqu'à leur sortie de leur établissement.

38. — Au nombre des travaux que les patrons doivent s'interdire d'imposer aux enfants, signalons les suivants : 1° le patron qui a employé un enfant de moins de seize ans au nettoyage, à la visite et à la réparation d'une machine en marche, est passible d'une condamnation correctionnelle (Tribunal de la Seine, 10 nov. 1876) ; — 2° Celui qui imposerait à son apprenti des travaux et des fatigues excessives pour son âge et ses forces, serait passible de dommages-intérêts (Cour de Paris 1er février 1865) ; — serait également passible d'une condamnation correctionnelle, celui qui imposerait aux enfants des charges illégales (1).

39. — Nous ne saurions trop recommander aux industriels d'appliquer dans leurs établissements tous les procédés et appareils propres à garantir les ouvriers contre les accidents de machine et les suites délétères de certaines manipulations ; mais nous devons faire observer que l'art. 14 § 4 de la loi du 19 mai 1874 n'a visé que le mécanisme mis en jeu par des moteurs ; qu'il ne peut s'appliquer à des machines mus simplement à bras d'hommes ; et c'est avec raison que le tribunal de Marseille a, le 1er mars 1878, déclaré un patron irresponsable d'un accident causé par un engrenage mu par la main de l'homme.

40. — Quiconque a causé un dommage à autrui est tenu de le réparer, lorsque le fait dommageable était illicite ; c'est là la base de toute action en responsabilité. L'industriel qui a, par sa faute, occasionné la mort d'un individu, ou des blessures déterminant une

____

(1) Il a été dressé dans le département de la Seine, 49 contraventions de ce genre en 1876, 80 en 1877 et 84 en 1878.

incapacité de travail permanente ou temporaire, est tenu de l'indemniser du préjudice qui lui est causé, s'il vit ; s'il est décédé, indemniser tous ceux qui vivaient du travail ou des secours du défunt (3).

Voici quelques exemples de faits dommageables qui ont engagé la responsabilité de patrons :

a. — Le patron, étant tenu à de plus grandes précautions de surveillance quand il emploie à des travaux périlleux de jeunes apprentis, peut, en cas d'accident arrivé à ceux-ci, être déclaré responsable, même quand il y a eu imprudence de leur part, s'il a eu lui-même le tort, à raison de leur défaut d'âge et d'expérience, de les employer à de tels travaux. — Cour de Paris 29 avril 1875.

b.—Il ne suffit pas qu'un patron ait pris de sérieuses précautions pour éviter les accidents auxquels les ouvriers de son atelier sont exposés ; il peut encore être déclaré responsable, s'il n'a pas pris toutes celles qui étaient compatibles avec les nécessités de son industrie. — Cour de Paris, 21 décembre 1874.

c. —Le patron est responsable de l'accident survenu à son ouvrier, enfant mineur, alors que l'ayant placé pour un travail nouveau près d'une machine à vapeur en mouvement, il n'a point excercé une surveillance aussi rigoureuse que l'exigeaient les dangers courus par cet enfant et la présence d'autres enfants employés dans l'usine ; peu importe que le jeune blessé ait enfreint la défense qui lui aurait été faite de ne pas s'éloigner de son poste, si le patron n'avait pris des mesures suffisantes pour que cette défense fût observée. —Cours de Lyon, 26 avril 1871 et d'Aix, 10 janvier 1878.

---

(1) Citons notamment les décisions suivantes: Cassation (Ch. crim). 20 février. 1863 et 21 juillet 1869 ; — Cour d'Angers, 9 août 1872 — Cour d'Aix, 6 mai 1872.

d.—Le contre-maître qui a confié à une jeune fille, s'y essayant pour la première fois, un service à faire près d'une machine à vapeur, doit, alors même que ce service serait de nature à être fait par une femme, être déclaré responsable de l'accident survenu à celle-ci dans son installation à la place désignée, s'il a eu le tort de la faire mettre à cette place sans arrêter la machine et sans lui donner d'autre assistance que des recommandations que son trouble l'a empêché de comprendre. — Cour de Bourges, 23 janvier 1876.

e. — Le patron qui n'a pas exécuté les prescriptions contenues dans les règlements d'administration publique, relatifs à l'emploi des moyens de protection contre le danger des machines, est responsable civilement des suites de l'accident arrivé à un enfant.—Tribunal civil de Lyon, 20 mai 1878.

f.—Le patron qui a employé une fille de moins de seize ans au fonctionnement d'une machine non recouverte d'engins protecteurs a contrevenu ainsi à l'article 2 du décret du 13 mai 1875. Il est passible d'une amende et de dommages-intérêts proportionnés aux suites des accidents qui seraient survenus.—Tribunal civil de la Seine, 1er août 1876).

41. — Nous devons encore présenter quelques observations sur les pénalités édictées par la loi du 19 mai 1874.

a. — Et d'abord, les contraventions sont constatées par les procès-verbaux. Mais elles peuvent aussi être prouvées par témoins. Les juges peuvent punir dès qu'ils sont convaincus de la culpabilité, et puiser les éléments de leur conviction dans tous les modes de preuves reconnus par le droit commun. Il s'ensuit que la nullité d'un procès-verbal ou les imperfections de ce document ne pourraient entraîner l'impunité de la contravention qu'il a pour objet de constater. Cass. crim. 15 mars 1862.

b. — L'infraction à la loi de 1874, entraînant une répression pénale, ne peut résulter que de la loi ou des règlements d'administration publique, rendus en vertu des articles 2, 6, 7, 12 et 13 de la loi. Les préfets n'ont pas le droit de prendre des arrêtés généraux pour l'exécution de la loi, et l'infraction à ces arrêtés ne saurait entraîner une peine. C'est ce qui a été jugé sous l'empire de la loi de 1841, et le serait de même sous la législation actuelle. (Cass. 26 mai 1855). Il ne peut pas y avoir de complicité en ces matières, car il s'agit de contraventions, et le droit pénal ne reconnaît pas de complicité pour cette classe d'infractions.

c. — Le tribunal correctionnel est compétent pour connaître des infractions commises ; la peine infligée rentre dans la classe de celles qui sont qualifiées correctionnelles. A cet égard, les infractions à la loi de 1874 pourraient être appelées délits ; il ne faudrait pas cependant leur appliquer cette dénomination ; ces infractions sont des contraventions. Il en résulte que l'excuse de bonne foi ne peut être invoquée par le délinquant. Il est en effet admis, en droit, que pour qu'un délit soit punissable, il faut qu'il y ait intention délictueuse de la part de l'auteur, mais que ceux qui ont commis une contravention par inadvertance, omission ou inobservation des règlements, c'est-à-dire sans intention, sont punissables. Il n'y a d'exception que pour le cas où le chef de l'atelier ou de la manufacture a été trompé par des pièces fausses ; il est acquitté s'il prouve qu'il a agi de bonne foi.

d. —Le chef ou gérant d'une industrie qui emploie des mineurs dans des conditions contraires à la loi du 19 mai 1874, doit être condamné à autant d'amendes qu'il y a de contraventions, alors même que ces contraventions résultent toutes de l'emploi irrégulier du même mineur. —Trib. de Compiègne, 3 juin 1877,

France judiciaire, V, 2, 92. Le tribunal des Andelys (12 janvier 1878) a été d'un avis différent et sa solution nous paraît préférable, car en n'imposant le cumul des amendes que pour le cas où l'on aurait employé *plusieurs personnes*, la loi de 1874 semble l'exclure pour le cas où c'est ie *même mineur* qui a été, à *plusieurs titres*, irrégulièrement employé. Les peines ne sauraient être étendues par voie d'interprétation ; c'est dans ce sens que s'est prononcée la cour de cassation par un arrêt du 21 janvier 1859, rendu sous l'empire de la loi du 22 mars 1841, dont l'art. 12 disposait dans les mêmes termes que l'art. 25 de la loi de 1874.

e. — Les manufacturiers et chefs d'industrie ne sont punissables, à l'occasion des contraventions de la loi du 19 mai 1874 commis dans leur usine, que si la direction effective de l'établissement leur appartient. Ils ne sont alors que civilement responsables dans le cas où ils ont chargé un directeur ou gérant d'administrer à leur place l'établissement et de pourvoir au recrutement du personnel. — Trib. des Andelys, 12 février 1878 ; trib. de Compiègne, 3 juin 1877. Cette décision est d'ailleurs conforme aux déclarations catégoriques de M. Talon, rapporteur de la loi du 19 mai 1874. « Nous avons entendu, a-t-il dit, atteindre exclusivement ceux dont la responsabilité est engagée comme *dirigeant actuellement* les ateliers où la contravention est constatée. Le chef d'industrie *qui sera absent* ou qui aura confié à un tiers *l'administration de son exploitation* ne pourra pas être, dans ce cas. personnellement poursuivi : la pénalité frappera celui-là seul qui dirigeait l'usine et qui avait l'autorité.... L'industriel ne sera puni que pour les faits dont il aura réellement connaissance ou qu'il sera en faute de de pas avoir connus ».

Ajoutons que le chef d'industrie qui délègue à un

gérant la direction des travaux et la surveillance de ses ouvriers, n'en reste pas moins directement et personnellement responsable de ces contraventions commises dans son établissement contre les lois et règlements relatifs au travail des enfants et des filles mineures employés dans l'industrie ; si, restant sur les lieux, il continue à visiter habituellement cet établissement, et y prend une part active tout au moins à une branche importante de la gestion.—Cour d'Amiens, 18 mars 1878.

42. — L'article 20 de la loi du 19 mai 1874 punit l'industriel qui, par ruse ou par mauvaise volonté, porterait obstacle à l'accomplissement de la mission des agents, qui y sont énumérés, aussi bien que celui qui s'y opposerait ouvertement ou de vive force. En cas d'obstacles de la part des industriels, les agents sus-dénommés pourraient recourir à la force armée ; mais comme il ne sont pas officiers de police judiciaire ils ne la requerraient pas directement ; ce serait par l'intermédiaire du commissaire de police, du juge de paix ou de son suppléant, du maire ou de l'adjoint. La résistance de l'industriel, si elle se manifestait par des violences, des voies de fait, constituerait une rébellion, et le mettrait sous le coup des articles 209 et suiv. du code pénal. L'article 209 dit ce que c'est que la rebellion : c'est toute attaque, toute résistance avec violences de voies de fait envers les officiers ministériels, gardes, préposés à la force publiqne, etc. — L'article 210 punit la rébellion pratiquée par plus de vingt personnes armées, des travaux forcés, et celle pratiquée par plus de vingt personnes non armées, de la réclusion. — L'article 212 punit la rébellion commise par une réunion de trois à vingt personnes armées, de la réclusion ; du même nombre non armées de six mois à deux ans de prison. — L'article 211 punit la rébellion commise par une ou deux personnes armées, de six mois à deux ans de prison ; du même nombre non armées de six jours à six mois de prison.

'43. — Les inspecteurs doivent être porteurs d'une *carte de service* à eux délivrée par l'administration ; ils l'exhibent aux industriels qui en demandent la production. De la sorte, leur identité ne peut jamais être méconnue. (Circulaire du ministre du commerce du 29 mai 1875.)

44. — Les injures adressées aux agents créés par la loi de 1874, dans l'exercice de leurs fonctions, pourraient entraîner contre ceux qui s'en seraient rendus coupables l'application de l'article 6 de la loi du 25 mars 1822, si elle est publique, de l'art. 224 du code pénal si elle ne l'est pas. Ces textes sont ainsi conçus : Art. 6 de la loi du 25 mars 1822 ; « L'outrage fait publiquement, d'une manière quelconque, à raison de leurs fonctions ou de leurs qualités..... soit à un fonctionnaire public..... sera puni d'un emprisonnement de quinze jours à deux ans et d'une amende de 100 à 4,000 francs. — Si l'outrage dans les différents cas prévus par le présent article, a été accompagné d'excès ou de violences prévus par le premier paragraphe de l'article 228 du code pénal, il sera puni des peines portées audit paragraphe et à l'article 229 et en outre de l'amende portée au premier paragraphe du présent article. — Si l'outrage est accompagné des excès prévus par le second paragraphe de l'article 228 et par les articles 231, 232 et 233, le coupable sera puni conformément audit code. — Enfin, l'article 224 du code pénal : « L'outrage fait par paroles, gestes ou menaces à tout officier ministériel, ou agent dépositaire de la force publique, et à tout citoyen chargé d'un ministère de service public, dans l'exercice de ses fonctions, sera puni d'un emprisonnement de six jours à un mois et d'une amende de 16 à 200 fr. ou de l'une de ces deux peines seulement. » — Les agents inspecteurs des manufactures sont des fonctionnaires publics.

PROJET DE LOI CONCERNANT LA DURÉE DE TRAVAIL DANS LES USINES ET MANUFACTURES.

45. — La loi du 19 mai 1874, sur le travail des enfants dans les manufactures, est sur le point d'être complétée par une autre loi concernant la durée des heures de travail dans les usines et manufactures. Il résulte d'une enquête, faite en 1880, que le travail journalier dans la grande industrie varie de dix à treize heures, selon la région et la nature des produits. Dans les usines métallurgiques, les fabriques de produits chimiques, celles d'impression et la plupart des autres industries dans lesquelles domine l'élément masculin, la durée de la journée ne dépasse guère onze heures, et descend même souvent à dix heures. Au contraire, dans les manufactures où le personnel ouvrier est composé en majeure partie de femmes et d'enfants, le travail descend rarement au-dessous de douze heures et dépasse assez souvent cette limite. D'autre part le travail de nuit est pratiqué d'une façon régulière pour les industries à feu continu ; il a lieu également dans un nombre restreint de manufactures de tout genre ; il est permanent pour les uns, momentané pour les autres, et n'occupe ordinairement qu'une partie du personnel. Enfin le décret du 9 septembre 1848, qui limite les heures de travail, bien que passé dans les mœurs et adopté par l'immense majorité des patrons, n'est cependant pas appliqué sur certains points du territoire, et aucun effort n'a été fait, depuis plusieurs années, pour réprimer les abus et appliquer les dispositions de la loi.

46. — C'est pour remédier à cette situation que MM. Martin Nadard et Villain, députés, ont saisi la Chambre d'un projet de loi ayant pour but de régler la durée du travail dans les usines et manufactures. Si cette loi est votée par le Parlement, voici qu'elle en sera l'économie : Le travail effectif de l'ouvrier dans les manufactures et usines ne pourrait excéder dix heures par jour, ni six jours par semaine (art 1er). Cette restriction aura donc pour objet de réserver aux ouvriers le repos d'un jour par semaine (le dimanche ou tout autre à leur choix, afin de respecter de la façon la plus absolue la liberté de chacun), et d'étendre par conséquent à tous les âges la protection déjà accordée à certaines catégories par les articles 5 et 6 de la loi du 19 mai 1874, sur le travail des enfants. — Mais cette réduction du travail à six jours par semaine comporterait nécessairement des exceptions en ce qui concerne les usines à feu continu, dans lesquelles les nécessités de la production ne permettent pas une interruption de vingt-quatre heures. Il y aurait lieu également à accorder des facilités pour les travaux urgents de réparation qui, remis à un jour de la semaine, nécessiteraient l'arrêt de tout un établissement (art. 2). — Tout travail de nuit serait également interdit aux femmes, c'est-à-dire tout travail entre neuf heures du soir et cinq heures du matin. Aux termes de la loi de 1874 ce travail de nuit n'est interdit qu'aux filles mineures de seize à vingt et un ans ; la distinction entre les filles mineures pour lesquelles le travail de nuit est actuellement interdit et les femmes mariées pour lesquelles il est autorisé, nous paraît en effet bien subtile, et il nous semble que la nouvelle loi ferait heureusement cesser cette anomalie. — En cas de sinistre, d'accident, de chômage forcé entraînant l'arrêt partiel ou total d'une usine, la nouvelle loi accorderait (art. 2) la faculté provisoire du travail de nuit dans un autre établissement appartenant au même exploitant, ou dans la partie de l'usine restée indemne. Il faut en effet laisser les ouvriers, privés momentanément de leur salaire, profiter du travail qui peut être mis à leur disposition. Dans tous les cas, il est nécessaire de ménager les intérêts de la production, il ne faut jamais oublier que les produits sont faits pour les hommes et non les hommes pour les produits. Enfin les infractions à la loi projetée seraient punies d'une amende de seize à cinquante francs, et poursuivies devant le tribunal correctionnel (art. 4), la surveillance de l'application de la nouvelle loi étant placée dans les attributions du commissaire local et des inspecteurs institués par la loi du 19 mai 1874.

DEUXIÈME PARTIE

COMMENTAIRES & JURISPRUDENCE

CHAPITRE PREMIER.

CLASSIFICATION DES DIVERS ÉTABLISSEMENTS INDUSTRIELS

> « La législation relative aux établissements insalubres est confuse et incohérente. Elle crée des compétences exceptionnelles, confond le contentieux avec l'administration pure, et, après avoir soulevé des difficultés qui touchent aux droits mêmes de la propriété, elle les laisse indécises. »
>
> (VIVIEN, *Etudes administratives*).

47. — Bien qu'elle ait près de trois quarts de siècle d'existence, bien qu'elle ait fait l'objet, ainsi qu'on a pu le voir par les documents législatifs que nous venons de publier, de textes assez nombreux, la législation des établissements industriels classés est encore imparfaite et insuffisante, et il se présente chaque jour un grand nombre de questions importantes qui n'ont été ni prévues ni réglées. Sur toutes ces questions, la jurisprudence du Conseil d'Etat est le seul guide ; parfois aussi la cour de Cassation a dû se prononcer ; les commentaires que nous allons présenter s'inspireront, avant tout, des décisions de ces deux juridictions souveraines.

48. — Les manufactures et ateliers dangereux, insalubres ou incommodes ne peuvent être formées sans une autorisation administrative ; telle est la première règle que nous rencontrons en tête du décret du 15 octobre 1810 (art. 1er). Cette défense est générale et absolue, et quelque peu importante que soit la fabrication d'une usine, du moment que celle-ci figure dans la nomenclature des établissements industriels classés, une autorisation est nécessaire. C'est ainsi que la cour de cassation a décidé, notamment, qu'une fabrique de chandelles, joint à un commerce d'épiceries, et exploitée seulement dans l'intérêt de ce commerce, n'en rentre pas moins dans la classe des établissements industriels pour la création ou l'exploitation desquels une autorisation préalable est nécessaire (Cass. crim, 26 janv, 1861, Lelièvre). Une décision semblable avait été rendue antérieurement à l'égard des fonderies de suif que les bouchers avaient essayé de joindre à leurs établissements de boucherie, comme moyen de tirer parti des suifs provenant de leur industrie. (Cass. crim. 14 oct. 1843).

49. — Les établissements destinés à pourvoir aux services publics ont été toutefois considérés par le conseil d'État comme non soumis à la législation spéciale qui régit les établissements dangereux, insalubres ou incommodes ; et l'on peut citer en ce sens les décisions suivantes : 17 septembre 1844, pour les poudreries militaires de la ville de Metz ; — 2 août 1870, pour la voirie de Bondy, près Paris ; — 15 mars 1878, pour les fabriques de dynamite.

Les décisions que nous venons de rapporter admettent que la loi a implicitement affranchi le gouvernement de l'obligation de se soumettre aux règlements spéciaux à l'installation des établissements industriels classés ; nous estimons que ces décisions sont parfaitement fondées. En vain objecterait-on que le gouvernement devrait se soumettre aux formalités prescrites par le décret de 1810 et l'ordonnance de 1815, lorsqu'il s'agit de l'érection d'un établissement dangereux ou incommode pour le compte de l'État ; il importe que le gouvernement respecte, tout le premier, les garanties que le législateur de 1810 a voulu donner aux particuliers contre l'établissement d'usines ou d'ateliers qui pourraient leur être nuisibles. Ce raisonnement, fondé en apparence, ne nous paraît pas sérieux. Nous voulons envisager la question à un point de vue plus élevé ; et nous croyons que les dispositions des décrets de 1810 et de l'ordonnance de 1855, exclusivement applicables aux établissements appartenant à des particuliers, n'atteignent pas ceux qui sont destinés à un service public, et à la formation desquels personne ne peut être fondé à s'opposer, quelque préjudice qu'ils en doivent éprouver. N'est-il pas de principe, en effet, que, dans toute société politique bien organisée, chacun s'engage à rendre praticable, par des sacrifices personnels, ce qui doit tourner à l'avantage de tous ? Il n'y aurait pas de gouvernement possible, si l'autorité à laquelle sont confiées les destinées du pays, pouvait, à chaque instant, être arrêtée ou entravée dans sa marche et ses desseins par des intérêts privés ou des convenances de localités. Voilà comment se justifient, selon nous, les décisions du conseil d'État sus-rappelées, aux termes desquelles, si le devoir de l'administration est bien de prendre toutes les précautions nécessaires pour ne pas froisser les intérêts particuliers, elle échappe aux prescriptions du décret de 1810 et de l'ordonnance de 1815 et qu'aucun pourvoir contentieux n'est admissible contre ses décisions, son pouvoir étant ici, comme il convient, discrétionnaire et souverain.

50. — Empressons-nous d'ajouter toutefois, que si l'établissement industriel créé par l'État lésait réellement les intérêts des voisins, ceux-ci seraient fondés à réclamer, non pas la suppression ou la translation de l'usine, mais des indemnités d'expropriation ou de dépréciation, qui devraient être réglées dans les formes prescrites par les lois et règlements sur les expropriations ou dépréciations pour cause d'utilité publique; c'est là ce que le conseil d'État a d'ailleurs décidé le 4 janvier 1878, dans une affaire Bernuset (1).

51. — Comme toutes les usines ou fabriques ne sont pas au même degré dangereuses, nuisibles ou incommodes, le décret du 15 octobre 1810 (art. 2) les a divisées en trois classes, conformément aux indications fournies par l'Institut (voir plus haut n° 9). La première classe comprend les établissements qui doivent être éloignés des habitations particulières; — la seconde, ceux dont l'éloignement des habitations n'est pas rigoureusement nécessaire, mais dont il importe, néanmoins, de ne permettre la formation qu'après avoir acquis la certitude que les opérations qu'on y pratique sont exécutées de manière à ne pas incommoder les propriétaires du voisinage, ni à leur porter préjudice; — dans la troisième classe enfin sont rangés les établissements qui peuvent sans inconvénient rester près des habitations, mais qui doivent être soumis à l'observation de certaines mesures de précautions.

---

(1) Voir dans le même sens : Cons. d'État, 20 novembre 1822, transfèrement de la poudrière d'Essone dans un lieu appelé Le Bouchet ; MACAREL, *Recueil des arrêts du Conseil d'État*, I™ série, t. IV, p. 392 ; — Cons d'État, 17 septembre 1844, à l'occasion de la poudrière établie dans l'île de Saulcy, près de Metz ; LEBON, *Recueil des arrêts du Conseil d'État*, 2° série, t. XIV, p. 570.

52. — Remarquons de suite que cette classification embrasse tous les établissements industriels reconnus dangereux, insalubres ou incommodes, aussi bien ceux qui étaient en activité antérieurement au décret du 15 octobre 1810, qui leur assurait une libre exploitation sans que leurs propriétaires aient à solliciter une autorisation, que ceux pour l'installation ou l'exploitation desquels une autorisation a été sollicitée et accordée postérieurement à ce décret organique de la législation spéciale dont nous nous occupons.

53. — Ajoutons qne toute modification dans la fabrication, que l'emploi de procédés nouveaux peuvent entraîner pour l'usine un changement de classification, et obliger l'industriel à requérir une autorisation nouvelle. C'est ainsi, notamment, que la cour de cassation a décidé que le propriétaire d'un établissement créé pour l'affinage de l'or et l'argent, ne peut, si l'autorisation administrative ne mentionne que le procédé du fourneau à vent, substituer à ce procédé, sans une autorisation nouvelle, celui de l'affinage par l'acide sulfurique ; et ce, sans même qu'il soit à rechercher si le procédé nouveau offre plus ou moins d'inconvénient que celui qui avait été autorisé et jusque là employé (cass. crim. 16 déc. 1859).

54. — Enfin observons que les règles qui vont suivre ne sont applicables que pour obtenir l'autorisation des établissements industriels classés, de ceux qui figurent dans la nomenclature alphabétiqne reproduite plus haut p. 44. Pour les établissements antérieurs au décret du 15 octobre 1810 ainsi que pour les établissements non classés, qui ne figurent pas dans la nomenclature, tout en présentant des dangers ou des inconvénients pour la salubrité et la santé publique, nous tracerons plus loin les règles spéciales qui les

concernent ; nous bornant tout d'abord à présenter
aux industriels des indications précises qui nous paraissent de nature à faciliter singulièrement leurs démarches pour obtenir l'autorisation administrative
qui leur est indispensable pour créer ou exploiter une
usine dangereuse, insalubre ou incommode, et aussi
à leur permettre de faire valoir et de soutenir leurs
droits devant toutes juridictions et contre toutes les
réclamations qui peuvent s'élever contre l'installation
et l'exploitation de leurs établissements.

55. — A quelque classe que les établissements
dangereux, insalubres ou incommodes appartiennent,
aucun d'eux ne peut être créé ou modifié, sans qu'au
préalable l'administration n'en ait autorisé, avec ou
sans condition, l'installation, l'agencement ou la trans-
formation. Mais, selon la classe à laquelle appartient
l'établissement qu'il s'agit de créer ou de modifier, les
formalités préalables à remplir par l'industriel varient
quant à leur importance, à leur durée, et aussi quant
aux fonctionnaires et aux juridictions auprès desquelles il est nécessaire de se pourvoir, soit en première instance soit en appel.

56. — Il est indispensable, dans tous les cas, que
l'autorisation soit requise et obtenue avant que l'industriel ait commencé les travaux d'installation de l'u-
sine projetée. Il arrive trop souvent que, sur la foi
d'une simple promesse verbale ou d'une lettre mis-
sive, ou bien encore encouragé par une tolérance ou
un oubli de l'administration, l'industriel se croit en
droit de commencer ses travaux d'installation, et même
parfois se mettre à exploiter son industrie avant qu'il
ait été statué en dernier ressort sur sa demande en
autorisation. Nous ne saurions encourager cette façon
d'agir toujours périlleuse. Il est certain qu'aucune dis-

position législative n'interdit l'aménagement de bâtiments propres à l'exercice d'une industrie quelconque ; mais comme la mise en activité de l'usine classée ne peut légalement avoir lieu qu'après l'obtention d'une autorisation administrative, il nous semble prudent d'attendre que celle-ci ait été régulièrement notifiée. On s'épargnera ainsi baucoup d'ennuis, des dépenses inutiles, et l'on évitera des démolitions de travaux déjà exécutés, des changements souvent nombreux dans l'aménagement général de l'usine, et ainsi des pertes de temps et d'argent

57. — Et maintenant, après ces obvervations préliminaires, les dispositions relatives à la demande en autorisation, les formalités et les compétences étant différentes suivant les classes, nous allons les examiner séparément.

CHAPITRE II

DES ÉTABLISSEMENTS DE PREMIÈRE CLASSE

58. — Les établissements industriels de première classe sont ceux qui présentent les inconvénients les plus graves pour la sûreté et la salubrité publiques, ainsi que pour les voisins ; les uns répandent une odeur désagréable et nuisible à la santé, les autres mettent en danger la sûreté publique à raison des accidents qu'ils peuvent occasionner. Tels sont, par exemple, les boyauderies, où l'on rassemble les intestins des animaux pour les amener à un état particulier qui permette de les employer à divers usages; — les fabriques de colle forte, où des débris d'animaux macèrent dans l'eau jusqu'à la fermentation putride ; — les amidonneries, où les grains, les sons, les recoupes et les griots sont généralement amenés à la fermentation putride; — les ateliers d'équarissage, les ateliers d'artifices et les poudreries, etc., etc. A tous ces établissements une règle générale et commune d'installation est imposée : ils doivent être éloignés de toute habitation.

59. — Aucune disposition législative n'indique la distance à laquelle les établissements industriels de première classe doivent être tenus des habitations particulières. Une règle fixe était impossible à poser en cette matière, car une usine, quoique très rapprochée des maisons, peut se trouver placée de manière à n'incommoder personne, tandis qu'une autre usine de même nature, quoique plus éloignée, peut, à raison de certaines circonstances de situation et d'orientation, couvrir de vapeurs infectes les maisons voisines et rendre ainsi leur habitation intolérable. Ce sont les autorités locales auxquelles le législateur a sagement laissé le soin de déterminer à quelle distance des habitations particulières doit être située telle ou telle usine ; c'est bien là l'esprit de l'art. 9 du décret du 15 octobre 1810, lorsqu'il dit, « l'autorité locale indiquera le lieu où les manufactures et ateliers compris dans la première classe pourront s'établir et exprimera la distance des habitations particulières. » — Et le ministre de l'intérieur complétait la pensée du législateur lors-

qu'il ajoutait dans sa circulaire aux préfets : « J'aime
à croire que les autorités locales se mettront au-dessus de toutes les petites passions, et que, mues uniquement par des motifs d'utilité publique, elles don-
neront des avis dictés par des considérations d'un
ordre supérieur, telles que le besoin d'occuper la
classe ouvrière, et de procurer à la localité un établissement dont l'exploitation doit augmenter ses richesses. »

60. — Le principe que les établissements de première classe doivent être éloignés des habitations, a
toujours été rigoureusement maintenu par le conseil
d'État, sauf à apprécier, d'après les circonstances,
l'éloignement qui est nécessaire (1).

1. — DES DEMANDES D'AUTORISATION.

61. — Le législateur attache une telle importance
à la création des établissements industriels de première classe que, pendant longtemps, l'autorisation
ne pouvait émaner que d'un décret délibéré en conseil d'État. Mais, depuis le décret du 15 mars 1852
sur la décentralisation administrative, la formation
des établissements de première classe doit être autorisée par le préfet. C'est à ce fonctionnaire que l'industriel doit adresser sa demande : au préfet du département, s'il s'agit d'un établissement à former en
province ; au préfet de police, à Paris, si l'établissement doit être établi dans le département de la Seine,
ou dans les communes de Saint-Cloud, Sèvres et Meu-

____

(1) Cons. d'État, 19 février 1875, Girard et Vogt, LEBON, 75, p
164 ; — 6 août 1875, Morlet, Rigaud et autres, LEBON, 75, p. 767.

don (décret du 15 octobre 1810, art. 3, et ordonnance du 14 janvier 1815, art. 4).

62. — On ne peut guère énumérer toutes les indications et les circonstances qui doivent être énoncées dans une demande d'autorisation ; ces indications sont très variées et s'appliquent à différents objets ; elles tiennent non-seulement à l'importance et à l'étendue de l'établissement, à sa situation locale, à l'espèce de machines et appareils employés, à la nature, au transport, à l'emploi et à la conservation des matières premières et des objets manufacturés ; mais encore à ses procédés de fabrication et à ses moyens d'assainissement. Les indications, on le voit, peuvent varier à l'infini, mais l'industriel ne saurait jamais se montrer trop réservé à les fournir à l'appui de sa demande d'autorisation ; ce sera le meilleur moyen d'éclairer l'administration et d'éviter, par la suite, des méprises ou des surprises, dont l'industriel aurait presque toujours lieu de se repentir.

II. — RÉDACTION DE LA DEMANDE D'AUTORISATION

63. — Dans tous les cas, la demande d'autorisation doit contenir : 1° les nom, prénoms, profession et domicile du demandeur ; — 2° la désignation circonstanciée de l'objet pour lequel elle est formée ; — 3° l'indication précise du siège de l'établissement, de la distance qui le sépare des habitations particulières ; — 4° la nature des matières que l'on se propose de préparer ; — 5° les travaux qui doivent être exécutés ; — 6° les quantités approximatives de produits à fabriquer dans une journée, dans un mois ou dans le courant d'une année ; — 7° toutes les conditions propres à la nature de chaque atelier ; — 8° les moyens qu'on se propose d'employer pour prévenir les inconvénients pouvant résulter de l'exploitation de l'établissement, tant pour les habitants du voisinage que dans l'intérêt des ouvriers employés dans l'usine ; — 9° enfin, la mention du délai dans lequel l'établissement serait mis en activité, en cas d'autorisation.

64. — Comme la forme, en matière administrative, a toujours son importance, nous donnons ci-dessous une formule applicable aux demandes d'autorisation pour un établissement de première classe :

Formule d'une demande pour un établissement de 1ʳᵉ classe.

A M. le Préfet du département de....

Monsieur le Préfet.

Le soussigné (*nom et prénoms*), fabricant de... demeurant à... a l'honneur de solliciter de vous l'autorisation d'établir un atelier de (*1ʳᵉ classe*) dans la commune de... où il se propose de fixer le siège de son exploitation.

Les procédés ou appareils employés pour la fabrication seront (*faire la description détaillée*).

Les époques, les heures de travail seront :

Les bâtiments qui doivent servir à l'exploitation sont situés sur un territoire (*Indiquer la situation par rapport aux habitations et autres propriétés voisines, et la nature du terrain*).

Les circonstances topographiques que présente la localité (*voisinage d'un cours d'eau, d'une forêt, élévation du sol, direction des vents, etc...*) sont de nature à mettre les tiers à l'abri des dangers ou des inconvénients qui pourraient résulter de la fabrication.

En outre, et pour achever de faire disparaître autant qu'il est possible tous inconvénients extérieurs, le postulant offre de prendre les précautions suivantes (*clôture exacte des ateliers, établissements de puisards, élévation des tuyaux de cheminés, appareils fumivores, etc..,*) déclarant en outre, se soumettre aux conditions qui lui seront imposées par l'arrêté d'autorisation:

Le soussigné produit à l'appui de sa demande, deux plans en double expédition, faisant connaître.

1° La disposition extérieure des bâtiments et la situation relative des habitations les plus rapprochées;

2° La disposition intérieure des bâtiments, des ateliers, avec indication de l'emplacement des machines, appareils, fours, fourneaux, foyers, réservoirs, puisards, etc.

(Date et signature.)

III. — DES PLANS A PRODUIRE A L'APPUI DES DEMANDES D'AUTORISATION

65. — Quelques explications nous paraissent nécessaires sur la confection des deux plans qui doivent être joints aux demandes d'autorisation. Le premier, qui sert à indiquer la distance entre le lieu de l'établissement et les habitations et les cultures voisines, doit être dressé à l'échelle adoptée pour le plan cadastral de la localité où la fabrique doit être établie, et comprendra un rayon de deux cents mètres. Pour que ce plan ait un caractère d'authenticité indiscutable, il est bon de le faire dresser et viser par un géomètre, ou mieux encore, de se procurer, moyennant une rétribution aux employés de la mairie, un extrait même des plans cadastraux. — Quant au second plan, destiné à faire connaître les dispositions intérieures du local et les emplacements qui seraient occupés par les appareils, il suffit qu'il soit dressé sur une échelle de cinq millimètres, au moins, par mètre ; la signature d'un géomètre attestant l'exactitude du plan sera toujours bonne à produire.

66. — Ces deux plans sont très importants, et l'on ne saurait les rédiger avec trop de soins ; non seulement ils sont destinés à faciliter à l'administration son travail d'examen des lieux, et à la dispenser parfois de recourir à des experts, mais ils servent encore à reconnaître, par la suite, après que l'autorisation a été accordée, si l'industriel a formé et exploité son établissement dans les limites de l'autorisation.

Nous avons dit que les deux plans devaient être fournis en double expédition, ajoutons que l'administration pourrait en requérir une troisième si elle le jugeait nécessaire, de même quelle pourrait exiger que le premier plan embrassât un rayon plus étendu, et que le second fût dressé à une plus grande échelle.

67. — La demande d'autorisation sera rédigée sur papier timbré, sur une feuille de timbre de 0,60 ou de 1,20, suivant l'importance des détails fournis ; elle sera directement adressée au préfet, par la poste, sous enveloppe affranchie, ou bien par lettre recommandée, afin d'avoir de suite un récépissé de la poste constatant la date de l'envoi. Dans le cas où la demande est déposée directement à la préfecture, le postulant a le droit d'exiger un récepissé. C'est à tort, selon nous, que l'industriel n'adresserait pas directement sa demande au préfet, et qu'il recourrait à l'intervention du maire de sa commune ou du sous-préfet pour la transmettre.

68. — A la réception d'une demande en autorisation d'un établissement industriel de première classe, le préfet adresse au maire de la commune dans laquelle doit être installée l'usine une copie ampliative de cette demande, et l'invite à faire procéder à une enquête, toujours indispensable lorsqu'il s'agit d'un établissement de première classe. Le législateur n'a fixé aucun délai pour la transmission de la demande par le préfet au maire et pour que ce dernier fasse procéder à l'enquête ; mais dans la pratique, l'administration ne doit pas perdre de vue que les demandes qui lui sont présentées en cette matière, révèlent toujours un intérêt important auquel tout retard peut être préjudiciable, et qu'il importe, dès lors, que l'instruction ait lieu avec le plus de célérité possible.

69. — Dans le cas où l'établissement de première classe projeté doit être installé près de la limite d'une ou de plusieurs communes voisines, c'est-à-dire si une partie de ces communes se trouve comprise dans le rayon déterminé (200 mètres au moins), le préfet fait faire autant de copies de la demande qu'il y a de communes intéressées, et envoie une de ces pièces à chaque maire ; les plans étant seulement adressés au maire de la commune d'où dépendra l'usine lorsqu'elle sera construite ou exploitée.

IV. — DES AFFICHES ANNONÇANT L'ENQUÊTE

70. — En vue de l'enquête à laquelle il va être ainsi procédé, le premier soin du maire est de faire apposer des affiches, et ce dans toutes les communes qui se trouvent dans le rayon de cinq kilomètres. Ces affiches doivent contenir : 1° l'indication des décrets et ordonnances en vertu desquels elles sont rédigées et apposées ; — 2° les noms, professions et domicile de l'industriel qui demande l'autorisation ; — 3° la situation et la nature de l'établissement projeté ; — 4° une invitation à tous les intéressés d'avoir, dans le délai d'un mois, à produire toutes les réclamations qu'ils jugeraient convenables ; — 5° le lieu, le jour et l'heure où ils seront admis à présenter leurs observations sur l'établissement qu'on se propose de fournir. Voici une formule d'affiche généralement adoptée :

Formule d'une affiche.

COMMUNE OU VILLE DE...

—

AVIS

Exécution du décret du 15 octobre 1810 et de l'ordonnance du 14 janvier 1815, relatifs à la police des établissements dangereux, insalubres ou incommodes.

Le maire de la commune (ou de la ville de...) porte à la connaissance des intéressés que, en conformité du décret du 15 octobre 1810, et de l'ordonnance du 16 janvier 1815, relatifs à la police des établissements dangereux, insalubres ou incommodes, le sieur (*indiquer les nom, prénoms, profession et domicile*) sollicite l'autorisation d'ériger un (*indiquer le genre d'industrie et le lieu ou il sera exploité.*) Les personnes qui auraient des motifs d'opposition à faire valoir contre l'établissement projeté, ou des observations à présenter à ce sujet, sont invitées à les communiquer par écrit à l'administration, dans le délai d'un mois à compter du jour de la présente affiche, ou à assister à l'enquête *de commodo vel incommodo* qui aura lieu à la mairie (ou dans un autre endroit s'il y a lieu) de.., le... (jour et date du mois) à... heure du...

Fait à..,

Le Maire,

71. — Les affiches, avons-nous dit (n° 70) doivent contenir une indication précise de la nature de l'établissement en projet ; mais la circonstance que les affiches apposées n'indiqueraient pas avec une complète exactitude la nature de l'établissement, ne vicierait pas l'enquête, lorsque les pièces produites dans cette enquête ont fait suffisamment connaître aux intéressés les mesures d'installation ou de fabrication qui devaient être prises. Dans tous les cas, les intéressés qui auraient comparu à l'enquête, et auraient ainsi réellement pris connaissance des pièces produites, seraient non recevables à demander la nullité de l'enquête en alléguant uniquement l'insuffisance des renseignements portés sur les affiches.

72. — Les affiches doivent être apposées, en nombre suffisant, — 1° à la porte de la mairie, au lieu ordinaire des publications ; — 2° à celle du demandeur, s'il demeure dans la commune ; — 3° en cas de construction préexistante, sur la porte du bâtiment dans lequel l'établissement doit être érigé ; dans le cas où il n'y a pas de construction préexistante, sur un poteau planté à l'endroit où l'établissement est projeté ; — 4° dans les rues adjacentes ; — 5° dans les communes rurales, à la porte de l'église ; — 6° sur les points principaux et les plus fréquentés de la voie publique.

73. — Ni le décret de 1810, ni l'ordonnance de 1815 n'ont déterminé le temps pendant lequel les affiches doivent rester apposées ; une décision du ministre de l'intérieur du 5 mars 1815, l'a fixé à un mois.

74. — En dehors des affiches, qui seules sont réglementaires, les municipalités font parfois annoncer en outre les enquêtes par le tambour de ville ou à son de trompe. Ce n'est là qu'un surcroît de publicité ; mais ce dernier mode ne saurait, selon nous, dispenser du premier qui seul, nous le répétons, est prescrit par la loi.

75. — L'apposition des affiches est une formalité substantielle, dont l'oubli autoriserait les habitants, non mis en demeure de présenter leurs moyens d'opposition, à demander l'annulation de l'autorisation (1).

----

(1) Cons. d'État, 9 avril 1873, Barbe, LEBON, 73, p. 824.

Aussi doit-il être tenu un procès-verbal constatant le fait de l'apposition des affiches et le délai pendant lequel elle a eu lieu. Voici une formule de certificat d'apposition d'affiches :

Formule de certificat d'appposition d'affiches.

Le maire de la ville (ou de la commune) de... certifie que les affiches annonçant l'ouverture d'une information de *commodo vel incommodo* sur la demande du sieur... tendant à obtenir l'autorisation d'établir un (*désigner la nature de l'établissement,*) rue de... ou dans le lieu appelé... ont été placardées, tant à la porte de l'hôtel de ville que sur celle du bâtiment destiné à l'établissement projeté, ainsi que dans les rues adjacentes ; qu'elles sont restées apposées pendant le délai de... et que les propriétaires et locataires des maisons et terrains situés dans le rayon de... de l'emplacement de l'atelier à ériger, ont été ainsi prévenus du lieu, du jour et de l'heure de la tenue de l'enquête.

Le...

Le Maire,

76. — Les municipalités veilleront à ce que les affiches demeurent constamment apposées pendant le délai d'un mois: elles devront faire remplacer celles qui auraient été arrachées ou seraient détériorées ; peut-être même devrait-on mentionner au bas de ces affiches la peine à laquelle s'exposent ceux qui arrachent, gâtent ou suppriment les affiches des autorités publiques. (1)

______

(1) En Belgique, en dehors des affiches, les propriétaires ou locataires voisins de l'établissement projeté sont avertis directement de l'enquête par une lettre émanant du bourgmestre. C'est un surcroît de précautions qui peut être recommandé.

V. — DE L'ENQUÊTE DE COMMODO VEL INCOMMODO.

77. — En même temps que les affiches sont apposées, l'enquête est ouverte ; c'est la partie la plus essentielle de l'instruction ; et pendant un mois tous les intéressés peuvent adresser par écrit leurs observations au maire, ou se présenter en personne au commissaire enquêteur, aux jours et heures désignés. Les intéressés opposants ou réclamants ne devront pas se contenter d'observations verbales ; nous leur conseillons des protestations écrites dont ils requerront la transcription ou l'annexion à la suite du procès-verbal d'enquête. Tous les habitants des communes intéressées peuvent se présenter et sont admis, sans distinction, à émettre leur opinion sur l'objet de l'enquête : par exemple, les locataires de la maison où l'on veut créer l'établissement (cons. d'État 27 mars 1856, Savarene), comme aussi la commune (cons. d'État 13 juin 1853, Nicolle). Les déclarations sont individuelles ; elles sont signées des déclarants ou certifiées conformes à la déposition orale ; pour ceux qui ne savent pas écrire, par la signature du commissaire enquêteur.

78. — Le maire, ou le commissaire enquêteur désigné à cet effet, (1) n'est pas un juge ou un expert, ce n'est en réalité qu'un greffier devant se borner à consigner les dires et déclarations qui lui sont présentés, sans y ajouter de commentaires ou son appréciation. A l'expiration du délai de l'enquête, il dresse, clôt et

---

(1) A Paris, c'est le commissaire de police du quartier où doit être créé l'établissement qui remplit les fonctions de commissaire enquêteur.

signe le procès-verbal. Celui-ci doit contenir 1° les oppositions, s'il y en a, et leurs motifs ; 2° l'adhésion
des voisins, si elle a eu lieu, pure ou conditionnelle.
La situation des bâtiments des opposants et aussi des
adhérents, relativement à l'établissement projeté, doit
être annotée au plan des lieux et mentionnée au procès-verbal.

79. — L'enquête n'est pas soumise à un délai fa-
tal ; le terme peut en être prorogé dans l'intérêt de
l'instruction de l'affaire ; mais elle est, comme les affiches, une formalité substantielle, dont l'oubli entraînerait l'annulation de l'arrêté d'autorisation pour excès
de pouvoir (cons. d'État, 6 mai et 22 août 1853).

80. — Dans le cas où la demande d'autorisation
comprendrait plusieurs genres ou divisions d'industries rangés dans la même classe, comme, par exemple, un ou plusieurs appareils à vapeur nécessaires
pour l'exploitation d'une industrie assujettie elle-
même à une autorisation, l'enquête doit porter aussi
bien sur l'établissement des appareils à vapeur que
sur celui de l'industrie au service de laquelle ils sont
destinés. Notre observation nous semble pouvoir être
prise en sérieuse considération par les maires qui,
s'ils n'en tenaient compte, s'exposeraient soit à des
réclamations, soit à une enquête supplémentaire sur
la portion de l'établissement qui aurait été négligée
lors de la première instruction.

VI. — DES OPPOSITIONS DES TIERS DURANT L'ENQUÊTE

81. — Nous avons dit (n° 77) que tous les intéressés, propriétaires, locataires ou habitants du voisinage, pouvaient s'opposer, lors de l'enquête, à la de-

mande d'autorisation. Ces oppositions se manifestent ordinairement par des protestations consignées dans les procès-verbaux de l'enquête ou par des mémoires adressés directement à l'autorité administrative et qui sont joints au procès-verbal d'enquête. Ces oppositions s'appuient sur des motifs qui paraissent aux opposants de nature à faire rejeter la demande d'autorisation. en tout ou en partie ; elles nous sembleraient non recevables et mal fondées, si elles étaient motivées sur la crainte d'une concurrence ou sur des raisons de convenances, telles que l'embellissement des quartiers des villes ou sur la rareté et la cherté du combustible. On ne pourrait non plus, ce nous semble, motiver l'opposition sur ce que l'établissement, placé dans le rayon des douanes, pourrait faciliter la fraude, ou sur ce que l'établissement étant placé sur un cours d'eau, le régime des eaux de la rivière serait modifié au préjudice des opposants. Mais les oppositions, au contraire, nous sembleraient fondées, si elles étaient motivées sur ce que l'établissement serait de nature à altérer, à corrompre les eaux, ou à compromettre la salubrité, par la diminution du volume des eaux, ou par leur stagnation.

82. — Parmi les moyens d'opposition, celui qui aurait pour objet l'allégation d'un changement ultérieur dans la destination d'un établissement voisin ne peut être prise en considération. L'érection d'aucune usine ne serait plus possible, s'il suffisait d'alléguer un changement ultérieur dans la destination des propriétés environnantes. Il ne faut tenir compte des circonstances locales que suivant le caractère qu'elles présentent au moment de l'instruction de la demande d'autorisation. Cependant, si ces propriétés n'avaient subi qu'un changement provisoire et qu'elles dussent être ultérieurement rendues à leur destination primitive, destination avec laquelle l'industrie projetée serait incompatible, une concession bornée à une durée limitée serait, dans ce cas, parfaitement justifiable.

83. — Souvent des oppositions sont formées, contre l'érection d'un établissement industriel, dans l'intérêt de constructions qui n'existent pas encore mais qui pourraient surgir un jour. Nous ne pouvons admettre que l'autorité administrative s'arrête devant ces intérêts problématiques, et que l'on puisse, par exemple, s'opposer à la demande d'autorisation en exposant que les terres en culture qui environnent le terrain sur lequel l'établisssment industriel doit s'élever, pourraient recevoir, par la suite, de nouvelles habitations qui en augmenteraient la valeur et pourraient devenir le centre d'un quartier populeux. Il ne faut pas perdre de vue, en effet, que la législation des établissements dangereux, insalubres ou incommodes, tout en protégeant les intérêts du voisinage et en diminuant les inconvénients des usines, a voulu favoriser le développement industriel, ce qui est encore le meilleur moyen d'augmenter la valeur des propriétés de toute nature et d'accroître la fortune générale du pays. Il ne faut pas toutefois rejeter, d'une façon absolue et dans tous les cas, une opposition fondée sur la construction éventuelle de maisons sur les terrains avoisinant l'emplacement de l'usine ; car dans certaines localités, ces terrains seraient peut-être les seuls sur lesquels la commune pourra étendre ses constructions et se développer. Ce sera donc une question d'appréciation toujours délicate, et qu'il sera bon d'étudier avec soin et de résoudre avec prudence.

84. — Au surplus, nous devons remarquer que, dans la plupart des cas, les protestations des voisins sont les mêmes. S'il s'agit, par exemple, de l'établissement d'une tannerie, l'on ne manquera pas de prétendre que cet atelier est insalubre, ce qui est tout à fait inexact, puisqu'il n'est qu'incommode à cause de la mauvaise odeur qu'il répand parfois dans le voisinage. Aux mégissiers, l'on reproche de vouloir tout empoisonner avec l'orpin, autrement dit avec le calcium, dont ils font usage, alors qu'en substituant à l'orpin le sulfure de sodium il est facile de faire disparaître toute espèce d'inconvénients. Enfin la guerre est faite aux fabricants de cuirs vernis, parce que dans leurs usines les explosions seraient fréquentes, alors qu'avec de bien petites précautions elles n'offrent de ce côté aucun des dangers que l'on semble tant redouter. Et ainsi des autres établissements classés. C'est que, souvent le véritable mobile des réclamations que soulèvent les installations d'ateliers insalubres, dangereux ou incommodes, n'est pas en réalité leur danger, leur insalubrité, leur incommodité, que les progrès de la science moderne parviennent aujourd'hui, presque toujours, à conjurer ; ce qui guide les opposants dans leur lutte acharnée contre les industriels, c'est, il faut le reconnaître, ce désir absolu et égoïste de bien-être, cette rage d'embellissement de toute nature, cette passion immodérée pour tout ce qui brille et reluit, qui s'empare de plus en plus des populations et des municipalités. Est-ce là une tendance fâcheuse ? L'avenir le dira ; mais, dans tous les cas, les industriels doivent réagir avec énergie contre ces tendances, et lutter contre les prétentions de certaines villes, qui voudraient, au détriment même des intérêts commerciaux et économiques les plus respectables, rejeter toutes les usines hors de leurs enceintes, et bien au delà même de leurs faubourgs ou de leurs banlieues.

VII. — DES AVIS DES HOMMES COMPÉTENTS

85. — Indépendamment de l'enquête *de commodo vel incommodo*, il est d'usage de recourir aux avis d'hommes compétents, tels que des architectes, des ingénieurs, les membres du conseil de salubrité. Tous ces avis motivés sont joints au procès-verbal d'enquête, par le maire qui donne également son avis, expose son opinion personnelle, et indique les conditions dans lesquelles il lui paraîtrait indispensable de créer l'établissement projeté, de façon à obvier aux inconvénients signalés ou présumés. Ce dernier avis du maire est très important et doit être donné avec une grande impartialité ; il doit faire valoir non-seulement les inconvénients mais aussi les avantages que l'on peut attendre de l'établissement industriel projeté. En émettant son avis, le maire ne doit pas avoir égard au nombre des oppositions ni aux personnes desquelles elles émanent, mais à leur valeur intrinsèque. En examinant ainsi la demande à un point de vue général, le maire pourra juger lequel des deux intérêts en présence, celui de l'industrie et celui des voisins, doit prévaloir.

VIII. — DE LA TRANSMISSION DES PIÈCES AUX PRÉFETS

86. — Les formalités que nous venons de signaler une fois remplies, le maire transmet au préfet toutes les pièces de l'enquête, c'est-à-dire : la requête de l'industriel, les plans y annexés, un exemplaire de l'affiche et le certificat constatant l'apposition de celle-ci pendant le délai déterminé, le procès-verbal d'enquête et les pièces y annexées, telles que mémoires, réclamations, oppositions ou adhésions écrites, rapports d'experts, avis d'ingénieurs, et l'avis du maire.

87. — Dans le cas où l'enquête a eu lieu simultanément dans plusieurs communes, chaque maire transmet ordinairement le dossier de l'affaire comprenant les pièces ci-dessus énumérées, mais il nous paraîtrait plus rationnel, — ce qui d'ailleurs a également lieu dans la pratique, — que les dossiers, préparés par les maires des diverses communes consultées, fussent centralisés entre les mains du maire de la commune où l'établissement doit être créé ou exploité ; ce dernier fonctionnaire restant ainsi seul chargé de la transmission des pièces au préfet.

88. — La transmission des pièces au préfet ne se fait pas directement par le maire ; celui-ci emploie l'intermédiaire hiérarchique du sous-préfet, qui joint aussi son avis personnel, avant de transmettre les pièces de l'enquête au préfet.

IX. — DES OPPOSITIONS DES TIERS DURANT L'ENQUÊTE

89. — Nous avons vu (n° 77) que, durant l'enquête, toute partie intéressée peut s'opposer à l'érection d'un établissement de première classe ; mais le droit de réclamation et d'opposition n'est pas limité au délai de l'enquête ; les observations et les oppositions des tiers sont admises jusqu'à décision définitive.

90. — Quelle que soit l'époque où se produisent les oppositions ou les réclamations, il est très-important que l'industriel recueille immédiatement toutes

les plaintes qui s'élèvent contre l'établissement qu'il
projette. Il n'a qu'à s'adresser à la mairie ou à la préfecture et à prendre copie, ce qu'on ne peut lui refuser, des réclamations formulées par les tiers intéressés. Ces réclamations constituent, en effet, les
premières attaques auxquelles l'industriel devra répondre pour obtenir l'autorisation qu'il sollicite ; c'est
le moment, peut-être le plus favorable, de combattre
les oppositions qu'il rencontre ; et c'est à cette époque
de l'instruction de l'affaire qu'il importe de présenter
au préfet un mémoire en réponse aux observations
produites lors de l'enquête.

X. — DE L'INSTRUCTION FAITE PAR LE PRÉFET

91. — Les informations d'enquête de *commodo vel
incommodo,* dont nous venons d'indiquer la procédure,
ont pour objet de constater simplement les adhésions
ou les oppositions des voisins ou des intéressés de la
commune où doit s'établir l'usine ; mais elles n'établissent pas en fait si la fabrique que l'on se propose d'é-
riger peut nuire ou non à ceux-ci, et si leurs appré-
hensions sont fondées. C'est au préfet qu'il appartient
de se livrer à cet examen, et il le fait en chargeant des
hommes compétents de visiter les lieux et d'indiquer,
d'après des notions scientifiques, les dispositions et
les mesures à prendre pour empêcher que l'établissement ne nuise aux voisins. C'est dans ce but qu'ont
été institués les Conseils d'hygiène et de salubrité
dont nous avons fait connaître plus haut (n° 17) les
lois organiques. Ces Conseils donnent sur toutes les
créations d'usines qui leur sont soumises des avis
longuement médités et fortement motivés. C'est en
dépouillant avec soin leurs délibérations que nous
avons pu indiquer exactement, plus loin, dans la
troisième partie de notre ouvrage, les conditions

d'installation et de fonctionnement qui, pour chaque établissement industriel classé, paraissent donner le mieux satisfaction à la sécurité générale et à l'hygiène publique.

92. — En dehors de l'avis des Conseils d'hygiène départementaux, les préfets doivent aussi, pour certains établissements industriels, requérir d'autres avis d'hommes compétents. C'est ainsi, par exemple, que pour les usines à feu situées dans le voisinage des forêts, doit être pris l'avis des agents forestiers résidant sur les lieux (ordonnance de 1815) ; pour les ateliers servant à la fabrication de la soude, l'avis spécial du directeur des douanes est nécessaire (ordonnance du 8 juin 1822) ; etc.

93. — Enfin, lorsqu'il s'agit d'établissements de la première classe, les préfets sont tenus, avant de rendre leur arrêté de refus ou d'autorisation, de prendre l'avis de leur conseil de préfecture. Mais cet avis n'est pas un acte proprement dit de juridiction, et ne peut être dès lors déféré par la voie contentieuse au Conseil d'État (1).

94. — Ainsi qu'on vient de le voir par ce qui précède, le préfet est le seul juge des oppositions et réclamations qui se produisent avant et après l'enquête, et à la suite de l'examen desquelles ce fonctionnaire prend un arrêté de refus ou d'autorisation. L'on comprend, dès lors, combien une réfutation des réclamations consignées dans le procès-verbal d'enquête peut être utile, et décider souvent le Préfet à accorder l'autorisation d'établir une usine, dont l'installa-

---

1) Conseil d'État, arrêté du 2 juillet 1812, affaire Grosjean.

tion aurait cependant soulevé bon nombre de réclamations. Nous n'avons pas de règles à tracer pour la confection du mémoire ou de la simple note dans laquelle l'industriel essaiera de combattre et réfuter les oppositions variées que rencontre l'établissement de son usine ; mais nous pensons que pour la rédaction d'une pièce aussi importante, il sera toujours prudent de s'adresser à des personnes compétentes en ces matières ; c'est peut-être à ce moment de la procédure, dans ces sortes d'affaires, que l'intervention d'un conseil est la plus utile ; et nous avons vu refuser bien des autorisations d'établissements insalubres, parce que les industriels n'avaient pas suffisamment éclairé le fonctionnaire chargé d'accorder ces autorisations, ou bien encore, n'avaient pas entièrement détruit dans son esprit l'impression défavorable qu'il avait ressentie, en voyant le nombre de personnes qui réclamaient et déclaraient s'opposer à la création d'une usine dans leur voisinage ou leur localité.

XI. — DES ARRÊTÉS D'AUTORISATION OU DE REFUS

95. — Dès que l'instruction de la demande d'autorisation, formée par un industriel et tendant à l'installation d'un établissement classé, est ainsi terminée par l'accomplissement des diverses formalités que nous avons indiquées ci-dessus, le préfet n'a plus qu'à prendre un arrêté pour accorder ou refuser l'autorisation sollicitée. En général, la décision du préfet est prise conformément aux conclusions des divers rapports consignés dans l'enquête ou des avis demandés ; cependant, même lorsque l'innocuité a été déclarée par les différentes autorités consultées, il n'en faut pas conclure que la garantie est nécessairement considérée comme suffisante par le préfet. Si ces avis sont de nature à exercer une grande et légitime influence sur les décisions du préfet, ils ne sont pas, cependant, toujours une raison péremptoire de décider. L'autorisation est quelquefois rejetée si, de l'instruction de l'affaire, il ne résulte pas pour l'administration la preuve évidente que les mesures indiquées par les personnes consultées donnent une somme suffisante de précautions contre l'insalubrité ou l'incommodité de l'établissement projeté. On en trouverait, au besoin, plusieurs exemples dans le recueil des arrêts du Conseil d'État.

96. — Les arrêtés préfectoraux font mention de l'accomplissement successif des formalités essentielles, en visant les pièces qui le constatent, et énonce les motifs pour lesquels la demande est accueillie ou rejetée. Voici la formule d'un arrêté préfectoral ;

Formule d'un arrêté d'autorisation.

Nous Préfet de... vu la requête en date du... par laquelle le sieur (*nom, prénoms et domicile du demandeur*), sollicite l'autorisation de... (*indiquer l'objet de la demandè*),

Vu les plans des lieux et le dessin de l'établissement;

Vu les certificats constatant la publicité donnée à la demande et le procès-verbal de l'enquête de *commodo vel incommodo* duquel il résulte que....

L'avis du commissaire enquêteur et celui du maire de la commune de...

L'avis du conseil d'hygiène publique et de salubrité de.. et celui du sous-préfet de cet arrondissement ;

L'avis de... (*Indiquer l'avis des hommes ou des conseils spéciaux qui auraient été consultés.*)

L'avis de notre conseil de préfecture ;

Le décret du 15 octobre 1810, et l'ordonnance règlementaire du 14 janvier 1815 ;

Le décret du 31 décembre 1866; considérant que.... (*exposer les raisons pour lesquelles l'autorisation demandée peut être accordée ou refusée.*)

Considérant que toutes les formalités prescrites ont été régulièrement remplies.

Arrêtons :

Art. 1er. — Le sieur (*désigner les noms et prénoms du demandeur,*) est autorisé à établir (1) *(désigner la nature de l'établissement)* sur le territoire de la ville (*ou de la commune*) de... à l'endroit indiqué au plan ci dessus visé.

Il sera tenu de prendre à l'intérieur de ses ateliers, toutes les dispositions hygiéniques dans l'intérêt des ouvriers ; et mettra à profit pour cet objet toutes les améliorations que la science viendrait à indiquer.

Il se conformera aux dispositions et aux mesures de précautions ci-après stipulées, savoir :

Enumérer les conditions.

Art. 2. — Le pétitionnaire sera tenu, en outre, de se conformer à toutes les mesures de police dont l'expérience fera reconnaître la nécessité et que l'administration pourrait prescrire ultérieurement.

Il sera tenu de laisser visiter ses ateliers par la personne que l'autorité administrative désignera à cette fin.

Toutes ces conditions sont de rigueur, l'inobservation de l'une d'elles entraînerait de plein droit la révocation de l'autorisation accordée par le présent article.

Il restera responsable envers les tiers des dommages auxquels son usine pourrait donner lieu; la présente autorisation ne préjudiciant en rien aux droits qu'ont les voisins d'intenter, s'il y a lieu, au propriétaire de l'usine une action en dommages intérêts, en vertu des articles 1382 et 1383 du code civil.

Art. 3. — (2) La présente autorisation est accordée pour... ans. A la demande du propriétaire, elle pourra être continuée, s'il y a lieu, après un nouvel examen.

Art. 4. — La présente autorisation cesse d'avo   son effet

---

(1) En cas de refus, l'article 1er est ainsi conçu : « La requête du sieur..., en date du... est rejetée. »

(2) Cet article ne figure que si l'autorisation est limitée.

dans le cas où il s'écoulerait un délai de... avant que l'é-
tablissement eût été mis en activité.

Dès que la fabrique aura été mise en activité le pétitionnaire en informera l'administration locale afin qu'elle
puisse s'assurer, par une inspection des lieux, si les conditions prescrites sont exactement remplies.

Art. 5. — Ampliation du présent arrêté sera adressée à
M. le sous-préfet de... chargé de la notifier au sieur....
et d'en assurer l'exécution.

A... le... 1880.

Le Préfet : (1)

97. — Dès que l'arrêté préfectoral portant autorisation ou refus est signé, il doit être notifié d'abord
au pétitionnaire (2), et ensuite porté à la connaissance
du public. C'est ainsi que les arrêtés d'autorisation se
rencontrent tous dans les recueils des actes administratifs des départements. De plus, et depuis une circulaire ministérielle de 1862, tout acte d'autorisation
doit être déposé en copie aux archives de la commune
dans laquelle se trouve exploité l'établissement industriel autorisé, et il doit être donné connaissance de
la copie de cet acte à toute personne qui en vient faire
la demande. Cette mesure, toute administrative, rentre parfaitement dans l'esprit du Conseil d'État, dont
la jurisprudence tend de plus en plus à rendre non recevables, surtout quand leurs auteurs ont eu les
moyens de s'éclairer, les oppositions qui se produisent après l'arrêté d'autorisation et la mise en activité
des usines.

---

(1) Nous avons introduit dans cette formule certaines dispositions
qui ne figurent pas ordinairement dans les arrêtés préfectoraux, mais
qui devraient, selon nous, y figurer.

(2) C'est le commissaire de police ou le garde champêtre qui est
ordinairement chargé de ce soin, sous les ordres du maire auquel le
sous-préfet a transmis l'ampliation de l'arrêté préfectoral.

98.— Nous venons de voir que le préfet peut, purement et simplement, refuser l'autorisation qui lui est demandée. Lorsque ce fonctionnaire, après avoir refusé d'autoriser un établissement classé parmi les manufactures dangereuses, insalubres ou incommodes, est saisi d'une demande dans laquelle le pétitionnaire a modifié notablement les conditions de celle qu'il avait fournie précédemment, il doit être procédé à nouveau à une instruction régulière (1). — Il en serait autrement si la demande n'était que la reproduction de celle qui a été rejetée ; car, bien qu'en règle genérale, le principe de l'autorité de la chose jugée ne soit pas applicable en matière d'autorisation administrative, la loi a organisé contre les décisions des préfets des voies de recours, et si le pétitionnaire n'en a pas usé, il est évident qu'il ne pourrait, en l'absence de tout élément nouveau de décision, obliger le préfet à recommencer l'instruction, et les tiers intéressés à reprendre la lutte contre ses prétentions.

XII. — DES RECOURS CONTRE LES ARRÊTÉS PRÉFECTORAUX

99. — Les arrêtés relatifs aux demandes d'autorisation d'établissements industriels classés peuvent, comme tous les actes administratifs, être attaqués pour incompétence ou excès de pouvoir.— L'industriel postulant ou les tiers ont donc le droit, dans cette double hypothèse, de déférer l'arrêté du préfet directement au Conseil d'État statuant au contentieux ; et sans rechercher les différents cas d'incompétence ou d'excès de pouvoir qui peuvent être invoqués, l'annulation de l'arrêté serait certaine s'il avait été rendu

---

(1) Conseil d'État, 24 juin 1870, Vedlès, Dalloz, 71, 3, 105.

sans que les formalités prescrites eussent été observées, ou bien s'il contenait des conditions qui ne pouvaient être imposées au postulant.

100. — Mais, indépendamment du recours en annulation, le postulant et les tiers peuvent encore recourir à fin de réformation. Lorsqu'une demande en autorisation est admise par l'autorité préfectorale, ceux qui croient avoir à s'en plaindre, qu'ils aient ou non signé à l'enquête, sont indistinctement reçus à former opposition devant le Conseil de préfecture, qui statue contradictoirement, sauf recours au Conseil d'État. Dans l'hypothèse contraire, c'est-à-dire quand l'autorisation est refusée, la seule voie ouverte au demandeur est celle du recours au Conseil d'État ; son appel au Conseil de préfecture ne serait pas recevable (circulaire ministérielle du 15 décembre 1858). Telle est d'une façon bien nette et bien précise la règle en matière de recours contre les arrêtés préfectoraux, et chaque fois que des industriels ou des tiers opposants ont essayé d'introduire un système différent, le Conseil d'État a toujours condamné ces tentatives, et indiqué dans ses arrêts la procédure à suivre (1).

101. — Voici, d'ailleurs, un exemple de la fermeté avec laquelle le Conseil d'État a maintenu sa jurisprudence en cette matière. Des propriétaires, se prétendant lésés par l'autorisation accordée à un industriel de construire dans leur voisinage un atelier dangereux et insalubre, avaient adressé leurs réclamations au ministre du commerce, invoquant l'art. 6 du décret du 25 mars 1852, qui ordonne aux préfets de rendre com-

---

(1) Voir notamment les arrêtés des 2 décembre 1853, 26 décembre 1856, 13 mars 1857, 2 janvier 1856, 29 décembre 1858.

pte de leurs actes au ministre compétent. « Ceux de ces actes, dit l'article en question, qui seraient contraires aux lois et règlements, ou donneraient lieu aux réclamations des tiers, pourront être annulés ou réformés par le ministre compétent. » De ce passage, ils concluaient que le décret du 25 mars 1852 avait organisé une nouvelle voie de recours contre les actes par lesquels les préfets autoriseraient la création d'un établissement dangereux ou insalubre, et substitué le ministre au Conseil de préfecture. Mais le Conseil d'État, par arrêté du 29 décembre 1868, a refusé d'adopter cette interprétation du décret de 1852, et a décidé que le recours devait être porté par le postulant directement devant le Conseil d'État ; par les tiers opposants devant le Conseil de préfecture d'abord, puis devant le Conseil d'État.

102.— Ainsi, en résumé, l'industriel qui se propose de créer un établissement dangereux ou insalubre, doit préalablement demander l'autorisation au préfet. Si cette autorisation lui est refusée, il peut recourir contre cette décision au Conseil d'État, qui statue en dernier ressort. Si, au contraire, l'autorisation lui est accordée, les tiers opposants peuvent, qu'ils aient ou non présenté leurs observations, adresser leurs réclamations au Conseil de préfecture, et en dernier ressort au Conseil d'État. Pour savoir quelle est l'autorité devant laquelle le recours doit être porté, il faut donc se demander par qui ce recours est formé. L'est-il par l'industriel postulant ? C'est le Conseil d'État au contentieux qui doit statuer. L'arrêté est-il attaqué par les tiers ? c'est le Conseil de préfecture qui est compétent, sauf appel devant le Conseil d'État. Telle est la seule règle.

103.— Il semble, au premier abord, que ce sera

toujours par l'industriel que l'arrêté refusant l'autorisation sera attaqué, et que ce sera toujours contre l'arrêté accordant l'autorisation que le recours des tiers sera dirigé. Ce n'est pas toujours exact, car l'autorisation n'étant jamais donnée que sous certaines conditions, un industriel peut avoir intérêt à demander la réformation de l'arrêté qui la lui accorde, afin de faire modifier ces conditions. Or, même dans ce dernier cas, c'est devant le Conseil d'État que l'industriel devra directement porter son recours.

. — Il se peut qu'un arrêté soit attaqué tout à la fois par l'industriel, qui trouve trop onéreuses les conditions imposées, et par les tiers qui demandent que l'autorisation soit refusée. Il faudra alors que deux instances soient engagées : l'une devant le Conseil d'Etat sur le recours de l'industriel, l'autre devant le Conseil de préfecture sur le recours des tiers. La contradiction qui pourrait d'ailleurs exister entre les deux décisions ne présenterait pas d'inconvénients sérieux, puisque le Conseil d'État peut être appelé à réformer la décision du Conseil de Préfecture.

105. — Si les tiers n'ont pas le droit de recours direct devant le Conseil d'État, ils ont toutefois la faculté d'intervenir dans l'instance engagée par l'industriel (1). Ils peuvent également attaquer le décret par voie de tierce opposition dans le cas où ils ne sont pas intervenus dans l'instance. La jurisprudence leur accorde même le droit de former un recours incident et de demander par cette voie que l'autorisation soit refusée à l'industriel qui a attaqué, devant le Conseil d'État, l'arrêté d'autorisation.

---

(1) Arrêtés des 13 juin 1853, Nicoll Hervieu ; — 10 mars 1854, Harreis ; — 27 août 1854, Figuéroa et Cie.

106. — Le *délai du recours* devant le Conseil d'État est toujours de trois mois, à partir de la notification régulièrement faite, c'est-à-dire signifiée à l'industriel ou notifiée par un agent administratif, le maire de la commune ordinairement. Les trois mois écoulés, l'arrêté du préfet ou du conseil de préfecture est passé en force de chose jugée et ne peut plus être attaqué (Conseil d'État, 22 décembre 1853). — Quant au délai pour le recours devant le Conseil de Préfecture, il n'en existe aucun. C'est là une lacune dans la loi. On peut penser que le législateur a voulu laisser aux voisins le droit de réclamer toujours contre les inconvénients naissants d'un atelier dangereux et insalubre ; mais nous estimons que c'est une lacune qu'il importe de combler, même dans la pratique journalière des affaires, car permettre aux voisins de faire valoir leurs oppositions pendant un délai illimité, c'est enlever à l'autorisation le caractère définitif que la loi lui a donné. Quand l'industriel a notifié à ses voisins l'arrêté d'autorisation qu'il a obtenu en les sommant d'avoir à attaquer cet arrêté s'ils le jugent de leur intérêt, il nous semble que, par analogie avec le délai de recours prescrit devant le Conseil d'État, les Conseils de préfecture devraient déclarer non recevables les oppositions qui lui parviendraient trois mois après ladite notification de l'arrêté.

107. — La *forme des recours* varie selon qu'on les portera devant les Conseils de préfecture ou devant le Conseil d'État. Devant le Conseil de préfecture, il n'est pas besoin de recourir au ministère d'un avocat ou d'un avoué (bien que leurs conseils soient toujours excellents à prendre en pareil cas) ; il suffira d'adresser au greffe du Conseil de préfecture une déclaration manifestant l'intention d'attaquer l'arrêté préfectoral. Le greffier reçoit cette demande, l'enregistre, la marque d'un timbre qui constate la date de l'arrivée ; puis il la remet au président du Conseil qui ordonne l'instruction de l'affaire. Un mémoire doit être produit à l'appui du recours ; il est rédigé sur papier libre.

Devant le Conseil d'État, le recours doit être introduit par le ministère d'un avocat au Conseil d'État et à la Cour de Cassation, conformément au décret du 22 juillet 1806. Il n'y a d'exception que pour le recours uniquement basé sur l'incompétence ou l'excès de pouvoirs. Formés alors en vertu des lois des 7-14 octobre 1790, les recours peuvent être adressés directement au Conseil d'État ; ils doivent être transcrits sur papier timbré, soumis au préalable à la formalité de l'enregistrement (droit de 46 fr. 88 cent, décimes compris) et accompagnés d'une copie authentique de la décision attaquée (décret du 2 nov. 1804). La décision qui intervient est passible d'un droit d'enregistrement semblable.

108. — Voici d'ailleurs deux formules de recours qui peuvent être adoptées :

a. — Formule du recours de l'industriel en cas de rejet de sa demande.

A M. le président du conseil d'Etat.

Le soussigné (nom, prénoms, profession et domicile,) a l'honneur de déférer au conseil d'État un arrêté pris le..... par M. le préfet... portant rejet d'une demande tendant à ce qu'il soit autorisé à établir un atelier de... dans la commune de...

Les motifs sur lesquels s'appuie ce refus ne sont pas fondés en fait, les inconvénients allégués n'existent pas ou seront évités au moyen des mesures suivantes proposées par le requérant (*indiquer ces mesures et refuter les motifs de refus invoqués par le Préfet.*)

En conséquence, le soussigné conclut à ce qu'il plaise au conseil d'Etat annuler l'arrêté préfectoral sus-visé et accorder l'autorisation demandée.

Pièces produites.

1° Copie de l'arrêté attaqué.
2° Les documents que le requérant jugera de nature à justifier le peu d'inconvénients de sa fabrication.

(*Date et signature.*)

---

b — Formule du recours des tiers en cas d'autorisation.

A M. le président du conseil de préfecture de....

Le soussigné (*nom prénom profession et domicile,*) à l'honneur de déférer au conseil de préfecture de... un arrêté du préfet de... en date du... autorisant M. (*nom, prénoms, profession, domicile*) à établir une fabrique de... dans la commune de...

Ce recours est fondé sur (*énumérer les dommages ou le préjudice que causerait l'établissement*).

En conséquence, le soussigné conclut à ce qu'il plaise au conseil de préfecture de... réformer l'arrêté préfectoral sus visé.

Pièces produites.

1° Copie de l'arrêté attaqué;
2° Les documents de nature à justifier les dommages ou le préjudice que causerait l'établissement.

(*Date et signature.*)

CHAPITRE III

DES ÉTABLISSEMENTS DE SECONDE CLASSE

109. — La deuxième classe se compose d'établissements industriels d'une importance moindre et dont l'influence dommageable est moins étendue que celles des établissements de première classe. Les inconvénients qu'ils présentent tiennent souvent moins à l'existence de l'établissement lui-même, qu'au mode de fabrication employé. Aussi les demandes d'autorisation sont soumises à des formalités moins nombreuses, que lorsqu'il s'agit d'ateliers de première classe.

110. — C'est toutefois le même fonctionnaire, le préfet, qui statue ; mais c'est au sous-préfet qu'il faut adresser la demande (1). Celle-ci est rédigée en double expédition, dans les même termes que pour les ateliers de première classe, (voir plus haut n° 64) ; mais les deux plans qui doivent l'accompagner peuvent comprendre un rayon moins étendu. Les publications dans le rayon de cinq kilomètres ne sont plus exigées ; c'est le sous-préfet qui charge le maire de la commune de procéder à l'enquête, et sur le vu de cette enquête, il prend, sous forme d'avis, un arrêté qu'il transmet au préfet, pour que ce fonctionnaire statue définitivement (2).

---

(1) A Paris et dans le ressort de la préfecture de police au préfet de police (Voir plus haut n° 6).

(2) Tout ce que nous avons dit au chapitre précédent (Voir n° 61 à 93) aux formalités de l'affichage et de l'enquête s'applique aux établissements de seconde classe.

111. — L'instruction de la demande en autorisation d'un établissement de deuxième classe se poursuit de la même façon que pour les établissements de première classe ; seulement le préfet n'est pas tenu de prendre l'avis du conseil de préfecture ; il statue d'ailleurs dans les mêmes termes que ci-dessus (n° 96). Les voies de recours sont également les mêmes (n° 99).

112.— En règle générale, tout établissement insalubre de première classe doit être éloigné des habitations particulières. (Cons. d'État, 19 février 1875, Girard et Vogt, D. 75, 3, 111.) Mais si, pour la première classe, cette règle est absolue, il appartient au contraire à l'administration d'apprécier, à raison des circonstances, si l'éloignement des habitations particulières doit être exigé pour l'établissement des ateliers de seconde classe.

CHAPITRE IV.

DES ÉTABLISSEMENTS DE TROISIÈME CLASSE

113. — La troisième classe des établissements industriels comprend ceux qui ne sont pas dangereux, mais seulement incommodes. Pour ces derniers, une simple surveillance de police est le plus souvent la seule précaution à prendre, et ce n'est jamais que pour les voisins immédiats qu'ils peuvent présenter des inconvénients, dont l'appréciation appartient aux autorités locales.

114. — C'est le sous-préfet qui est compétent pour autoriser les ateliers de troisième classe ; c'est à lui que les demandes doivent être adressées ; c'est devant lui que les oppositions doivent être faites ; c'est lui seul qui statue, après avoir pris toutefois l'avis de la police locale ; aucune forme particulière d'instruction n'est exigée ; mais, à Paris, où le préfet de police est compétent pour les établissements de troisième classe comme pour les autres, il est d'usage de faire précéder d'une enquête l'arrêté de refus ou d'autorisation. C'est une mesure que nous voudrions voir se généraliser, et nous estimons que si l'enquête n'est pas une formalité nécessaire, en matière d'établissements de troisième classe, c'est une formalité utile dont les sous-préfets ne devraient jamais se priver afin de mieux éclairer leurs décisions.

115. — Les recours contre l'arrêté du sous-préfet, qu'ils viennent du postulant, ou des opposants, doivent être portés d'abord devant le conseil de préfecture, puis en appel devant le conseil d'État.

CHAPITRE V

DES RÈGLES COMMUNES AUX TROIS CLASSES D'ÉTABLISSEMENTS INDUSTRIELS

I. — CHOIX DE L'EMPLACEMENT ET TRANSLATION DE L'USINE

116. — Un industriel, qui a obtenu l'autorisation de former une établissement, ne peut légalement s'en servir que dans le local désigné par l'arrêté d'autorisation. S'il voulait établir son usine sur un autre emplacement l'autorisation serait de nul effet. On conçoit aisément que tel établissement qui n'offrirait aucun inconvénient dans un lieu déterminé pourrait être dangereux, insalubre ou incommode dans un autre ; et puis, il est évident que l'établissement ne peut être formé qu'à l'endroit en vue duquel l'instruction de la demande a eu lieu.

117. — C'est d'après le même principe que le bénéfice de la concession échappe à l'industriel lorsqu'il veut changer le siége de son exploitation. Celui qui veut transférer son atelier d'un lieu dans un autre, doit faire une demande nouvelle, et celle-ci sera soumise aux mêmes formalités d'intruction que la demande originaire, la translation d'un établissement industriel étant considérée avec raison comme un établissement nouveau.

II. — DES CONDITIONS DIVERSES IMPOSÉES AUX AUTORISATIONS

118. — Nous avons vu dans les chapitres précédents (n°s 95 et 109) que les préfets, pour les établissements de première et de seconde classe, les sous-préfets pour ceux de troisième classe, sont compétents pour accorder ou refuser, à leur gré, les autorisations qui doivent leur être demandées. Quoique peu limité, le pouvoir de ces fonctionnaires n'est cependant pas tout à fait arbitraire ; le conseil d'État en a maintes fois tracé les limites par ses décisions, et ces limites elles-mêmes sont assez définies pour qu'il soit possible de poser ici quelques règles générales (1).

119. — Pour accorder ou refuser l'autorisation demandée, l'administration ne doit jamais prendre conseil que des seules exigences de la salubrité et de la sûreté publiques ; les motifs ne peuvent être déduits d'un vice qu'il serait possible de faire disparaître, mais seulement des inconvénients généraux attachés

---

(1) Les conditions d'exploitation particulières à chaque nature d'établissements industriels sont tellement multiples que nous renonçons à les indiquer ici ; le mieux sera toujours pour les connaître d'avoir recours à des hommes compétents en ces matières souvent fort délicates.

soit à la nature de l'établissement projeté, soit à sa situation locale. Dans aucun cas, l'administration ne devra prendre en considération le préjudice que l'établissement projeté pourrait causer à d'autres établissements analogues préexistant dans la commune et auxquels ils pourraient faire concurrence.

120. — L'administration devrait au contraire refuser l'autorisation, lors même qu'il n'y aurait pas eu d'opposition ou que les opposants se seraient désistés, dans les cas suivants ; — 1° Lorsque la situation au centre des habitations agglomérées paraît de nature à compromettre la sûreté, la salubrité ou la commodité des habitants ; — 2° Lorsque l'emplacement choisi par le demandeur se trouve à proximité d'une promenade publique, d'un chemin de fer ou d'une route très fréquentée ; — 3° S'il est reconnu que le local où l'on veut établir la fabrique est trop exigu, et que les dispositions intérieures ou extérieures ne sont pas convenables à la nature d'opérations qui doivent y être pratiquées ; — 4° Lorsque l'atelier serait établi dans une rue étroite et entourée d'édifices plus ou moins remplis de matières faciles à s'enflammer et que les secours seraient difficiles à administrer en cas d'incendie ; — 5° Lorsque les procédés de fabrication n'offrent pas une garantie suffisante d'innocuité ; — 6° Lorsqu'il est reconnu que les émanations infectes qui s'exhalent des établissements, ne seraient point détruites par les procédés du fabricant et que les moyens indiqués pour y remédier sont insuffisants ou inadmissibles ; — 7° Lorsque l'emplacement, destiné aux ateliers, est situé sur les limites d'une place forte, d'un port, ou d'une partie de la ville où de nouvelles constructions s'élèvent et tendent à se multiplier en raison du progrès du commerce et de l'industrie ou de l'extension que prend une ville importante ;

— 8° Lorsque la création de l'usine projetée troublerait la libre exploitation d'une usine déjà établie, alors que l'existence des deux usines serait incompatible, par exemple une teinturerie sur un cours d'eau en amont et près d'un établissement de bains, etc.

121. — L'administration refuse encore l'autorisation, lorsqu'il est reconnu que l'établissement peut nuire à des propriétés voisines, ou à des hospices, salles d'asile, écoles, collèges et autres institutions publiques, à raison de son insalubrité ou du danger d'incendie par son emplacement à proximité ou au centre des habitations. Mais si la jurisprudence du conseil d'État a depuis longtemps consacré cette règle, il faut dire qu'elle y a apporté aussi quelques restrictions. Ainsi, le décret de 1810 dit que les ateliers de la première classe doivent être éloignés des habitations, mais il ne dit pas quel doit être cet éloignement. L'administration exige ordinairement une distance de cinq cents mètres au moins, entre l'établissement de la première classe et les habitations voisines ; mais différentes considérations, entre autres des obstacles matériels placés entre l'établissement et ces habitations, peuvent la diminuer singulièrement. C'est ainsi, notamment qu'une verrerie a été autorisée à quarante mètres des habitations (cons. d'État, 15 déc. 1858).

D'autre part, quoique le bruit causé par certains ateliers soit souvent le seul motif de leur classement, un arrêté du conseil d'État du 3 décembre 1856 a décidé qu'on ne pouvait s'opposer à l'établissement d'une machine à vapeur dans un établissement précédemment autorisé pour le seul motif que : « cette machine facilitant la marche dudit établissement, augmenterait le bruit qu'il cause. »

Enfin, plusieurs fois, le conseil d'État a autorisé la

création d'un établissement même incommode pour les voisins, en raison des ressources qu'il présentait à l'agriculture et au commerce.

122. — Les administrations ne sauraient accueillir les moyens d'opposition articulés contre l'établissement d'une usine, et refuser par suite l'autorisation, s'il est constant que, moyennant certaines précautions imposées à l'entrepreneur, les dangers et les inconvénients de l'exploitation pourraient être facilement combattus et neutralisés. S'il appartient tout d'abord à l'industriel de rechercher les moyens propres à assurer l'innocuité de son établissement pour le voisinage, nous croyons qu'il est également du devoir de l'administration de rechercher, en s'aidant des lumières de la science et de la pratique, les moyens qui permettraient l'exercice de l'industrie, en préservant les voisins des dangers auxquels les travaux peuvent donner lieu. La science indique journellement des procédés de fabrication qui donnent pleine satisfaction aux plaintes fondées des voisins ; ce sont ces procédés qui devront être prescrits de préférence, surtout s'ils sont simples et économiques, car les applications de la science aux arts industriels ne sont vraiment bonnes qu'autant qu'elles peuvent devenir usuelles.

123. — Lorsque l'exploitation de l'établissement projeté n'est autorisée que sous certaines conditions, l'administration ferait bien, selon nous, d'insérer dans tous les arrêtés d'autorisation une restriction en vertu de laquelle le permis d'établissement ne sera acquis qu'après procès-verbal de l'autorité locale ou de son délégué, constatant que l'industriel a ponctuellement exécuté les conditions qui lui ont été imposées.

124.—On comprend que les causes de danger et d'insalubrité peuvent varier à l'infini, et qu'il est impossible d'assigner une limite aux conditions que l'administration jugerait utile de prescrire pour les prévenir ou les annihiler. L'administration pourra donc imposer à l'indusdriel : 1° de s'astreindre à tel genre de fabrication exclusivement, ou de limiter sa fabrication à une quantité déterminée de matières premières ; — 2° de n'opérer que sur certaines quantités à la fois ; — 3° de suspendre les travaux de l'usine à certains jours et à certaines heures, pendant certaines saisons ; — 4° de maintenir l'établissement dans des limites précises, interdisant toute extension ; — 5° des mesures hygiéniques et préservatrices dans l'intérêt des ouvriers employés dans l'établissement.

125. — Si l'administration avait de justes motifs de croire qu'il ne serait pas possible de faire observer les conditions qu'elle reconnait nécessaires d'imposer, elle agirait prudemment en rejetant la demande, car il ne saurait suffire que l'efficacité des mesures à prendre soit démontrée, il faut encore avoir l'assurance qu'elles seront scrupuleusement exécutées et que l'industriel ne pourra ni s'en affranchir ni les éluder.

126. — De ce qu'il existe, depuis plus ou moins longtemps, dans la localité où l'établissement industriel est projeté, d'autres usines classées dans les différentes catégories, il ne s'ensuit pas nécessairement qu'il faille accorder l'autorisation d'en installer une autre. Et en effet, un établissement qui, à le prendre isolement, serait sans danger réel, pourrait fort bien perdre de son innocuité, lorsque les inconvénients qui résultent de son exploitation viendraient s'ajouter aux inconvénients déjà occasionnés par d'autres usines. Cela est surtout vrai, lorsque les établissements existants n'ont pas été assujettis à l'autorisation, comme antérieurs au décret de 1810.

127. — Les préfets ne peuvent pas édicter des pénalités, dans les arrêtés d'autorisation qu'ils délivrent; en cas d'infraction à l'une quelconque des conditions qu'ils imposent, ce sont les tribunaux répressifs qui seuls peuvent le faire le cas échéant. Les préfets ne sauraient davantage imposer au propriétaire de l'établissement qu'ils autorisent, l'obligation de payer une indemnité aux voisins pour le dommage qu'ils pourraient éprouver de l'exploitation de l'établissement.

128. — Lorsqu'un industriel demande à fabriquer, dans une même usine, divers genres de produits, la nocuité d'une partie de l'exploitation projetée ne saurait faire refuser, d'une manière absolue, l'autorisation demandée ; seules les opérations nuisibles doivent êtres interdites. Ainsi, s'il s'agissait d'ériger une fabrique de potasse, de sel de soude et de sous-carbonate de soude, le préfet pourrait, suivant les circonstances, n'autoriser que la fabrique de potasse et rejeter la demande de fabrication des autres produits.

129. — L'administration ne peut imposer aux industriels, qui sollicitent d'elle une autorisation, que des obligations entièrement personnelles ; elle ne saurait donc accorder l'autorisation demandée sous la condition que l'industriel reprendra à son compte l'exploitation d'un établissement voisin opposant, dans le cas où les intérêts de celui-ci seraient lésés par le voisinage de l'usine projetée. Toutefois si le propriétaire et le locataire de l'établissement dont l'exploitation aurait à souffrir du voisinage de la nouvelle usine, étaient d'accord pour céder au demandeur le bail de' cet établissement, l'administration n'aurait pas de raison pour refuser l'autorisation.

130. — L'intérêt des voisins de l'usine projetée ne doit pas être seul pris en considération ; l'administration doit également se préoccuper de l'intérêt des ouvriers qui vont être employés dans la nouvelle usine. De là ces conditions souvent minutieuses, prescrites parfois par les préfets, afin de préserver la santé des ouvriers et d'éviter le plus possible les dangers auxquels leurs professions les expose.

131. — L'autorisation n'est valable que pour les objets qu'elle désigne ; un industriel ne peut donc, sans se pourvoir d'une autorisation nouvelle, exercer dans son établissement une industrie classée autre que celle qui est désignée dans son arrêté d'autorisation. Il ne pourrait pas davantage substituer à un établissement de première classe un atelier de seconde ou de troisième, sous ce faux prétexte que qui peut le plus peut le moins. Enfin, il ne pourrait adjoindre à une usine de première classe, une autre usine de seconde ou de troisième classe, sans autorisation nouvelle.

132. — En accordant une autorisation, l'administration n'a pas à se préoccuper de la question de savoir si la fabrication de tels ou tels produits, pour être fructueuse, emporte nécessairement la fabrication simultanée de tels ou tels autres qui en forment, jusqu'à un certain point, la matière première ; dès lors un industriel autorisé à fabriquer de l'acétate de plomb par exemple, fabrique classée dans la seconde catégorie, fabriquerait à tort l'acide pyroligneux, classée dans la première, sous prétexte que ce dernier produit est la base de la fabrication du second.

133. — L'autorisation est accordée, moins à la personne qui la requiert qu'à l'emplacement sur lequel doit être exploité l'établissement industriel ; il en résulte que cette autorisation est valable pour l'acquéreur de l'établissement,les héritiers ou ayant-cause de celui qui l'a formé. Ainsi l'autorisation est inhérente à la propriété et transmissible, par conséquent, à tous les propriétaires de l'usine.Il n'y a donc pas lieu d'exiger à la retraite ou à la mort du propriétaire d'un établissement, que son successeur se pourvoira personnellement d'une autre autorisation. Ce dernier est libre d'exercer la même industrie que son prédécesseur, pourvu qu'il se conforme aux clauses de l'arrêté d'autorisation, qu'il ne change pas la nature de son industrie et qu'il ne donne pas à ses ateliers une plus grande extension.

Il en serait autrement, cela va sans dire, si, par hasard et par exception, l'acte d'autorisation faisait expressément mention que la concession a été accordée à titre personnel. Mais remarquons que jamais, à notre connaissance, une autorisation a été accordée à titre personnel, et si le fait se produisait, nous n'hésiterions pas à le blâmer énergiquement, car se serait une exception au grand principe que tous les citoyens sont égaux devant la loi.

134. — Il semble, en vertu du même principe, que l'autorisation, refusée à un industriel, ne puisse être accordée à un autre pour exercer la même industrie, dans le même local. Remarquons toutefois que les préfets ou sous-préfets, fonctionnaires compétents pour accorder ou refuser les autorisations, ne statuent qu'en premier ressort, et que si, par exemple, un industriel, se voyant refuser l'autorisation sollicitée, acceptait ce refus sans en référer au conseil d'État, il tenace ou mieux inspiré, portât la question devant le conseil d'État et se vît ainsi autorisé, en appel, à former un établissement dont la création aurait été refusée au premier pétitionnaire.

135. — L'industriel qni veut reconstruire son usine, antérieurement autorisée, n'a pas d'autorisation nouvelle à requérir, si ses constructions nouvelles conservent les proportions et les dispositions primitives. C'est une conséquence du principe que l'autorisation est acquise au local et non à la personne qui l'a demandé.

136. — En vertu de la réserve que contiennent tous les arrêtés d'autorisation, à savoir : « le concessionnaire sera tenu de se conformer à telles autres mesures que l'administration jugerait convenable de lui prescrire pendant l'exploitation, » des conditions nouvelles peuvent toujours être imposées, soit sur l'initiative de l'administration qui a autorisé l'établissement, soit sur les plaintes des voisins ou de l'autorité locale.

Remarquons que c'est à l'autorité qui a accordé l'autorisation que les voisins ou l'autorité locale doivent s'adresser pour obtenir la prescription de conditions nouvelles d'exploitation. Ces conditions ne doivent pas être imposées sans enquête préalable, et l'arrêté qui les prescrit doit être signifié à la partie intéressée, tout comme l'arrêté primitif d'autorisation.

III. — DES AUTORISATIONS LIMITÉES

137. — L'administration ne doit permettre définitivement la formation d'un établissement industriel, au prix de certaines précautions, qu'avec la certitude de leur efficacité pleine et entière ; si elle n'est pas suffisamment édifiée sur les effets d'une industrie nouvelle dont les inconvénients possibles et les procédés ne sont pas encore connus, l'autorisation ne doit être accordée que pour un temps limité (1).

138. — La clause de limitation ne constitue pas un excès de pouvoir et de telle nature qu'elle puisse être réputée non écrite ; l'industriel qui l'a acceptée ne peut ensuite supprimer, de sa seule volonté, la condition déterminante et essentielle de l'autorisation obtenue, et transformer ainsi un titre précaire en un titre définitif. L'industriel peut, il est vrai, se pourvoir, contre la disposition de l'arrêté qui limite à deux ou trois ans l'autorisation qu'on lui accorde ; mais à l'expiration du délai que l'administration peut ainsi fixer dans l'arrêté d'autorisation, de nouvelles conditions, dont l'utilité a été reconnue, peuvent être imposées (cons. d'État, 7 février 1873, Bourgeois) ; — ou bien l'établissement peut être fermé purement et simplement (cons. d'État, 5 mai 1864). Le pouvoir ainsi laissé à l'administration est, on le voit, le même que celui qui lui appartient de se réserver le droit, tout en autorisant un établissement industriel, d'imposer, en cours d'exploitation, les conditions nouvelles que l'intérêt général pourrait exiger (2).

---

(1) C'est ce qui a eu lieu, notamment pour la fabrique d'épuration et de raffinerie du pétrole d'Amérique de MM. Lesourd père et fils, sur le territoire de la commune de Saint-Avertin (Cons. d'État, 15 décembre 1865, D. 66, 3, 66) ; — pour l'exploitation d'un procédé de tannage dont M. Beaudet était l'inventeur et qu'il se proposait d'exploiter à Ivry (Cons. d'État, 19 février 1875) ; — pour la fabrication de cordes harmoniques de M. Grandjon, installée à Paris, rue de Crimée, n° 14 (Cons. d'État, 19 janvier 1877, D. 77, 3, 35.

(2) Cons. d'État, 7 mai 1875, D. 76, 3, 12.

139. — Le conseil d'État n'admet pas qu'une autorisation soit limitée en vue d'une considération étrangère aux inconvénients qui peuvent résulter de l'existence de l'établissement (1). D'après sa jurisprudence, un préfet excéderait ses pouvoirs en ordonnant, même après l'expiration du délai, la fermeture de l'établissement dans le but de ménager les intérêts pécuniaires de l'État, qui se trouverait ainsi dispensé de recourir à l'expropriation (2). Ces délais une fois passés, il n'est plus recevable, à l'expiration du délai imposé, à soutenir que cette disposition est nulle, et que par suite il n'est pas tenu de se pourvoir d'une autorisation nouvelle ; c'est ce qui a été jugé, le 19 janvier 1877 sur la réclamation de M. Grandjon, fabricant de cordes harmoniques rue de Crimée, n° 14, à Paris, et auquel une autorisation nouvelle d'exercer son industrie a été refusée, son usine se trouvant située à proximité de maisons habitées.

140. — Il faut remarquer ici que les autorisations limitées sont à la fois préjudiciables aux industriels qui les obtiennent et au voisinage ; aux industriels, parce qu'elles les entraînent dans des dépenses qu'ils n'ont pas toujours le temps d'amortir ; au voisinage, parce que la courte durée des autorisations ne permet pas d'exiger des garanties aussi complètes et aussi dispendieuses que si l'établissement était appelé à jouir d'une durée indéfinie. Ces autorisations ont encore l'inconvénient pour l'administration de la mettre dans une position délicate et pénible au moment où elles expirent et où le renouvellement est demandé, car elle se trouve alors placée entre les intérêts de l'in-

---

(1) Cons. d'État, 22 avril 1868, D. 69, 3, 60.
(2) Cons. d'État, 26 nov. 1875, D. 76, 3, 41.

dustriel qui a engagé des capitaux plus ou moins considérables et les intérêts nouveaux qui ont pu se créer légitimement dans le voisinage, puisque l'établissement n'y possédait légalement qu'une existence temporaire et à échéance déterminée. Ces observations, présentées, en 1877, par le comité consultatif des arts et manufactures, nous paraissent de nature à déterminer le Conseil d'État à ne sanctionner les clauses de limitation que dans les cas où il s'agit de véritables essais qu'il importe de ne pas décourager, mais sur les conséquences desquels il y a impossibilité de statuer en connaissance de cause.

141. — La loi, qui ne parle pas des autorisations temporaires ou limitées, ne dit pas davantage qu'il faille recourir à une nouvelle enquête à l'expiration du terme de l'autorisation provisoire ; il nous semble pourtant que cette nouvelle enquête est nécessaire et c'est seulement selon ses résultats qu'une nouvelle autorisation temporaire ou une autorisation définitive peut être accordée. L'administration ferait même bien d'ordonner cette enquête trois mois avant l'expiration du terme de l'autorisation provisoire, afin d'éviter, s'il y a lieu, toute interruption dans le travail de l'usine.

142. — Une question délicate peut se présenter en matière d'autorisation provisoire. Si à l'expiration du terme de celle-ci, une nouvelle enquête a lieu, est-ce que celui qui est venu, durant l'exploitation temporaire de l'usine, bâtir dans le voisinage, aurait le droit à l'expiration du terme fixé, de s'opposer au renouvellement temporaire ou définitif de cette autorisation ? — Nous pensons que le droit d'opposition est acquis aux voisins qui sont venus s'établir après la concession de l'autorisation provisoire, comme à ceux qui existaient avant cette concession ; une simple tolérance, sujette à révocation, ne saurait constituer à l'égard de l'industriel, ni des tiers surtout, aucun droit acquis.

143. — Terminons ce chapitre par une observation générale. Dans chaque commune où il existe des établissements industriels classés, l'autorité locale devrait tenir un registre sur lequel seraient inscrites les autorisations accordées. Cela a lieu en vertu d'une circulaire ministérielle que nous avons déjà mentionnée (n° 97) dans beaucoup de localités, mais il nous semble que ces registres devraient être obligatoires et uniformes ; ils contiendraient par exemple, dans des colonnes différentes, les indications suivantes : le numéro du dossier, l'espèce d'usine ou de fabrique, la situation, le nom du propriétaire auquel l'autorisation a été accordée, la date de l'autorisation, la nature des conditions le cas échéant, l'autorité qui a accordé l'autorisation, la durée limitée ou illimitée de l'autorisation, la date à laquelle les travaux doivent cesser, enfin les mutations survenues dans les propriétaires de l'usine et les décisions nouvelles.

IV. — DE LA DÉCHÉANCE DES AUTORISATIONS.

144. — L'autorisation, en vertu de laquelle un établissement industriel classé s'élève, forme entre l'industriel et l'administration une espèce de contrat aux termes duquel celle-ci garantit à celui-là le libre exercice de son industrie tant qu'il remplira les conditions imposées et sauf les réserves stipulées. Ce n'est donc, à notre sens, que pour cause d'utilité publique, tant que l'industriel reste dans les termes du contrat, c'est-à-dire de l'arrêté d'autorisation, que l'exploitation industrielle autorisée pourrait être supprimée et ce moyennant juste et préalable indemnité.

145. — Notre opinion rencontre toutefois des adversaires qui soutiennent que, nonobstant l'observation des règlements et clauses renfermés dans les arrêtés d'autorisation, l'administration a toujours le droit de prononcer la suppression d'un établissement industriel. Cette opinion nous semble inadmissible, car elle érige en principe l'arbitraire en matière industrielle ; l'industrie comme la propriété doit être protégée à titre égal ; et avec une semblable doctrine, l'on aboutirait à l'instabilité si contraire au développement des établissements industriels ; pour qu'une atteinte puisse être portée à une industrie autorisée il faut un grave intérêt général ; si, au nom de cet intérêt, l'administration juge nécessaire de supprimer un établissement qui avait été dûment autorisé sous condition résolutoire, il faut recourir à l'expropriation pour cause d'utilité publique et à la juste et préalable indemnité ; car le bien public, comme dit Montesquieu, n'est jamais que l'on prive un particulier de son bien, ou même qu'on lui en retranche la moindre partie par une loi ou un règlement publics.

146. — Il va sans dire que si l'administration s'était réservé le droit de révoquer l'autorisation sans indemnité, pour cause d'utilité publique, il n'y aurait pas lieu d'indemniser le propriétaire de l'usine. Mais l'administration doit faire, en tous cas, un usage très sobre de cette réserve, une pareille condition étant de nature à paralyser les développements de l'industrie dont l'existence serait ainsi sans cesse menacée.

147. — En pratique, et selon la jurisprudence du Conseil d'Etat, tant que l'industriel reste fidèle observateur des prescriptions qui lui ont été imposées, le bénéfice de son autorisation lui demeure acquis et les autorisations régulièrement obtenues ne peuvent être révoquées que dans deux cas différents: 1° Lorsque des dangers non prévus viennent à se révéler dans le cours de l'exploitation ; — 2° Lorsque, ce qui est le plus fréquent, l'industriel n'exécute pas les conditions imposées dans l'acte d'autorisation.

Dans tous les cas, le retrait ne saurait avoir lieu avant la manifestation de tout inconvénient ou avant la violation des conditions imposées. Ce serait alors un acte de pur arbitraire de la part de l'administration (1).

148. — Lorsque des inconvénients, non prévus par l'autorisation, se sont produits au cours de l'exploitation, l'article 12 du décret de 1810 donne au chef de l'Etat le droit d'ordonner la suppression de l'établissement, mais seulement en vertu d'un décret rendu en conseil d'Etat, après avoir entendu la police locale, pris l'avis du préfet et reçu la défense des manufacturiers et commerçants. Le décret du 25 mars 1852, sur la décentralisation, n'a rien changé à cet état de chose, et le préfet, qui est compétent pour autoriser, serait incompétent pour ordonner la suppression d'un établissement de première classe, en dehors de toute infraction à l'arrêté d'autorisation, et seulement en raison d'inconvénients non prévus, survenus en cours d'exploitation (2).

---

(1) Conseil d'Etat, 16 juillet 1857, S. 58, 2, 506.
(2) Conseil d'Etat, 5 janv. 1854, 25 avril 1855, 26 janvier 1860, 17 janv. 1873.

Ajoutons que le décret ordonnant la suppression ne pourrait être annulé aux contentieux qu'à raison de l'inobservation des formalités prescrites.

149. — L'article 12 du décret de 1810 ne parle que des établissements de première classe ; eux seuls en effet, peuvent être supprimés en cas de graves inconvénients pour la salubrité publique, la culture ou l'intérêt général. Les établissements de seconde et de troisième classe ne présentent jamais d'inconvénients assez graves pour qu'il soit nécessaire de les supprimer définitivement, et vis-à-vis d'eux l'administration n'a d'autre ressource que l'expropriation pour cause d'utilité publique.

150. — Indépendamment du droit de suppression, qui ne peut être exercé qu'à l'égard des établissements de première classe, l'administration a la faculté d'imposer soit à ceux-ci, soit à ceux de deuxième ou de troisième classe, de nouvelles conditions destinées à empêcher les inconvénients qui n'avaient pas été prévus lors de l'autorisation. Cependant pour que l'administration puisse user de cette faculté, il faut, selon nous, que des réserves aient été insérées à cet égard, dans l'arrêté d'autorisation ; en l'absence de toutes réserves, l'administration n'aurait que la ressource de prononcer la suppression si l'établissement était de première classe, ou d'ordonner l'expropriation s'il était de seconde ou de troisième, mais si l'arrêté d'autorisation porte que l'impétrant devra se soumettre aux conditions qui lui seront ultérieurement prescrites, l'administration, en imposant de nouvelles conditions, ne modifie pas le contrat, elle se borne à en réclamer l'exécution.

151. — En résumé, l'autorisation d'établir une

manufacture dangereuse, incommode ou insalubre, sur la foi de laquelle des intérêts considérables sont souvent engagés, ne peut être retirée que dans les cas et dans les formes rigoureusement déterminés par la législation spéciale à la matière. En règle générale, c'est au Conseil de Préfecture, statuant avec toutes les garanties d'une juridiction organisée, et sauf recours au Conseil d'État, qu'il appartient de retirer ou de modifier les arrêtés d'autorisation, sur l'opposition faite par les voisins ; et la jurisprudence a pris soin de sauvegarder le premier degré de juridiction, en interdisant aux intéressés de s'adresser directement au Conseil d'État, par la voie de recours, pour excès de pouvoir (1). Ce n'est que dans des cas exceptionnels, prévus d'ailleurs par l'art. 12 du décret de 1810, qu'il est permis de supprimer des établissements de première classe par la voie purement administrative ; mais alors il est nécessaire de recourir à la forme solennelle d'un décret rendu en Conseil d'État, après que les industriels ont été appelés à présenter leurs défenses ; le décret dit de décentralisation, du 25 mars 1852, n'ayant pas transféré aux préfets le droit de prononcer la suppression des établissements dans les cas prévus par l'art. 12 du décret du 1810.

152. —En dehors des cas exceptionnels prévus par l'art. 12 du décret du 15 octobre 1810, l'administration ne peut revenir sur les autorisations qu'elle a accordées ; la jurisprudence dénie expressément ce droit au préfet, qui ne pourrait valablement rapporter un précédent arrêté d'autorisation (2), refuse également

---

(1) Cons. d'État, 14 janvier et 25 février 1876, Dalloz. 76, 3, 49.
(2) Cons, d'État, 16 juillet 1857, D. 58, 3, 26. — 12 mars 1880, Bras contre Besseix et autres, D. 81, 3, 116.

au ministre toute compétence pour modifier les arrêtés pris en cette matière par les préfets, soit sur la demande des voisins (1), soit sur celle de l'industriel (2).

Malgré cette jurisprudence, les particuliers, auxquels l'exploitation de l'établissement porte préjudice, ne sont pas condamnés à subir les conséquences de l'erreur que le préfet a pu commettre en accordant une autorisation trop facilement ; mais c'est à l'autorité judiciaire qu'ils devront s'adresser. Sans doute, celle-ci ne pourra modifier l'acte administratif; mais elle pourra accorder des dommages-intérêts (3) ou même ordonner la fermeture de l'établissement dans le cas où il aurait été ouvert en violation de titres privés, tels que conventions, servitudes, etc. (4)

153. — Si le préfet est incompétent pour priver l'industriel de l'autorisation dont il a fait un usage légitime, il a, au contraire, des pouvoirs très-étendus pour assurer l'exécution des conditions mises à cette autorisation. Non-seulement il lui appartient de faire surveiller par ses agents le mode d'exploitation de l'établissement, mais une jurisprudence constante lui reconnaît le pouvoir d'en ordonner la fermeture le cas échéant. En ce qui concerne les manufactures de première classe, le préfet ne peut ordonner cette fermeture qu'à titre provisoire, sauf à l'administration supérieure à faire prononcer la suppression définitive de

---

(1) Cons. d'État, 29 décembre 1858, D. 59, 3, 76.
(2) Cons. d'État, 3 décembre 1875, D. 76, 3, 52,
(3) Cass. req. 11 juin 1877 D. 78, 1, 409. — Dijon, 6 mars 1877, D. 78, 2. 250.
(4) Cass. req. 10 juillet 1876 D.,.76, 1, 478

l'établissement dans les formes prescrites par l'art. 12 du décret du 15 octobre 1810 (1).

Pour les établissements de seconde classe, sa décision a un caractère définitif ; mais, comme elle peut non seulement froisser les intérêts, mais léser des droits acquis, elle constitue non un acte de pure administration, contre lequel un recours au ministre par la voie hiérarchique serait seul admissible, mais un acte donnant ouverture à une procédure contentieuse, d'abord devant le ministre, et ensuite devant le Conseil d'État (2).

154. — La fermeture de l'établissement n'a pas le caractère d'une peine, elle est simplement un moyen d'empêcher la continuation des inconvénients résultant pour le public de l'inexécution des conditions imposées à l'exploitation. Il en résulte que non-seulement le préfet ne pourrait la prononcer à raison d'infractions légères et inoffensives, mais encore qu'il ne pourrait maintenir cette mesure, même en présence de fautes plus graves commises par l'industriel, si celui-ci, mis en demeure de se conformer aux conditions imposées, apportait dans la disposition des lieux et dans ses appareils les modifications nécessaires pour rentrer à l'avenir dans des conditions d'exploitation régulières. (3)

155. — Les réclamations des voisins d'un établis-

---

(1) Cons. d'État, 17 janvier 1863, D. 73, 3, 69.

(2) Cons. d'État, 5 janvier 1854, D. 54, 3, 27. — 16 juillet 1857, D. 58, 3, 26 ; — 28 janvier 1864. D. 64, 3, 17 ; — 5 août 1858, D. 69, 3, 61.

(3) Cons. d'État, 14 août 1871, D. 71, 3, 49, — 23 janvier 1874, D. 75, 3, 17. — 3 août 1877, D. 78, 3, 9.

sement dangereux, incommode et insalubre, lorsqu'elles sont fondées sur l'inexécution des conditions auxquelles avait été subordonnée l'autorisation d'exploiter cet établissement, ne peuvent être assimilées à des oppositions à l'ouverture dudit établissement dont il appartiendrait au conseil de préfecture de connaître ; et le préfet n'excède pas ses pouvoirs en accueillant directement ces réclamations et en y faisant droit.

L'industriel qui prétend n'avoir commis aucune infraction aux conditions imposées de nature à motiver la fermeture de son établissement, peut se pourvoir devant le ministre contre l'arrêté préfectoral qui a ordonné cette fermeture, mais il n'est pas recevable à porter directement sa demande devant le conseil d'État. (1)

V — DES CAS OÙ UNE AUTORITATION NOUVELLE EST NÉCESSAIRE

156. — *Rétablissement d'une usine après destruction.* — Lorsque par suite d'un incendie, d'une explosion, ou de tout autre accident résultant des travaux d'exploitation d'une usine, celle-ci a été détruite ou mise momentanément hors d'usage, une nouvelle autorisation est-elle nécessaire pour rétablir ou remettre en activité la fabrique ? — Le décret du 15 octobre 1810 n'a pas prévu le cas du rétablissement d'une usine après destruction ; mais un avis du Conseil d'État du 18 février 1812 a décidé que le principe de non-rétro-

---

(1) Cons. d'État, 12 mars 1880, Bras et Bessière et autres, D. 80, 3, 116.

activité consacré par l'article 11 du décret du 15 octobre 1810, n'était pas applicable à la reconstruction d'un établissement déjà existant lors de la publication du décret ; d'où il suit, selon nous, que le rétablissement d'une usine après destruction partielle ou totale entraîne la nécessité de recourir à une autorisation nouvelle. Il ne serait pas prudent, en effet, de tolérer, sans la faire prédéder d'une instruction nouvelle, la reconstruction d'une usine détruite par suite d'un vice ou d'une négligence dans le service d'exploitation ; l'administration doit s'assurer, dans ce cas, que la reconstruction sera faite dans des conditions telles que les accidents nouveaux ne seraient plus à redouter.

157.—N'exagérons rien toutefois et n'allons pas jusqu'à contraindre l'industriel à se munir d'une nouvelle autorisation, lorsqu'un léger accident est venu seul interrompre momentanément le cours de ses travaux. La nouvelle autorisation nous semblerait encore inutilement requise s'il était reconnu que la destruction partielle ou totale de l'usine n'a pas eu pour cause un vice dans la construction originaire ou le mode de fabrication, mais seulement un cas de force majeure tout à fait indépendant de l'exploitation industrielle elle-même.

158. — *Usine non établie dans les délais prescrits.* — Lorsque les arrêtés d'autorisation prescrivent un certain délai passé lequel l'usine autorisée devra être exploitée, et que l'industriel n'a pas établi sa fabrique dans ce délai, une autorisation nouvelle nous paraît nécessaire. Et, en effet, lorsque l'administration a statué sur la requête qui lui a été présentée et a autorisé l'exploitation d'une usine, l'érection de l'établis-

sement a pu n'offrir aucun inconvénient pour le voisinage,en sera-t-il de même six ou huit mois plus tard ?
Supposons, par exemple, un propriétaire étranger au
voisinage, au moment où l'usine est autorisée, venant
s'installer près de l'usine projetée dans l'ignorance où
il se trouve de la création de cette usine par suite de
la négligence de l'industriel à l'élever, ce propriétaire
ne serait-il pas fondé à venir réclamer contre la construction tardive de l'établissement insalubre, alléguant
que si celui-ci avait été érigé dans les délais prescrits,
il ne serait pas venu s'installer dans son voisinage, et
qu'il lui est causé un préjudice du fait même de l'industriel retardataire ?

159. — Le délai imparti à l'industriel pour mettre
en activité son établissement autorisé, peut toujours
être prolongé, renouvelé sur demande spéciale. Mais
à quel moment le délai doit-il être calculé ? Est-ce
mettre en activité un atelier que de commencer, dans
le délai déterminé, les travaux nécessaires à l'édifi-
cation des bâtiments dans lesquels l'usine doit être
établie? Nous le pensons, encore bien que, en général,
aucune autorisation ne soit nécessaire pour construire
un bâtiment, parce que la construction de celui-ci indique suffisament par ses dispositions et ses proportions le but auquel il est destiné et révèle en quelque sorte à tous les intéressés l'existence prochaine
d'une industrie classée.

160. — Dans le cas où l'exploitation de plusieurs
industries diverses aura été autorisée par un même
arrêté, si l'industriel n'a mis en activité, dans le délai
fixé, qu'une partie des industries autorisées, nous estimons qu'il pourra mettre les autres successivement
en exploitation, même après le délai écoulé, pourvu
toutefois que les industries non encore mises en acti

vité ne soient pas tellement indépendantes des autres qu'elles puissent apporter une aggravation notable à la situation des voisins.

161. — *Interruption des travaux.* — Lorsqu'un établissement industriel a interrompu ses travaux pendant plus de six mois, une autorisation nouvelle est nécessaire pour remettre l'usine en activité. La raison en est simple : l'interruption de travail a pu être prise pour abandon complet, les voisins ont pu être trompés par l'apparence ; il ne faut pas non plus oublier que les établissements autorisés jouissent d'un privilège et que celui-ci n'a raison d'être qu'à raison des avantages que l'industrie procure, le jour où l'usine ne fonctionne plus doit cesser le privilège dont elle bénéficie. D'autre part quelle serait la situation des personnes venues s'installer dans le voisinage des bâtiments de l'usine sur la foi que son exploitation était abandonnée sans retour ? Enfin, durant le chômage prolongé au-delà de six mois, d'autres industriels ont pu former des établissements auxquels la remise en activité de l'ancienne fabrique pourrait devenir très préjudiciable par les inconvénients naturels de celle-ci.

162. — Pour que l'usine autorisée soit ainsi frappée de déchéance, il faut un chômage complet et consécutif de plus de six mois ; si, dans l'intervalle de ce terme, les travaux ont été repris momentanément, la déchéance ne saurait ère prononcée, à moins toutefois que ces reprises des travaux ne soient pas sérieuses et ne paraissent manifestement entreprises que dans le but unique de conserver le privilège attaché à l'établissement.

163. — Il peut arriver que très peu de semaines

après la mise en activité d'une usine, l'industriel juge
à propos d'arrêter immédiatement tout travail, d'enlever son matériel et son outillage, et de le transporter ailleurs. Dans ce cas, bien que le mobilier industriel ait été enlevé, il n'y a pas, à proprement parler,
suppression de l'établissement, et cet enlèvement
n'implique pas nécessairement renonciation de la part
du propriétaire au bénéfice de l'autorisation qu'il a
obtenue. Dès lors, il n'aura pas besoin d'autorisation
nouvelle pour remettre l'usine en activité, pourvu que
l'interruption n'ait pas duré plus de six mois. Bien
plus, si le propriétaire a vendu les bâtiments de son
usine, dépourvus de leur agencement industriel, rien
n'empêchera à l'acquéreur de remettre en exploitation
la même industrie, avant l'expiration des six mois, et
sans nouvelle autorisation ; l'ancienne suffira puis-
quelle n'est pas accordée à la personne qui l'a sollicitée mais bien au genre d'industrie qui est exploité.

164. — Devrait être encore dispensé d'une autorisation nouvelle pour reprendre ses travaux, le fabricant qui ne les aurait interrompus pendant plus de
six mois que pour obéir à une décision administrative
ou judiciaire ; ou bien qui éprouverait un retard dans
la réception de machines commandées ou de matières
premières demandées soit dans le pays, soit à l'étranger ; c'est un cas de force majeure dont l'industriel ne
saurait être responsable, alors surtout qu'il apporte
déjà un préjudice sérieux à ses intérêts. Pour enlever
d'ailleurs tout prétexte à des réclamations de déchéance pour interruption des travaux pendant plus
de six mois, l'industriel pourrait toujours, selon nous,
faire connaître aux intéressés, par voie d'affiches, que
le chômage de l'usine est forcé et ne saurait être considéré comme un abandon de privilège accordé.

165. — Dans les cas où une autorisation nouvelle est nécessaire, c'est à l'autorité qui avait répondu la première demande qui est compétente pour statuer sur la seconde ; la même procédure est suivie, et l'administration reste, après l'enquête, maîtresse absolue de refuser ou d'accorder la nouvelle autorisation sollicitée.

166.—Lorsqu'une usine autorisée a chômé complètement pendant plus de six mois, la déchéance de l'autorisation est acquise de plein droit ; l'administration n'a pas à la proclamer, elle se contentera d'exiger une autorisation nouvelle en cas de remise en activité de l'usine. Mais, si des tiers intéressés, constatant le chômage de l'usine, l'interruption des travaux pendant plus de six mois, veulent en profiter pour faire déchoir l'industriel de son autorisation, ils doivent s'adresser à l'administration qui après avoir fait vérifier l'exactitude des faits allégués, prononce la déchéance ou rejette la demande des tiers. Dans le cas où la déchéance serait ainsi prononcée par l'administration, non de son propre mouvement, mais à la demande des tiers, cette déchéance doit être constatée par une décision portée à la connaissance de l'industriel, afin qu'il puisse recourir, si bon lui semble, à la voie de l'appel devant l'administration supérieure.

167. *Addition de nature à changer l'établissement.* — Lorsqu'un industriel apporte dans son usine autorisée un changement notable, une nouvelle autorisation est encore nécessaire pour consacrer cette innovation. Les nouveaux procédés employés peuvent, en effet, être plus nuisibles ou plus dangereux que les anciens, et l'administration doit intervenir pour s'assurer qu'ils n'aggravent pas les charges du voisinage et ne compromettent ni la salubrité ni la sûreté publique.

168. — Il est assez difficile de préciser quelles sont les modifications apportées dans une usine qui sont de nature à rendre nécessaire une nouvelle autorisation. Voici toutefois quelques exemples : le remplacement des presses muettes, dans une fabrique d'huile par le système de pilons à coins ; la combinaison de corps gras, dans une usine à gaz, avec la houille dont l'emploi aurait été seul autorisé ; l'introduction dans une usine, d'une machine à vapeur alors qu'il n'en existait pas ; la substitution du galipot à la cire, pour la fabrication des bougies ; l'emploi du chlore et des chlorures, pour le blanchiment des fils et toiles de lin, au lieu de faire blanchir à la simple lessive et sur le pré ; l'abandon des appareils fumivores pour brûler la fumée, etc., etc. En résumé tout changement dans le régime d'une usine : substitution dans les matières premières, changement dans les procédés de fabrication, emploi de moyens mécaniques nouveaux ; tout changement, pourvu qu'il soit de nature à accroître le danger, l'insalubrité ou l'incommodité de l'usine, appelle nécessairement une autorisation nouvelle de l'administration.

169. — Une nouvelle autorisation est encore nécessaire pour donner à une usine une assez forte extension, c'est-à-dire pour augmenter le nombre des appareils employés, agrandir les bâtiments servant à l'exploitation, fabriquer une plus grande quantité de produits. Ainsi une autorisation nouvelle est nécessaire pour déposer dans un magasin une plus grande quantité de matières inflammables que celle indiquée dans l'autorisation ; pour augmenter le nombre des meules dans un moulin, des fosses dans une tannerie, des chaudières dans une fabrique de chandelles, pour prolonger ou modifier les heures de travail au-delà ou en dehors du temps prescrit par l'autorisation.

170. — Si une autorisation nouvelle est nécessaire lorsque l'industriel étend les procédés de son usine sans en modifier le caractère, elle est plus indispensable encore lorsque l'extension donnée à l'établissement le fait passer d'une classe dans une autre ; ainsi par exemple, la conversion d'une fabrique d'arséniate de potasse quand les vapeurs sont absorbées (2ᵉ classe), en une fabrique de même produit quand les vapeurs ne sont pas absorbées (1ʳᵉ clasc) ; la conversion d'un atelier de soies de porc sans fermentation (2ᵉ classe) en un atelier de même produit par fermentation (1ʳᵉ classe) ; etc.

171. — Lorsqu'une usine est activée par un moteur hydraulique et que l'industriel veut remplacer celui-ci, une autorisation nouvelle est-elle nécessaire ? Nous pensons quelle est inutile, puisque l'installation d'une machine à vapeur dans une usine, n'est plus aujourd'hui assujettie à la formalité de l'autorisation préalable et qu'il suffit, en vertu du décret du 30 avril 1880 (art. 12), d'une simple déclaration au préfet avant la mise en activité de l'appareil à vapeur (1).

172. — Les demandes en autorisation pour donner de l'extension, modifier les dispositions des appareils ou les procédés de fabrication, sont soumises aux mêmes formalités que les demandes pour l'érection des établissements. De nouveaux plans ne doivent pas toutefois être produits lorsqu'il ne s'agit que de changer les procédés de fabrication ; la description de ceux-ci est suffisante.

____

(1) Voir au surplus notre *Code des machines à vapeur*, historique et commentaire du décret du 30 avril 1848. — Paris, Pedone-Lauriel, 1881, vol. in-18. Prix 1 fr. 50.

CHAPITRE VI

DES ÉTABLISSEMENTS ANTÉRIEURS AU DÉCRET
DU 15 OCTOBRE 1810

173. — En créant une législation spéciale pour
les établissements industriels dangereux, insalubres
ou incommodes, Napoléon Ier n'a pas entendu porter
atteinte aux droits acquis, et ce n'est pas au lendemain
de la promulgation du code civil dont l'article 2
portait : « La loi ne dispose que pour l'avenir, elle n'a
point d'effet rétroactif » qu'il était possible d'admettre
que le décret du 15 octobre 1810 rétroagirait sur le
passé. Tout effet rétroactif a donc été, avec raison,
refusé au décret de 1810, et tous les établissements
industriels alors en exploitation ont pu subsister,
quelques-uns mêmes subsistent encore, et restent
soumis aux lois qui les régissaient alors. Il fallait toutefois que ces établissements fussent en activité à la
date du 9 octobre 1810, il n'eût pas suffi qu'ils fussent
projetés, ni même que les constructions fussent ache-
vées et le matériel mis en place, la mise en activité
seule pouvait conférer un droit acquis.

174. — Ce droit acquis n'existe bien entendu que
pour les établissements restés dans les limites de leur
création, et le propriétaire n'a pu, par la suite, sous
l'empire du décret de 1810, donner à son usine de
l'extension ni la transférer ailleurs, sans une autorisation préalable, encore bien qu'elle fût transférée
dans une maison contiguë, ou au devant d'une maison
au fond d'une cour faisant partie de la même propriété
(Conseil d'Etat, 17 novembre 1819 et 17 août 1825),

175. — Ce sont les industriels qui doivent, en cas de contestation, justifier que leurs ateliers existent légalement, c'est-à-dire qu'ils sont antérieurs au décret du 15 octobre 1810, qu'ils étaient en activité à cette date et qu'ils n'ont jamais cessé de l'être, pendant plus de six mois, depuis cette époque. Toute usine pour laquelle on ne peut exhiber une autorisation, est censée avoir été établie illégalement, et c'est à son propriétaire qu'il appartient d'établir l'antériorité de sa fabrique. S'il en était autrement, la loi serait facilement éludée dans beaucoup de cas, car celui qui aurait négligé de se munir d'une autorisation, n'aurait qu'à prétendre que son usine possède une origine antérieure au décret du 15 octobre 1810.

176. — C'est l'autorité administrative et non l'autorité judiciaire (1) qui nous paraît compétente pour statuer sur les articulations d'antériorité et d'activité d'un établissement industriel classé. Pour arriver à prouver l'antériorité d'une usine, aucune voie n'est interdite et tous les moyens de preuve sont nécessairement admissibles. Les tiers pourraient s'opposer aux décisions administratives qui statueraient sur ces questions d'antériorité ; ils se pourvoiraient comme en matière de rejet ou de concession d'une demande en autorisation.

177. — Si le décret de 1810 a reconnu le droit d'exister aux établissements industriels classés alors en activité, ce même décret contient toutefois une réserve pour le cas où il deviendrait nécessaire d'appliquer la législation nouvelle même aux établisse-

---

(1) Opinion de M. Avisse, dans son ouvrage sur les établissements dangereux, insalubres ou incommodes.

ments anciens. Tel est le but de l'article 12 ainsi conçu :
« En cas de graves inconvénients, pour la salubrité publique, la culture et l'intérêt général, les fabriques ou ateliers de première classe qui les causent pourront être supprimés en vertu d'un décret en conseil d'Etat, après avoir entendu la police locale, pris l'avis du préfet et reçu la défense des manufacturiers et fabricants. » Mais, comme on le voit, cet article ne vise que des établissements de première classe. (Conseil d'Etat, 21 juillet 1858), et pour les autres il nous semble, comme nous l'avons déjà dit (n° 149), que leur fermeture n'est possible que par mesure d'expropriation pour cause d'utilité publique, c'est-à-dire au prix d'une indemnité envers le propriétaire.

178. — L'article 12 doit-il être restreint cependant aux établissements antérieurs à 1810; ne peut-on l'étendre même aux établissements régis par le décret du 15 octobre, et soutenir que le gouvernement après les avoir autorisés dans une forme légale, conserve toujours le droit de les supprimer? Les industriels s'appuyant sur le texte même de l'article 12, ont vivement combattu cette extension donnée à l'article 12, mais le conseil d'Etat a refusé d'admettre leurs réclamations, pensant avec raison que l'administration ne peut abdiquer entièrement ses droits, quelles que soit d'ailleurs les garanties et les formalités dont l'acte d'autorisation a été entouré (1).

179. — Remarquons que ce droit de suppression n'est accordé qu'au gouvernement, qui doit prendre l'avis du conseil d'État, et que le préfet ne pourrait l'exercer sans excéder ses pouvoirs, le décret de 1852

---

(1) Décisions des 26 mai 1842, 10 janvier 1845, 5 janvier 1850, 5 janvier 1854.

sur la décentralisation ne lui ayant donné que le droit d'autoriser les établissements de première classe et non celui de les supprimer. Cependant le préfet, même à cet égard, possède une certaine autorité; il peut prendre, à l'égard des établissements dangereux et insalubres, toutes les mesures de police qu'il juge nécessaires, pourvu qu'elles soient provisoires (loi des 16-24 août 1790 et arrêts du 26 messidor an VIII), et dans ces mesures, le conseil d'État a toujours compris la suspension d'un établissement industriel jusqu'à plus ample informé par l'autorité supérieure (1).

180. — La fermeture de l'établissement une fois prononcée, le préfet doit en référer au ministre, qui propose au conseil d'État, s'il y a lieu, l'application de l'article 12 du décret du 15 octobre 1810. La décision ministérielle intervenant dans cette circonstance n'a rien de contentieux, et le conseil d'État n'a jamais voulu admettre contre elle un recours introduit autrement que par la voie administrative (2).

181. — Lorsque les tiers sont vivement incommodés par un établissement voisin, ils ont généralement recours à ce pouvoir de suspension conféré au préfet. Celui-ci envoie ensuite au ministre la demande qui lui a été présentée pour être transmise au conseil d'État; mais si le ministre refuse d'y donner suite, les pétitionnaires ont encore une autre voie : ils peuvent adresser une requête directement au conseil d'État, pour être instruite dans la forme ordinaire.

182. — Quant à ce qui concerne le recours contre

---

(1) Décisions des 26 mai 1842, 13 juin 1845, 26 avril 1855, 22 janvier 1857.

(2) Décision du 10 janvier 1845.

l'arrêté par lequel le préfet prend ou refuse de prendre les mesures de police qu'on lui demande, l'industriel lésé ou les tiers mécontents doivent s'adresser d'abord au ministre avant de porter leurs réclamations devant le conseil d'État ; la législation de 1810 n'est pas ici applicable, puisque ce n'est pas en vertu de cette législation qu'on agit en cette matière. On rentre dans le droit commun en matière de recours administratif (1).

183. — Le décret rendu en conseil d'État et prononçant la suppression d'un établissement est un acte administratif, et comme tel non susceptible de recours par la voie contentieuse, à moins qu'il puisse être attaqué en la forme seulement et pour inexécution des formalités exigées. Dans ce dernier cas, le conseil d'État réserve le fonds et l'administration conserve le droit de faire procéder à une instruction plus régulière (2).

184. — En résumé, la législation qui concerne les établissements industriels classés antérieurs à 1810 est tout entière renfermée dans ces deux droits réservés à l'administration : 1° pouvoir du gouvernement de les supprimer par un décret rendu en conseil d'État, en cas de graves inconvénients ; 2° pouvoir pour le préfet de les suspendre, sauf à en référer immédiatement au ministre, et de prendre à leur égard toutes les mesures de police qu'il juge nécessaires.

---

(1) Avis ministériel donné dans une instruction devant le conseil d'État du 22 janvier 1857.

(2) Décision du 5 janvier 1850.

CHAPITRE VII

DES ÉTABLISSEMENTS NON CLASSÉS

185. — Quel que fût le soin apporté par l'administration, lors de la rédaction du décret du 15 octobre 1810, à s'enquérir des établissements qui ne devaient pas pouvoir être érigés sans autorisation préalable, et par suite inscrits dans le tableau annexé à ce règlement, il était impossible que cette liste fût complète. D'autre part, le temps et le progrès incessant des sciences et des arts ont donné et donnent chaque jour naissance à des industries nouvelles, qui par le danger, l'insalubrité ou l'incommodité qu'elles présentent, doivent nécessairement rentrer dans une des trois catégories établies par la loi. Ainsi le décret du 15 octobre 1810 ne classait que 69 industries dangereuses, insalubres ou incommodes. Cinq ans plus tard, l'ordonnance du 14 janvier 1815 en comptait déjà 135, et le décret du 31 décembre 1866 révisant tous les tableaux antérieurs classait 398 établissements ; aujourd'hui, avec les adjonctions faites au tableau de 1866, le nombre des établissements classés dépasse le chiffre de 420 ; et chaque année on ne peut manquer d'en classer de nouveaux ; combien de lacunes encore ! Les progrès de l'industrie sont tels que les industries nouvelles naissent chaque jour, que les procédés employés dans les industries anciennes se transforment, et ces innovations, ces transformations appellent l'attention de l'administration, qui classe ou déclasse de nouveaux établissements, selon que les dangers de ces établissements s'accroissent ou diminuent.

186. — Les découvertes industrielles se suivent à de si courts intervalles, que les classements faits par le gouvernement ne sauraient suffire, et que l'on a dû laisser aux préfets une certaine initiative et un certain arbitraire à l'égard des industries nouvelles. L'article 5 de l'ordonnance du 14 janvier 1815 a d'ailleurs permis aux préfets d'autoriser les établissements non classés qu'ils penseraient susceptibles d'être rangés dans la seconde ou la troisième classe, sauf à en référer à l'autorité supérieure. En 1815, les préfets n'avaient pas le droit d'autoriser les établissements de première classe ; et lorsque le décret du 25 mars 1852 leur a conféré ce droit, on aurait pu penser qu'il leur était donné pour les établissements d'industrie nouvelle, comme pour les établissements déjà classés. Cependant, cette interprétation n'a pas été admise, et une circulaire du 15 décembre 1852 trace aux préfets les règles qu'ils devront suivre à l'égard des établissements industriels non classés. Pour les ateliers qu'ils penseront susceptibles d'être rangés dans la seconde ou la troisième classe, dit cette circulaire, les préfets pourront accorder les autorisations demandées, sauf à en référer au ministre ; mais pour ceux qui seront susceptibles d'être rangés dans la première classe, ils devront transmettre l'instruction au ministre compétent, qui provoquera un décret.

178. — Le recours contre l'arrêté du préfet refusant d'autoriser la création d'un établissement industriel non encore classé, ainsi que les oppositions des tiers à l'arrêté d'autorisation pris par le préfet, doivent être portés devant les autorités instituées pour en connaître par le décret de 1810 et l'ordonnance de 1815 (1) ;

---

(1) Décision du conseil d'État du 26 avril 1855.

c'est le conseil d'État dans le premier cas, le conseil de préfecture, sauf recours au conseil d'État dans le second. Pour les réclamations à élever contre le décret intervenu sur une demande en autorisation d'un atelier susceptible d'être rangé dans la première classe, on doit encore appliquer les dispositions du décret de 1810, puisqu'il n'y a pas eu décentralisation, et ces réclamations seront portées devant la section contentieuse du conseil d'État. Enfin, le recours contre un arrêté par lequel un préfet aurait suspendu un établissement non classé, construit sans autorisation, serait, conformément au droit commun, porté devant le ministre compétent (1).

188. — Nous venons de voir que les préfets ou le gouvernement peuvent seuls intervenir pour autoriser l'exploitation des industries non classées ; les règlements qui seraient pris en cette matière par les administrations municipales nous paraîtraient illégales. Le droit de faire des règlements sur les établissements industriels n'appartient qu'à l'autorité supérieure, car dans une matière qui touche de si près au droit de propriété et à la liberté de l'industrie, il ne pouvait entrer dans les intentions du législateur de laisser résoudre des questions aussi importantes par les autorités communales. Il faut toutefois reconnaître que si les municipalités n'ont pas le pouvoir d'ordonner, par voie de règlement, que certaines usines non classées pourront être fermées ou déplacées sans autorisation préalable, elles peuvent du moins, en cas de danger imminent, prendre instantanément les mesures que commandent la sûreté ou la salubrité publiques.

---

(1) Décisions du conseil d'État des 5 septembre 1841 et 2 janvier 1848.

CHAPITRE VIII

DE LA SURVEILLANCE ADMINISTRATIVE.

189. — Les garanties établies dans l'intérêt de la salubrité et de la sûreté publiques eussent été insuffisantes, si le législateur s'était contenté d'ordonner que les établissements industriels dangereux, insalubres ou incommodes ne pourraient être créés sans autorisation préalable. Il était nécessaire, dans le système consacré par la législation en cette matière, que ces ateliers, une fois autorisés, restassent sous la surveillance de l'administration. L'autorisation n'étant généralement accordée que sous certaines conditions, les règlements généraux imposant d'autre part certaines obligations aux industriels, il fallait que l'administration fût mise à même de constater et de faire cesser les infractions aux prescriptions de ces règlements ou des arrêtés d'autorisation.

190. — Le législateur a pourtant omis d'indiquer expressément quelle autorité doit être chargée de la surveillance des établissements industriels classés ; mais le conseil d'État, suppléant à cette lacune, a depuis longtemps décidé que c'est aux préfets qu'appartient le droit de prendre toutes les mesures nécessaires pour assurer les prescriptions relatives aux établissements classés, puisque c'est à ces fonctionnaires que la loi du 22 décembre 1789 (art. 2, § 3) a confié le

maintien de la salubrité, de la sûreté et de la tranquil-
lité publique (1).

191. — Les préfets ont ainsi le droit de prendre les
mesures nécessaires pour faire cesser les contraventions commises par les industriels dans l'exploitation
de leurs usines. Ces contraventions consistent, par
exemple, à ériger, sans autorisation préalable, un des
établissements classés ; — à maintenir en activité,
sans une nouvelle autorisation, un établissement au-
delà du terme fixé ; — à ne pas se conformer aux réserves et conditions stipulées dans l'acte d'autorisation ; — à remettre en activité, sans permission, une
usine détruite, ou mise momentanément hors d'usage,
par suite d'un incendie ou de tout autre accident ; —
à établir, sans une nouvelle autorisation, une fabrique
après le délai fixé dans l'arrêté d'autorisation ; —
à remettre en exploitation un établissement qui a
chômé pendant plus de six mois ; — à introduire, sans
autorisation, un changement notable dans la nature
du procédé de fabrication ; — à transférer, sans permission, un établissement dans un autre emplacement;
etc, etc. L'une ou l'autre de ces contraventions peut
entraîner la suspension ou la suppression de l'usine.

192. — Quelle que soit la classe à laquelle appartient l'établissement, le préfet est compétent pour re-
lever les contraventions et les poursuivre; et l'arrêté
qu'il prendra pour les réprimer pourra être déféré au
ministre d'abord, puis au conseil d'État; il ne pourrait
l'être directement devant ce conseil comme au cas de
recours contre un arrêté relatif à une demande en autorisation (2).

---

(1) Décision du 28 janvier 1864. Delmas.

(2) Décisions des 27 août 1840, Castillon et 28 janvier 1864. Delmas,

193. — Quant à la nature des mesures qui doivent être prises, c'est au préfet à la déterminer suivant les circonstances ; il pourra commencer par enjoindre à l'industriel de se conformer aux prescriptions de la loi ou de l'arrêté d'autorisation, mais il a aussi le droit d'ordonner même la fermeture de l'atelier. Toutefois, la suspension des travaux d'une usine est une mesure grave, à laquelle les préfets ne devront recourir qu'avec beaucoup de réserve, et ce n'est qu'après avoir épuisé tous les autres moyens de persuasion ou de coërcition qu'ils devront prendre cette mesure extrême.

194. — S'il importe de ne pas entraver les développements de l'industrie par des mesures restrictives et tracassières, il n'importe pas moins à la sûreté, à la salubrité et à la commodité publiques, que tout établissement industriel autorisé demeure constamment sous la surveillance active de l'administration. Il ne suffit pas que les arrêtés d'autorisation contiennent des prescriptions sages, il faut que celles-ci soient scrupuleusement et constamment observées. Nous devons reconnaître que ces prescriptions sont souvent trop négligées ; après avoir plus ou moins obéi pendant un temps plus ou moins long aux conditions d'exploitation qui lui ont été imposées dans son arrêté d'autorisation, l'industriel se relâche de ses précautions ; l'administration lui a indiqué les moyens de remédier aux dangers ou à l'insalubrité de son usine, mais l'exécution conciencieuse de ces mesures lui paraît onéreuse ou gênante ; il les néglige et ne prend aucun souci des dommages auxquels l'exercice de son industrie peut donner lieu. C'est alors que les plaintes des voisins s'élèvent contre l'industriel, et ce n'est qu'après des dommages réels que ces plaintes arrivent à la connaissance de l'administration. C'est là une situation déplorable dont l'administration est responsable, car sa vigilance n'est pas suffisamment active ; les maires et commissaires de police négligent trop souvent la police des établissements industriels classés ; et nous qui préférons toujours les mesures préventives à celles qui sont répressives, nous voudrions que l'on créât, dans chaque département, une inspection des établissements insalubres et dangereux. La surveillance de ces établissements ne sera sérieuse qu'à cette condition. L'inspecteur veillerait constamment à ce qu'aucun établissement classé ne pût être érigé sans une autorisation préalable, et s'assurerait que les conditions imposées aux industriels autorisés fussent fidèlement observées ; il veillerait à la stricte observation des mesures prescrites ; ses visites, faites à l'improviste et à des époques indéterminées, seraient fréquentes et minutieuses ; son contrôle imposerait enfin à la négligence et à la mauvaise foi. Des ingénieurs-chimistes pourraient être de préférence chargés de ce service, et se tiendraient en rapport avec les conseils départementaux d'hygiène et de salubrité (1).

---

(1) A Paris, et dans le ressort de la préfecture de la Seine, il existe déjà, depuis quelques années, huit inspecteurs chargés de la surveillance des établissements industriels classés.

Ces inspecteurs sont nommés à la suite d'un concours dont le programme comprend : une composition écrite, sur un sujet donné par le jury d'examen, sujet se rapportant aux fonctions que les candidats sont appelés à remplir ; et un examen oral, qui roule : sur la législation relative aux établissements classés, sur les procédés de fabrication employés par les diverses industries, sur les inconvénients auxquels ces industries donnent naissance, et, enfin, sur les moyens scientifiques propres à combattre ces inconvénients.

La variété des produits employés et la multiplicité des procédés de fabrication mis en œuvre par les industriels, exigent, de la part de ceux qui sont chargés d'exercer le contrôle, des connaissances très variées et nullement superficielles. — Ce ne sont pas seulement les

195. — Dans le cas où l'administration est informée qu'un établissement classé est exploité sans avoir été préalablement autorisé, nous ne croyons pas qu'il soit de son devoir d'ordonner de suite la fermeture de cette usine ; car si l'innocuité de l'établissement est évidente, si les voisins ne se plaignent pas du voisinage de l'atelier, et il y a mille raisons pour ne pas faire fermer l'établissement, une semblable mesure n'aboutirait, en effet, qu'à ruiner sans nécessité l'industriel et à priver les ouvriers employés des salaires sur lesquels ils comptent. Dans ce cas, le préfet doit, ce nous semble, se borner à inviter le propriétaire de l'usine à régulariser sa position, en demandant l'autorisation de maintenir son exploitation. Mais si la fabrique présente des inconvénients sérieux, il est évident que le préfet doit interdire sur le champ la continuation des travaux, ou tout au moins forcer l'industriel à modifier les conditions de sa fabrication. Il nous paraît inutile d'ajouter que celui qui a formé un établissement sans autorisation, ne peut réclamer aucune indemnité, si la suppression de son usine vient à être ordonnée par l'autorité administrative.

---

intérêts du voisinage qu'ils sont chargés de protéger, mais aussi la vie des ouvriers. — Aussi, comme il est facile d'en juger par l'étendue et la nature des connaissances requises, l'examen est des plus sérieux ; il garantit, à tous les points de vue, l'excellence du recrutement.

Ce qui existe dans le département de la Seine pourrait être généralisé, et des inspecteurs devraient exister dans chaque département en nombre suffisant pour assurer la surveillance efficace des établissements dangereux, insalubres ou incommodes.

Mais la grande difficulté consiste dans la création d'un personnel assez nombreux. Dans le département de la Seine, les huit inspecteurs ont actuellement à surveiller 5,022 établissements, plus 3,261 débits d'huile minérale ; de sorte que chaque inspecteur a plus d'un millier d'établissements à inspecter ; ce qui est beaucoup trop.

Le conseil général de la Seine vient, tout récemment, de décider l'augmentation du nombre des inspecteurs chargés de la surveillance des établissements industriels classés.

196. — En dehors des pouvoirs confiés aux préfets en matière de surveillance des établissements industriels classés, il ne faut pas oublier ceux que possèdent les maires, qui, chargés d'assurer l'exécution des mesures ou décisions prises par l'autorité supérieure, ont compétence pour exiger, par exemple, l'observation des prescriptions imposées par les arrêtés d'autorisation. L'autorité municipale aurait également le droit de s'opposer à la création d'établissements qui n'auraient pas été autorisés, ou à l'exploitation de ceux qui ne se trouveraient plus dans les conditions nécessaires pour que leur existence fût régulière. Mais un maire ne pourrait, à notre avis, prendre une mesure de police ayant pour effet de modifier d'une façon quelconque le régime auquel un établissement industriel a été soumis. « L'autorité municipale, dit un arrêt de cassation (Ch. crim.) du 25 novembre 1853, commet un excès de pouvoir et entreprend sur les attributions de l'autorité supérieure en prenant des arrêtés sur les objets réglés par les préfets relativement à la police des établissements classés ; par ces arrêtés, elle porterait atteinte à l'existence et au régime de ces ateliers; l'autorité municipale doit veiller à l'exécution des mesures de police prises par l'administration supérieure pour assurer la salubrité publique et dresser des procès-verbaux de contravention à ces mesures ou s'adresser à l'administration pour solliciter de nouvelles mesures dans le cas où celles prescrites seraient insuffisantes (1) ».

197. — Un arrêt de cassation du 18 août 1862, a, au contraire, accordé aux maires un pouvoir plus étendu : « Le décret de 1810, a-t-il dit, n'a nullement

---

(1) Un arrêt de cassation du 1er juin 1855, affaire Coquelle, *Sirey*, 1855, 1, 612, consacre le même principe.

restreint le pouvoir attribué à l'autorité municipale de prévenir par les mesures qu'elle juge devoir édicter, sauf réformation de l'autorité supérieure, les dangers que l'exploitation des établissements classés peut présenter pour la salubrité publique; il suffit, pour que ces mesures soient obligatoires, qu'elle n'apporte aucun empêchement réel à la libre et entière exploitation de l'usine qui les rend nécessaires...» Ainsi il a été jugé que le propriétaire d'une tannerie, autorisée par arrêté préfectoral, n'a pas le droit de faire laver dans un cours d'eau des peaux répandant une odeur nuisible et infecte, alors qu'un règlement municipal, dont la légalité est reconnue par l'autorité judiciaire, défend de jeter dans les eaux de ce cours d'eau des matières susceptibles de les corrompre. L'usinier soutiendrait en vain qu'il a toujours usé de ce droit et que le préfet le lui a reconnu implicitement en rendant un arrêté qui a autorisé le maintien de son usine (1).

198. — Cette jurisprudence nous a toujours paru conférer à l'autorité municipale des pouvoirs trop étendus en la matière qui nous occupe ; et nous préférerons de beaucoup la doctrine de la cour de cassation dans ses arrêts postérieurs. Nous lisons en effet, dans un arrêt du 7 février 1863 (Blanchard): «que si l'autorité supérieure tient du décret de 1810 d'autoriser et de réglementer les établissements classés dans leur mode d'exploitation, l'autorité municipale conserve le droit de prendre des mesures nécessaires pour assurer la propreté et la salubrité des voies publiques et d'y assujettir les propriétaires des établissements autorisés contre tous les autres habitants ; si l'usine, ajoute

----

(1) Arrêt de février 1874, M. Aupoix, tanneur à Chauvigny (Vienne), *Dalloz*, 75, 5, 282.

l'arrêt, ne relève que de l'autorité préfectorale comme établissement insalubre, elle ne cesse pas pour cela, comme habitation, d'être soumise aux prescriptions des arrêtés municipaux. » Cette distinction est assurément fort juste, ce n'est qu'autant qu'elle touche au régime de l'usine que la mesure prise par l'autorité municipale nous semble illégale ; aussi est-ce à bon droit, selon nous, que la cour de cassation a décidé, le 15 mars 1861 (Hennecart et Ruel) qu'un arrêté municipal interdisait valablement « l'usage insalubre des fosses d'aisances situées sur une rivière et dépendantes d'une usine autorisée, dans l'espèce, la papeterie d'Echarçon, sur la rivière d'Essonnes, cette mesure de police et de salubrité ne portant en rien atteinte au mode d'établisement, d'exercice et d'exploitation de l'usine autorisée. »

199. — Le maire a même le droit d'imposer aux établissements autorisés des conditions spéciales, quand ces conditions sont justifiées par la nécessité d'assurer la sûreté du public, et n'ont pas pour but de réglementer l'exercice d'une industrie. Ainsi l'arrêté municipal, qui défend de laisser couler, dans les rues et ruisseaux de la ville, des eaux infectes, ou de les conserver dans les habitations plus de vingt-quatre heures, autrement que dans des cuves ou tonneaux hermétiquement fermés, et de laisser couler, par des éviers, conduits ou ruisseaux des eaux grasses, sales et du sang, venant de l'intérieur des habitations, est applicable aussi bien au propriétaire d'une tannerie autorisée, qu'à tous autres usiniers ou habitants de la commune (1).

200. — De plus, pour obvier aux inconvénients de

____

(1) Cass, crim. 7 février 1863, M. Blanchard, tanneur, à Château-Thierry, *Dalloz,* 63, 1, 155.

l'état de chose créé par l'industriel, la municipalité peut prendre telle mesure qu'elle jugera bonne, et imposer notamment à un tanneur : 1° de construire dans sa propriété une cuve-réservoir en maçonnerie pour recevoir toutes les eaux de son établissement, afin qu'elles puissent y déposer toutes les matières qu'elles tiennent en suspension après le travail, avant d'être rejetées dans le ruisseau au moyen d'un trop-plein ou par tout autre moyen ; — 2° de curer cette cuve le plus souvent possible, et d'en enlever, en vases clos, les matières déposées; — 3° de couvrir le ruisseau d'écoulement par un dallage bien jointif, depuis la sortie de l'établissement jusqu'à l'aqueduc de la voie publique, afin d'éviter les miasmes à provenir de l'insalubrité des dites eaux (Cass. crim, 1ᵉʳ août 1862).

201. — Lorsque le propriétaire d'un établissement industriel estime que les prescriptions spéciales qui lui sont imposées par l'autorité municipale excèdent les pouvoirs du maire, ou que ces prescriptions sont inconciliables avec celles qui lui ont été déjà imposées par l'arrêté préfectoral d'autorisation, c'est devant l'autorité supérieure qu'il doit poursuivre la réformation des prescriptions que prétend lui imposer la municipalité ; car l'illégalité de l'arrêté municipal ne pourrait être déclarée par le tribunal de simple police que pour empiètement bien évident sur les pouvoirs réservés à l'autorité supérieure.

202. — Les pouvoirs des maires, à l'égard des établissements industriels classés, ne vont pas toutefois jusqu'à imposer aux industries soumises au pouvoir réglementaire de l'autorité supérieure, soit des conditions d'emplacement, soit des conditions d'exercice ou de fonctionnement, de nature à modifier ou aggraver les conditions d'établissement et d'exploitation imposées à une manufacture insalubre dans l'arrêté ou le décret d'autorisation (1). Il faut que les prescriptions de la municipalité n'aient pas pour effet de modifier les prescriptions de l'autorité supérieure, et qu'elles rentrent dans la catégorie des mesures de police et de salubrité d'une application générale (2). La jurisprudence de la cour de cassation reconnaît ainsi sans difficulté que l'autorisation donnée par les préfets en matière d'établissements dangereux, insalubres ou incommodes, n'a pas pour effet de soustraire ces établissements à l'application des règlements de police municipale.

---

(1) Cass. crim. 3 mars 42, D, 42, 1, 201 ; — 25 nov 53, D. 54, 3, 61 1 juin 55, D, 55, 1, 200. ; — 9 janv. 57, D. 57, 5, 202; — 29 janv. 58, 1, 296.

(2) Cass. Crim. 21 déc. D, 49, 5, 354 ; — 30 mars. 61, D. 61, 5, 302 ; — 15 mars 61, D, 62, 1, 4.

CHAPITRE IX

DES CONTRAVENTIONS.

---

203. — L'autorité administrative est chargée de prendre des mesures propres à assurer l'exécution des règlements généraux ou des arrêtés spéciaux auxquels sont soumis les établissements industriels classés ; mais c'est au pouvoir judiciaire seul qu'il appartient de prononcer des procès contre les industriels qui ont enfreint ces règlements ou arrêtés.

204. — Sous l'empire de la législation antérieure à la loi du 20 avril 1832, il n'était pas facile de trouver dans nos lois pénales un texte pour réprimer les contraventions aux règlements et arrêtés relatifs aux établissements insalubres ; mais depuis cette époque, le paragraphe 15 de l'article 471 du code pénal permet de punir d'une amende de un franc à cinq francs, ceux qui auront contrevenu aux règlements légalement faits par l'autorité administrative et ceux qui ne se seront pas conformés aux règlements et arrêtés publiés par l'autorité municipale. Toute infraction aux règlements généraux ou aux arrêtés particuliers concernant les établissements insalubres constitue donc, incontestablement, une contravention à laquelle la disposition de l'art. 471, § 15 du code pénal doit être appliquée.

205. — C'est dès lors devant les tribunaux de simple police que peuvent être poursuivis et condamnés : l'industriel qui aura construit et mis en activité un établissement classé ou de nature à l'être, malgré un refus d'autorisation (1) ; — ou sans en avoir obtenu l'autorisation et alors même qu'il aurait fermé son établissement à la première réquisition qui lui aurait été faite par l'administration (2) ; -- ou avant de l'avoir obtenue (3) ; — celui qui aura continué à exploiter un établissement classé au mépris d'un arrêté de suspension ou de suppression (4) ; — celui qui aura violé les conditions stipulées dans l'arrêté d'autorisation (5), etc., etc.

206. — D'après la règle qui veut que l'autorité judiciaire ait toujours le droit d'examiner si les dispositions réglementaires qu'elle est appelée à sanctionner par l'application d'une peine, ont été prises par l'autorité de laquelle elles émanent dans les limites légales de sa compétence, le tribunal de police auquel une contravention de cette nature sera déférée, devra tout d'abord rechercher si le règlement ou l'arrêté auquel il a été contrevenu est légal.

207. — Le juge de simple police prononcera *autant de condamnations* à l'amende *qu'il y aura de contraventions* relevées ; en cas de récidive, la peine de l'emprisonnement est applicable, l'article 474 du code pénal venant compléter l'article 471 en ces termes : « La peine d'emprisonnement contre toutes les per-

---

(1) Décision du Conseil d'État du 21 février 1830.
(2) Décision du Conseil d'Etat du 21 février 1850,
(3) Décision du Conseil d'État de décembre 1825,
(4) Décision du Conseil d'État du 14 mai 1830.
(5) Décision du Conseil d'État du 2 janvier 1829.

sonnes mentionnées en l'article 471 aura toujours lieu, au cas de récidive, pendant trois jours au plus. »

208. — Lorsqu'un *établissement* industriel est *exploité pour le compte de plusieurs co-propriétaires* dont un ou deux seulement gèrent et administrent personnellement l'usine, en cas de contravention, tous les associés sont-ils punissables, ou bien les associés administrateurs doivent-ils être seuls poursuivis et condamnés ? Ces derniers peuvent-ils pour se disculper, rejeter sur le directeur des travaux de l'usine la responsabilité des faits qui leur sont reprochés ? Nous pensons que le directeur, qui n'est pas personnellement lié par l'autorisation accordée à l'établissement, ne saurait être déclaré seul responsable, et que les administrateurs de la société doivent seuls être poursuivis et condamnés.

209. — Tout en réprimant la contravention commise, le juge de simple police doit pourvoir, par son jugement, à *l'exécution postérieure du règlement qui a été violé* (1) ; si donc la contravention consistait dans l'exploitation d'un établissement dépourvu de l'autorisation légale, le juge devrait, sous peine de violer la loi, non seulement prononcer l'amende édictée, mais encore enjoindre la discontinuation de l'exploitation ; jusqu'à ce que l'autorisation faisant défaut ait été obtenue (2). Mais le juge qui peut prononcer la défense d'exploiter, ne pourrait, sans excès de pouvoir, ordonner la démolition des bâtiments servant à l'exploitation. C'est qu'en effet, la contravention résulte

---

(1) Arrêt de la cour de Liège (Belgique) du 27 décembre 1846.

(2) Arrêts de cassation des 10 avril 1830, Tissier-Morel, et 26 mars 1868, Haas, *Sirey,* 1869, 1, 140.

moins de l'existence de l'établissement que de son exploitation ; et si le tribunal de simple police ordonnait la démolition, il entraverait le libre exercice de l'autorité administrative en mettant obstacle à ce qu'une autorisation régulière pût intervenir utilement en faveur de l'établissement illégalement mis en activité.

210. — Le tribunal de simple police devra se déclarer incompétent et surseoir à statuer dès qu'on lui soumettra, à l'occasion d'une contravention commise, une *question dont la connaissance est réservée à l'administration.* Ainsi l'industriel poursuivi pour infraction aux lois ou règlements se retranche-il derrière une prétendue autorisation ; ou invoque-t-il une exploitation antérieure à 1810 et continuée depuis sans interruption, le tribunal devra surseoir jusqu'à décision par le préfet (1) ; il en serait de même s'il y avait contestation entre le tribunal et le contrevenant sur le sens et l'effet d'une autorisation, dont ce dernier prétendrait avoir simplement usé comme il avait droit de le faire (2). Mais le tribunal de police saisi de la contravention résultant de l'exploitation, sans autorisation préalable, d'un établissement incommode et insalubre, ne peut surseoir à statuer jusqu'à la décision à intervenir sur le recours au conseil d'État formé par le prévenu contre l'arrêt du préfet portant refus d'autorisation (3).

211. — Indépendamment des contraventions commises à l'encontre de la législation spéciale des éta-

---

(1) Décision du Conseil d'État du 30 avril 1841 et 3 octobre 1815.

(2) Ordonnance de conflit du 12 avril 1844 ; — Cass. 7 août 1868, Digne, *Sirey*, 1869, 1, 368.

(3) Arrêt de cassation du 17 décembre 1864, Priou, *Sirey*, 1865, 1, 151.

blissements insalubres, les industriels peuvent encore être poursuivis devant le tribunal de simple police pour *quelques autres contraventions* qui ont quelque connexité avec la matière qui nous occupe. Ainsi l'article 471, § 1°r du code pénal punit d'une amende de un à cinq francs les fabricants qui ont négligé d'entretenir, réparer ou nettoyer les fours, cheminées ou usines où l'on fait usage du feu. — Le même article, § 6, énonce encore le cas où l'industriel aurait jeté ou exposé devant des édifices des choses de nature à nuire par leur chute ou par des exhalaisons insalubres. — L'article 475, § 7, et l'article 479, § 2, rangent également parmi les contraventions le fait d'avoir laissé divaguer des animaux malfaisants ou féroces ; cette contravention est distincte des infractions au règlement du 12 novembre 1849 concernant les ménageries.

212 — Les *contraventions peuvent* même, dans certains cas, *prendre le caractère de délits*, et alors ce ne sont plus les tribunaux de simple police, mais les tribunaux correctionnels qui sont compétents. Voici quelques exemples : le fait d'avoir négligé d'entretenir, réparer ou nettoyer les fours, cheminées de remise où l'on fait usage de feu, constitue, nous venons de le voir, une contravention de la compétence du tribunal de simple police ; mais si ce fait a occasionné l'incendie de la propriété mobilière ou immobilière d'autrui (art. 458 du code pénal), il constitue un délit de la compétence des tribunaux correctionnels, et est puni d'un amende de cinquante à cinq cents francs. — Autre exemple : l'infraction aux règlements généraux qui concernent les établissements insalubres ou aux conditions insérées dans les arrêtés d'autorisation, constitue une contravention ; elle pourrait constituer un délit si elle était accompagnée des circonstances prévues par les

articles 319 et 320 du code pénal, c'est-à-dire, si par inobservation des règlements, l'industriel avait commis
involontairement un homicide et en avait été involontairement la cause, délit puni d'un emprisonnement
de trois mois à deux ans et d'une amende de cinquante
à six cents francs. S'il n'est résulté du fait que des blessures et coups, l'emprisonnement est réduit de six
jours à deux mois et l'amende de seize à cent francs.

213. — Lorsqu'une infraction à la législation des
établissements classés a été la cause d'un dommage,
les personnes qui ont éprouvé ce dommage ont le
droit de demander la *réparation du préjudice* qui leur
a été causé, et ce devant le tribunal de répression
saisi. L'action civile peut s'exercer conjointement
avec l'action publique, et l'article 161 du code d'instruction criminelle porte : « Si le prévenu est convaincu de contravention de police, le tribunal prononcera
la peine et statuera par le même jugement sur des demandes en restitution et en dommages intérêts. »
L'article 192 dit également, au cas de contravention
de police, que le tribunal appliquera la peine, et statuera s'il y a lieu sur les dommages intérêts.

214. — Lorsque la constatation de la contravention ou du délit a eu lieu, le juge de répression doit en
déclarer l'existence, mais il ne peut prononcer ni emprisonnement ni amende, si la *prescription* est acquise
au prévenu. Aux termes de l'article 640 du code d'instruction criminelle, la prescription est acquise à l'é-
gard des contraventions de police, par une année révolue à compter du jour où elles ont été commises,
même lorsqu'il y aurait eu procès verbal, saisie, instruction ou poursuite, si dans l'intervalle il n'est
point intervenu de condamnation, ou si l'appel interjeté contre un jugement de première instance, n'a

point été suivi de la condamnation dans le même délai d'une année à dater de sa notification. Pour les délits la prescription est de trois ans.

215. — Chaque fait d'exploitation irrégulière constitue une infraction nouvelle, de telle sorte que la prescription, alors qu'elle serait acquise pour les premiers faits d'exploitation irrégulière, ne serait point acquise pour le dernier, si une année ne s'était pas écoulée depuis le dernier fait. La prescription de la contravention résultant de l'ouverture d'un établissement insalubre sans autorisation, ne court qu'à partir des derniers faits de l'exploitation et non à partir du jour de l'établissement. Pour que la prescription de l'article 640 soit acquise, il faut que les faits d'exploitation de l'établissement illégalement érigé aient cessé depuis une année révolue antérieurement à la poursuite (1).

____

(1) Arrêt de cassation du 12 mai 1854.

CHAPITRE X.

DU DROIT DES TIERS ET DES ACTIONS CIVILES EN DOMMAGES-INTÉRÊTS

---

216. — L'autorisation administrative n'est qu'une permission de police donnée dans un intérêt collectif ; en l'accordant, l'administration ne statue pas sur les droits privés, dont il ne lui appartient en aucune manière de disposer ; elle n'agit que comme protectrice de l'intérêt public confié à sa garde ; les droits privés restent intacts ; ils demeurent sous l'empire du droit commun, et, par conséquent, les contestations auxquelles ils peuvent donner lieu doivent être tranchées par la juridiction ordinaire.

Il résulte de ce principe que l'autorisation administrative ne fait pas obstacle à ce que le voisin d'un établissement insalubre s'adresse aux tribunaux ordinaires pour obtenir la réparation du préjudice causé à sa propriété par l'exploitation industrielle ; c'est en effet une contestation d'un intérêt purement privé ; et d'ailleurs l'art. 11 du décret du 15 octobre 1810 ne porte-t-il pas : « Tous les établissements qui sont aujourd'hui en activité continueront à être exploités librement, sauf les dommages dont sont passibles les entrepreneurs de ceux qui préjudicient aux propriétés voisines ; *les dommages seront arbitrés par les tribunaux.* »

217. — Tout industriel, dont l'établissement nuit à un voisin, peut être condamné envers celui-ci à des dommages-intérêts. Tel est, selon nous, le principe indiscutable. Pourtant, de savants auteurs (1) ont soutenu une thèse toute différente ; suivant eux le pouvoir des tribunaux s'arrête à la répression des infractions commises contre les règlements de police et contre les arrêtés qu'imposent aux établissements autorisés les conditions particulières d'existence. «Ils ne peuvent, disent-ils, notamment et sous prétexte qu'un établissement autorisé serait nuisible aux propriétés et aux habitants du voisinage, allouer des indemnités ou des dommages intérêts aux propriétaires de ces habitations ; l'autorisation en vertu de laquelle ces établissements existent, en fait des propriétaires qui, comme toutes les propriétés, peuvent avoir leurs inconvénients, mais dont l'existence est protégée par les principes de droit commun. De même donc que chacun peut jouir d'une propriété ordinaire, mobilière ou immobilière, de la manière la plus absolue, à la charge de n'en pas faire un usage prohibé par les lois et réglements ; de même aussi, celui qui a une propriété industrielle, telle qu'une manufacture ou une fabrique dont l'établissement a été autorisé sous certaines conditions réglementaires, peut user de sa propriété dans la limite tracée par cette autorisation et les réglements qui la complètent, sans être exposé à l'action des tiers qui verraient dans cette exploitation une cause de préjudice. Il ne suffit pas, en effet, de causer préjudice à quelqu'un, pour être tenu de l'indemniser, il faut de plus que ce préjudice soit la conséquence

---

(1) Massé, *Traité du droit commercial dans son rapport avec le droit des gens et le droit civil*, t. II, p. 456, n° 38. — Duvergier, *Revue du droit français et étranger*, t. X, p. 425 et 601.

d'un fait illicite. » M. Massé ajoute que toutes les propriétés sont grevées de servitudes naturelles au profit les unes des autres. « L'obligation imposée à certains établissements d'être pourvus d'une autorisation préalable, est une servitude qui grève la propriété industrielle dans l'intérêt de la propriété territoriale ; l'obligation imposée à la propriété territoriale de supporter le voisinage de ces établissements, lorsqu'ils sont autorisés, est une servitude qui grève la propriété territoriale dans l'intérêt de la propriété industrielle ; que si les établissements insalubres présentent des inconvénients, la loi, qui permet d'élever, sous certaines conditions, des établissements dangereux, incommodes ou insalubres, les impose au voisinage, et les tribunaux ne pourraient pas, sans méconnaître les droits de la propriété industrielle, et sans rompre l'équilibre qui doit exister entre tous les genres de propriété, sacrifier l'une au profit de l'autre, en la rendant passible de dommages-intérêts à raison des faits qui en constituent l'exercice licite et les conséquences naturelles. »

218. bis — A cette argumentation voici ce que répond un autre auteur, M. Avisse : « Les considérations exprimées par M. Massé, et par M. Duvergier, à l'opinion duquel il se réfère, reposent sur une fausse appréciation de la nature de l'acte d'autorisation. C'est à tort, en effet, qu'on suppose que l'autorité administrative a mission et obligation de prohiber tout ce qui peut causer un dommage privé, et surtout de préjuger par sa décision l'existence ou la non existence d'un dommage réparable. Enfin, cette augmentation confond deux choses bien distinctes, en disant que l'exploitation étant régulière constitue un acte licite et un exercice légitime du droit de propriété, et que s'il en résulte un dommage, le fabricant peut invoquer la maxime *feci, sed jure feci*, pour s'exonérer de toute réparation du préjudice.

« S'il est vrai de dire que l'exploitation régulière constitue un acte licite et un légitime exercice du droit de propriété, c'est seulement en ce sens que le tiers lésé dans ses intérêts privés ne pourra pas empêcher cet exercice protégé par le permis administratif; mais il n'en résulte pas que le fabricant pourra se soustraire aux réparations civiles qui peuvent être la conséquence de ce fait. » M. Avisse, ajoute : « Qu'un propriétaire, en creusant un puits sur sa propriété, tarisse le puits de son voisin par la section de la veine d'eau qui l'alimente, il n'est tenu vis-à-vis du voisin d'aucune indemnité, parce que le droit de creuser son terrain pour obtenir de l'eau est un droit naturel, et parce que le voisin, qui le premier a creusé son puits, n'a acquis par ce fait aucun droit exclusif aux eaux souterraines qui alimentent ce puits; mais si au lieu de creuser le sol, le propriétaire construit un établissement dont les infiltrations vont corrompre le puits du voisin, il sera dû à celui-ci une indemnité, parce que ce voisin a le droit d'user de l'eau à l'état naturel où elle se trouve sous le sol de sa propriété, tandis que le fabricant n'a pas et n'a pas pu recevoir de l'administration, le droit exorbitant d'envoyer sur la propriété voisine des infiltrations insalubres et nuisibles. Quelle disposition dérogatoire du droit commun justifie ce pouvoir exorbitant, et cette portée extraordinaire qu'on attribue à une simple permission délivrée par l'autorité administrative ? On parle de *servitudes naturelles* réciproquement imposées aux diverses espèces de propriétés : l'établissement d'une manufacture insalubre constituerait-il par hasard une servitude naturelle ? Quoi, la loi civile n'assujettit la propriété inférieure à recevoir les eaux des fonds supérieurs, qu'autant que ces eaux en découlent naturellement, et sans que la main des hommes y ait contribué; elle ne permet pas la servitude des eaux artificiellement déversées, quelqu'immense avantage qui puisse en résulter pour le fonds supérieur, quelque faible inconvénient qu'ait à subir le fonds inférieur ! et l'on rangerait au nombre des servitudes légales, dont la propriété foncière est naturellement grevée au profit d'une propriété industrielle immatérielle, l'obligation de recevoir les émanations ou les infiltrations insalubres d'une propriété voisine, parce qu'il a plu à un voisin de choisir cet emplacement pour y créer un établissement de cette nature ! C'est ce que nous ne pouvons admettre. »

219. — Toutes les raisons données par M. Avisse nous paraissent très fondées; mais il en est une autre, plus péremptoire encore, que nous donne un auteur belge (1), c'est que le décret du 15 octobre 1810 ne peut déroger aux lois, celles-ci primant toujours les dispositions réglementaires de l'autorité administrative. Or, d'après les articles 665, 674, 1382 et 1383 du code civil, le propriétaire d'un établissement industriel, autorisé ou non, qui cause à autrui un dommage, est tenu d'indemniser celui qui éprouve ce dommage. D'autre part l'article 15, titre 2, de la loi du 6 octobre 1791 porte : « Personne ne pourra inonder l'héritage de son voisin, ni lui transmettre volontairement les eaux d'une manière nuisible, sous peine de payer le dommage. » Au reste, abstraction faite de la question de droit, il serait insolite de prétendre que l'autorisation administrative pût être considérée comme ayant jugé la question de nocuité à l'égard de chaque voisin

---

(1) J. Vilain, *Police des établissements dangereux, insalubres e incommodes*, p. 469.

qui prétend éprouver un dommage. Notre principe
reste donc intact : tout industriel, dont l'établissement
nuit à un voisin, peut être condamné envers celui-ci
à des dommages-intérêts ; le conseil d'État et la cour
de cassation se sont souvent prononcés en ce sens.

220. — Toute personne, qui éprouve un dommage
réel de l'exploitation d'un établissement industriel
légalement autorisé, est en droit d'intenter au propriétaire de l'usine, en vertu de l'article 1382 du code
civil, une action en réparation du dommage causé.
Cette action en réparation du dommage causé par un
quasi-délit est de la compétence, en premier ressort,
des tribunaux civils d'arrondissement. Telle est la règle ; mais elle souffre une exception, et la jurisprudence a admis que c'est au juge de paix qu'il faut
porter sa demande si l'usine a causé des dommages
aux champs, fruits et récoltes (1). Cette jurisprudence
nous paraît reposer sur une erreur. L'attribution con-
férée par la loi de 1838 aux juges de paix pour prononcer sur des actions de dommages faits aux champs,
fruits et récoltes, n'a lieu que dans le cas où le dommage est la suite immédiate d'un fait de l'homme ou
des animaux (art. 10, § 10 de la loi du 24 août 1790) ;
il ne saurait en être de même lorsque le dommage est
la conséquence des effets pernicieux résultant de l'exploitation d'une usine, et nous pensons que toutes les
actions en dommages-intérêts de cette nature sont de
la compétence exclusive des tribunaux d'arrondissement.

221. — Si les tribunaux civils sont compétents pour

----

(1) Arrêt de cassation, (ch. des requêtes) du 2 janvier 1833, *Sirey*, 33, 1, 135.

arbitrer les dommages causés aux propriétés voisines par les établissements insalubres, dangereux ou incommodes, leur compétence ne va pas jusqu'à pouvoir supprimer ces établissements, qu'ils soient ou ne soient pas autorisés. La circonstance du défaut d'autorisation ne saurait exercer ici aucune influence ; la question de dommages-intérêts et celle de la légalité de l'établissement touchent, en effet, à deux ordres d'idées essentiellement différents : le premier se rattache à l'intérêt privé, et c'est bien aux tribunaux ordinaires à en connaître, conformément au droit commun ; le second, au contraire, concerne l'intérêt général, soit que l'établissement industriel ait été classé, soit qu'il existe antérieurement à 1810, soit qu'il n'y ait pas encore eu d'autorisation accordée à celui qui l'exploite, et à ce titre, la question de légalité demeure entière de la compétence de l'autorité administrative à qui seule la législation spéciale confère, au point de vue de l'intérêt général, le pouvoir de permettre ou d'interdire de semblables établissements.

222. — L'article 11 du décret de 1810 est le seul, dans la législation des établissements insalubres, qui parle des dommages-intérêts, et si on ne le prend qu'à la lettre on peut soutenir qu'il ne prévoit l'allocation de dommages-intérêts que lorsqu'il s'agit d'établissements antérieurs à 1810. C'est la thèse qu'ont essayé de soutenir, en 1845, plusieurs industriels, et notamment les sœurs Breïthmayer et Cie de Dijon : « L'autorisation administrative une fois accordée à un établissement dangereux suivant les formalités prescrites par le décret de 1810, disaient-ils dans leur recours, son existence ne peut plus être attaquée dans un intérêt purement privé, soit devant l'autorité administrative puisque tout est consommé, ni devant les tribunaux puisqu'ils n'ont pas le droit d'empêcher

un acte administratif. Si l'on devait forcer les industriels à payer aux voisins des indemnités, on ne
ferait autre chose qu'ajouter une condition financière
aux conditions déjà imposées à l'exploitation, ce qui
serait contraire aux textes. Les tribunaux, sans doute,
sont compétents pour statuer sur des dommages
réellement et effectivement causés par une exploitation nuisible sur une partie quelconque de la propriété
d'autrui ; ils le sont encore pour connaître des dommages causés par une exploitation abusive, puisque
dans ce cas elle constituerait un délit ou un quasi-
délit ; mais la simple dépréciation ou la moins-value,
le dommage indirect pouvant éventuellement résulter
de la formation et du voisinage d'un établissement
dangereux et insalubre, ne pourrait être de nature à
fonder une action en dommages-intérêts. Si les ex-
ploitants s'écartent des conditions à eux faites par
l'acte d'autorisation, il y a recours à l'autorité administrative pour les contraindre à les observer, et aussi
recours à l'autorité judiciaire, à raison de dommages-
intérêts pouvant être dus pour cette infraction ; mais
s'ils se conforment aux conditions imposées, ils ne
peuvent être responsables d'un dommage occasionné
par le fait immédiat de l'administration ».

Telle fut la thèse soutenue par Breithmayer et
Cⁱᵉ ; mais la cour de cassation, dans son arrêt
du 17 juillet 1845, n'adopta pas leurs conclusions et
rejeta leur pourvoi. La cour suprême a décidé que
l'article 11 du décret de 1810, qui admet le principe
des dommages-intérêts en faveur des tiers, s'appliquait
aussi bien aux usines créées postérieurement à ce
décret qu'à celles qui existaient alors ; et pour le décider ainsi, elle a rapproché du texte même de l'article
11, un extrait du rapport précédant le décret de 1810,
lequel est ainsi conçu : « Dans le projet du décret, di-

sait le rapport, le ministre de l'intérieur peut seul délivrer les permissions nécessaires pour la formation des établissements de la première classe... La décision qui ne sera prise qu'en connaissance de cause sera un garant que, s'il accorde la permission, c'est qu'il a jugé qu'il ne pouvait en résulter un inconvénient, ni pour la salubrité publique, ni pour les propriétés du voisinage. Dans le cas où ces propriétés éprouveraient des dommages, un article du projet (c'est l'article 11) permet de demander des indemnités dont la quantité sera réglée par l'autorité judiciaire. Cette disposition n'a pas besoin d'être justifiée... » Le ministre, on le voit, ne faisait aucune distinction entre les établissements antérieurs et postérieurs à 1810, pas plus qu'entre le dommage matériel et le dommage moral ; il permettait seulement de demander une indemnité pour tout préjudice causé aux voisins par l'établissement industriel.

223. — C'est en s'inspirant de ces principes que la cour de cassation a jugé : 1° que l'autorisation donnée par l'administration à un atelier dangereux et insalubre n'est accordée qu'à la charge par le concessionnaire de réparer le dommage causé aux tiers par l'exploitation de son usine (1), — 2° que cette autorisation met le propriétaire dudit établissement à l'abri d'un recours à raison des inconvénients généraux de son industrie, mais le laisse passible des dommages-intérêts pour le préjudice causé aux propriétés voisines, par les inconvénients personnels et particuliers de cette industrie (2); — 3° que les propriétaires voisins doivent être indemnisés, non pas seulement du dommage matériel qui leur est causé, mais

---

(1) Cass. req., 8 mai 1850, *Dalloz*, 54, 1, 565.
(2) Cass. req., 17 juillet 1845, D. 45, 1, 423 ; — Cass. civ , 28

aussi de la dépréciation et de la moins value éprouvées par leurs propriétés, en raison de la mauvaise
odeur, de la fumée ou du bruit causés par l'établissement (1); — 4° que les droits dérivant de la propriété,
en vertu de l'article 544 du code civil, n'en autorisent
pas un usage qui soit nuisible à la propriété d'autrui (2).

224. — Le principe en vertu duquel les tribunaux
ne peuvent, lorsqu'il s'agit d'un établissement régulièrement autorisé, ni ordonner la suppression de
l'usine ni prescrire aucune mesure de nature à modifier les conditions de l'arrêté d'autorisation, a été très
nettement posé par un arrêt de la cour de Paris, en
date du 12 avril 1865, et dans les circonstances suivantes. Les sieurs Boucher, Hautemulle et C^{io} exploitaient à Saint-Denis une usine servant à la fabrication du caoutchouc et existant en vertu d'une autorisation régulière. Une des prescriptions de l'arrêté
d'autorisation leur enjoignait de brûler complètement la fumée des fourneaux de leurs chaudières à
vapeur ; en conséquence un appareil Nainville avait
été appliqué par eux. Plusieurs propriétaires voisins
prétendant que, malgré cet appareil, la fumée s'échappait encore et leur causait un préjudice, les assignèrent devant le tribunal de la Seine. Un jugement du
26 août 1864 condamna les industriels à des dommages-intérêts et décida en outre qu'ils devraient adapter à leurs cheminés un appareil Chevallot, et, en cas
d'insuffisance, l'appareil qu'un expert désignerait.
Sur l'appel interjeté par Boucher-Hautemulle et C^{io},

---

février 1848, D. 48, 1, 122 ; — Cass. req. 20 février 1849, D. 49, 1,
128.

(1) Cass. req., 8 mai 1850, et 17 juillet 1845 ; — Cass. civ., 27
novembre 1844, D. 45, 1, 13.

(2) Cass. civ., 8 mai 1857, Dalloz, 57, 1, 293.

la cour de Paris réforma le jugement de première instance, en ce qu'il avait ordonné aux appelants d'adapter aux cheminées de leur usine un appareil déterminé, alors que l'arrêté d'autorisation enjoignait seulement de brûler complètement la fumée. « Considérant en droit, porte l'arrêt de la cour, que si l'autorité administrative est investie d'un pouvoir souverain d'appréciation, de direction et de contrôle en ce qui concerne la création des établissements dangereux, insalubres ou incommodes, ainsi que la détermination de leurs conditions d'existence, de leur régime, et de leur mode d'exploitation, l'autorisation qu'elle confère à cet égard laisse toujours subsister dans leur plénitude, sous l'égide du droit commun, d'une part les droits des tiers, et, de l'autre, la compétence du pouvoir judiciaire, relativement à la constatation des dommages subis, dans la sphère des intérêts privés, par les propriétaires voisins de l'établissement autorisé et à l'allocation des réparations pécuniaires qui peuvent en être la conséquence ; mais considérant que cette compétence se circonscrit dans les limites précises que lui assigne le principe fondamental de la séparation des pouvoirs ; qu'ainsi elle n'existe et ne s'exercera légalement que sous l'obligation imposée aux tribunaux de ne rien décider qui, directement ou indirectement, porte atteinte à l'arrêté d'autorisation, en modifiant ou aggravant les conditions d'installation ou de fonctionnement de l'établissement autorisé soit au droit de surveillance, d'injonction et de contrainte qui appartient à l'administration supérieure, en ordonnant, par voie d'empiétements sur les attributions exclusives de celle-ci l'application à une partie quelconque de cet établissement d'appareils, de procédés ou de travaux industriels à titre définitif ou à titre d'essai... »

225. — La cour de cassation semble avoir anté-

rieurement consacré une doctrine opposée à celle de
la cour de Paris, lorsqu'elle a dit dans un arrêt du 8
juin 1857 : « le droit qui appartient aux tribunaux de
statuer sur la répression du préjudice causé par des
établissements insalubres, est indépendant du droit
qui, dans les cas voulus par la loi, appartient à l'administration d'autoriser ou d'interdire des établissements
de cette nature ; ainsi la cour d'Aix était compétente
pour statuer sur la demande formée par Senès contre
Barthélemy et pour ordonner les mesures nécessaires
pour faire cesser les dommages. » Mais, dans l'espèce
visée pas cet arrêt de 1857, il s'agissait d'une usine
qui ne rentrait pas dans la catégorie des établissements classés et n'avait pas été par suite autorisée.
Aussi, tout en ne reconnaissant aux tribunaux d'autre
droit que celui d'accorder des dommages-intérêts,
lorsqu'il s'agit d'établissements classés et autorisés,
nous admettons et comprenons fort bien qu'il en soit
autrement quand la question s'élève à l'occasion d'é-
tablissements non classés ; dans cette hypothèse en
effet, le pouvoir judiciaire ne se met pas en conflit
avec le pouvoir administratif.

226. — Les tribunaux cependant pourraient prescrire des mesures pour faire cesser le dommage, s'il
s'agissait d'établissements classés, mais non autorisés ; ils pourraient même ordonner la clôture de l'atelier qui alors a été créé au mépris de la loi. La cour
d'Agen a toutefois repoussé cette doctrine, par un arrêt du 7 février 1855 : « Du principe, a-t-elle dit, que
l'autorité administrative a pour office de veiller à ce
que rien provenant du fait de l'homme n'altère ou
n'incommode la santé publique et ne compromette la
sûreté des habitations, il résulte qu'elle seule peut,
quand elle le juge utile ou convenable, ordonner la
clôture provisoire ou définitive des ateliers insalu

bres ; s'il en était autrement, l'autorité administrative, conservant intacte le droit d'autoriser, pourrait accorder l'autorisation à un fabricant qui, la veille, aurait vu son exploitation interdite par les tribunaux ; elle maintiendrait ce que l'autorité judiciaire voudrait renverser, et il y aurait confusion de pouvoirs... » Ce dernier raisonnement surtout ne nous paraît pas fondé, car la fermeture de l'atelier ne sera jamais ordonnée par l'autorité judiciaire que sous cette condition, exprimée ou non, que l'exploitation pourra être reprise, si une autorisation administrative est accordée ultérieurement.

227. — Non seulement les tribunaux sont incompétents pour connaître d'une action en suppression d'un établissement autorisé, ou pour ordonner certains travaux dans le but de rendre l'établissement litigieux moins incommode pour le voisinage, mais ils le seraient encore, ce nous semble, même pour ordonner une expertise qui tendrait à démontrer l'insuffisance des mesures prescrites par le pouvoir administratif.

228. — Lorsqu'un établissement, dont un tiers demande la suppression, n'a pas été autorisé, ce tiers peut simplement se pourvoir par la voie administrative pour faire refuser l'autorisation, comme la jurisprudence lui en reconnaît le droit. Lorsque l'établissement est autorisé, le tiers peut en poursuivre la suppression en réclamant encore par la voie administrative contre l'arrêté d'autorisation. Mais, dans les deux cas, lorsque le tiers, négligeant la voie administrative, préfère s'adresser à la juridiction des tribunaux civils, il ne peut réclamer à ceux-ci la suppression ou la fermeture de l'établissement industriel dont il se plaint, parce que ces tribunaux ne peuvent condamner l'industriel qu'à la réparation du préjudice matériel et moral causé aux voisins, à l'exécution des travaux d'aménagement destinés à en empêcher le renouvellement, et enfin lui défendre, à peine de dommages-intérêts, de conserver par exemple des matières insalubres autres que celles qu'autorise l'arrêté administratif (1). Spécialement, un tribunal civil ne pourrait pas, sur la demande d'un voisin, ordonner la suppression de fours à chaux, mais seulement lui accorder des dommages-intérêts à raison du péril permanent d'incendie que leur proximité fait courir à ses propriétés (2).

229. — Il n'y a qu'un seul cas où les tribunaux ordinaires peuvent ordonner la clôture d'un établissement dangereux, insalubre ou incommode, c'est celui où cet établissement n'étant pas autorisé, l'industriel est poursuivi, à la requête du ministère public, devant la juridiction de simple police ou en appel devant le tribunal correctionnel. C'est ainsi que la chambre criminelle de la cour suprême a cassé, le 10 avril 1830, un jugement du tribunal de simple police de Soissons, parce que ce tribunal, chargé de réprimer une contravention résultant de ce qu'un sieur Tissier-Morel avait établi une fabrique de fécule de pommes de terre, sans autorisation, n'avait pas ordonné la discontinuation de cette fabrique jusqu'à l'obtention de l'autorisation, et s'était borné à prescrire au contrevenant de se pourvoir d'une autorisation dans le plus court délai possible.

230.—Ainsi que nous venons de le voir (n°220) ,les

---

(1) Agen, 7 fév. 1855, Albareil et Vigouroux; — Bordeaux, 29 août 1872, Verguol et Balguerie.

(2) Bordeaux, 29 août 1872, Vallat et Cazaubon, c. Hautefuye.

tribunaux civils peuvent allouer aux voisins d'un établissement dangereux, insalubre ou incommode quelconque une indemnité pour les dommages de toute nature qui excèdent les inconvénients ordinaires du voisinage, et prescrire des mesures ou des travaux destinés à empêcher le retour du préjudice. Précisons, toutefois, l'étendue des pouvoirs des tribunaux civils en cette matière. Le conseil d'État a bien reconnu aux tribunaux civils la faculté de condamner l'exploitant à une indemnité pour les *dommages matériels*, mais il a voulu leur contester ce droit pour les *dommages moraux*, c'est-à-dire pour la dépréciation foncière causée à l'héritage voisin par la proximité de l'établissement industriel. Une telle distinction n'avait aucun fondement juridique ; la cour de cassation l'a toujours combattue, et, hâtons-nous de le dire, le conseil d'État n'a pas tardé à le reconnaître et à revenir sur sa première jurisprudence (1). Les deux sortes de dommages, matériels et moraux, ne sont-ils pas également une atteinte à la propriété? — Il n'y aurait pas lieu davantage de distinguer entre le *dommage passé* et le *dommage futur*, et les tribunaux civils pourraient, par exemple, fixer une allocation fixe pour le préjudice passé et une allocation annuelle pour le préjudice futur, c'est-à-dire pour tout le temps pendant lequel l'état de choses préjudiciel demeurerait le même (2).

231. — Quant aux pouvoirs des tribunaux de prescrire des mesures ou des travaux destinés à empêcher le retour du préjudice, nous avons vu que l'autorité judiciaire ne pouvait ordonner la suppression de l'établissement, si ce n'est toutefois — il faut ajouter ici

---

(1) Cons. d'État, 15 déc. 1824
(2) Cons. d'État, mai 1837 et 17 juillet 1845.

cette réserve, quoique l'hypothèse ne se soit jamais présentée, — par application des clauses d'un contrat intervenu entre l'industriel et ses voisins.

232. — Quelque ancienne que puisse être la construction d'un établissement érigé en vertu d'un acte de l'autorité administrative, *l'exception de prescription* contre l'action en dommages-intérêts ne saurait être admise, si ces dommages se renouvellent chaque jour. C'est ainsi que la cour de cassation (1) a jugé qu'en général, tant que le dommage causé peut être constaté et que l'auteur n'est pas mis à couvert par la prescription, celui qui l'a souffert peut en poursuivre la réparation, et que le propriétaire d'un établissement insalubre, dont l'exploitation cause du dommage aux propriétés voisines, peut être condamné à des dommages-intérêts, non seulement à raison du préjudice souffert depuis la demande, mais encore pour celui souffert antérieurement.

233. — L'indemnité due aux voisins peut consister en une somme annuelle susceptible d'être élevée ou abaissée suivant que le dommage augmentera ou diminuera. Lorsque l'indemnité consiste en une somme annuelle, les juges peuvent la faire remonter aux cinq ans qui ont précédé la demande, s'il est constant que le dommage ait commencé à cette époque.

234. — Lorsqu'un fabricant a été condamné à payer à un propriétaire voisin, à titre de dédommagement, une rente annuelle qui ne prendra fin que dans le cas de cessation d'exploitation de l'établissement, le fabricant n'est pas fondé à demander la suppression

---

(1) Arrêt du 19 juillet 1826.

totale de la rente, sous prétexte, que les travaux sont diminués, depuis la condamnation, dans une proportion telle qu'il ne peut plus en résulter aucun préjudice pour le propriétaire voisin. La suppression de l'indemnité ayant été subordonnée à la cessation absolue de l'exploitation, ce serait violer la chose jugée que de prononcer cette suppression pour une diminution quelconque (1).

235. — Lorsque le dommage a été le résultat de l'exploitation simultanée de plusieurs établissements insalubres, chacun des propriétaires de ces établissements est-il *solidairement* tenu de tout le dommage, ou bien la condamnation doit-elle déterminer la proportion dans laquelle chaque établissement a contribué au préjudice ? — La question s'est présentée et elle a été résolue dans le sens de la première de ces propositions, dans les circonstances suivantes. En 1819, le sieur Rigaud et divers autres particuliers, propriétaires de plusieurs fabriques de soude factice, dont l'établissement avait été autorisé par l'administration, furent assignés, devant le tribunal de Marseille, à la requête du sieur Bourguignon, en réparation du dommage causé à ses propriétés par les exhalaisons provenant des fabriques. Les défendeurs ne niaient pas le préjudice souffert ; ils se bornaient à en constater l'étendue. En conséquence, et par jugement du 2 septembre 1823, une expertise fut ordonnée, à l'effet d'estimer le dommage. Avant que cette expertise n'eût lieu, Bourguignon conclut à ce qu'une provision de 10,000 francs lui fût accordée. Un jugement du 26 mars 1825 accueillit ces conclusions en partie, et condamna solidairement les fabricants à lui payer

---

(1) Arrêt de cassation du 29 juillet 1828.

2,000 francs de provision. Appel principal, de la part des sieurs Rigaud et consorts ; ils soutinrent : 1° que l'action de Bourguignon n'étant fondée sur aucun titre, les juges ne pouvaient ni ne devaient accorder une provision ; 2° que la solidarité n'aurait pas dû être prononcée contre eux pour le paiement de la provision, puisqu'aucune stipulation n'existait à cet égard dans l'espèce. Appel incident, de la part de Bourguignon, fondé sur ce que la provision n'a pas été portée à 10,000 francs. Le 14 mai 1825, arrêt de la cour d'Aix qui élève la provision à 6,000 francs. Les motifs de l'arrêt sont ainsi conçus :

« Considérant, pour ce qui est de la solidarité, qu'elle est la conséquence en fait et en droit, du dommage causé à Bourguignon par Rigaud et consorts ; qu'en effet ce quasi-délit de leur part ne consiste pas dans l'établissement autorisé de leurs fabriques, mais dans la manière abusive de les exploiter au préjudice du sieur Bourguignon ; qu'il est le fait commun de tous les fabricants et le fait particulier de chacun d'eux ; qu'il est évident que, s'ils n'existait qu'un moindre nombre de fabriques ou une seule, le dommage serait moins important et peut-être nul ; que ce dommage est augmenté ou même s'opère seulement par la réunion des vapeurs de différentes fabriques ; — considérant que si, par la manière indivisible dont le dommage s'effectue, et par le résultat d'une faute particulière et commune, le fait de chacun des fabricants devenant le fait de tous, et le fait de tous étant le fait de chacun, la réparation est due par tous et par chacun *per totum et totaliter* ; cette solidarité est conforme aux principes du droit puisqu'un mandataire qui a fait volontairement des avances dans l'intérêt de plusieurs mandants, et pour une affaire commune à ceux-ci, peut les répéter solidairement contre eux, à plus forte raison celui qui, malgré lui, éprouve un dommage, doit-il pouvoir en demander solidairement la réparation contre les personnes qui l'ont conjointement occasionné ; — considérant que le principe que la solidarité ne se présume pas, n'est applicable qu'aux conventions où celui qui la réclame, sans l'avoir stipulée, a toujours à se reprocher de n'en avoir pas fait une condition expresse du contrat ; que la solidarité est, au contraire, de droit, dans les délits, contre tous ceux qui, même sans concert prémédité entre eux, concourent à l'action, quels que soient d'ailleurs le degré de culpabilité respective et les circonstances qui modifient cette culpabilité ; considérant qu'en matière de quasi-délit il en est de même qu'en matière de délit, puisque le quasi-délit repose, comme le délit, sur un fait illicite, prohibé, et qui n'est pas susceptible de stipulation, à l'instant où il a lieu, de la part de celui qui en est la victime, et que, dans l'un comme dans l'autre cas, la solidarité résulte de la nature et de la force des choses. »

Rigaud et consorts se pourvurent en cassation contre cet arrêt. Ils prétendaient le faire annuler, soit en ce que la cour royale avait prononcé une condamnation contre eux, bien qu'ils n'eussent fait qu'user d'un droit qui leur avait été accordé par l'administration, soit en ce que la solidarité avait été prononcée contre eux, quoi qu'il n'existât aucune stipulation à cet égard. Le 11 juillet 1826, leur pourvoi fut rejeté par un arrêt ainsi conçu :

Attendu qu'il résulte de l'arrêt que les dommages soufferts proviennent, non de l'existence des manufactures, mais de l'abus des manufacturiers, qui n'ont pas pris les précautions convenables pour prévenir ces dommages, qui sont le résultat d'un quasi-délit ; — Considérant qu'il y a eu nécessité pour la Cour royale de prononcer une condamnation solidaire, par l'impossibilité où elle a déclaré se trouver, en fait, de déterminer la proportion dans laquelle chaque établissement devait être tenu des dommages, et que cette proportion serait, d'ailleurs, réglée d'une manière plus exacte par les propriétaires desdits établissements, qui ont déjà fait des offres sur lesquelles l'arrêt a basé sa condamnation.

235. — Voici maintenant une autre espèce sur la
même question. — Par jugement, en date du 22 août
1825, le tribunal civil de Marseille condamna solidairement Rigaud et autres propriétaires de plusieurs fabriques de soude, à payer à André Martin, propriétaire
voisin des fabriques, outre une somme de 4,264 francs
70 cent., pour dommage matériel, un capital de
22,000 fr. et une prestation annuelle de 850 francs.
Ces dernières condamnations furent prononcées à
titre de dommages-intérêts pour moins-value foncière
du domaine d'André Martin, et pour *privation de
jouissance* pendant tout le temps que les fabriques de
soude seraient en activité. Voici l'un des motifs qui
ont servi de base à ce jugement, confirmé par la cour
d'Aix :

Sur la solidarité ; attendu que, quoiqu'il fût facile de
reconnaître et de faire constater la qualité et la quantité
des dommages que chaque fabricant occasionne, par le
plus ou moins de sels qu'il met en décomposition, les
dommages n'en sont pas moins simultanément occasionnés par la réunion de toutes les vapeurs; que cette agglomération de gaz est la cause immédiate du dommage occasionné ; qu'il est juste de considérer les défendeurs comme
solidaires, parce qu'il s'agit d'un fait indivisible qui en-
gendre nécessairement une obligation indivisible... »

Les sieurs Rigaud et consorts se pourvurent en
cassation contre l'arrêt confirmatif de la cour d'Aix.
Voici, en ce qui concerne la solidarité, le moyen in-
voqué par eux : « La cour royale s'est fondée, pour
prononcer la solidarité dans l'espèce, sur ce que la
dette était indivisible ; mais en cela elle a fait erreur.
La dette consiste uniquement en une somme d'argent,
et elle résulte d'un fait matériel parfaitement divisible,
puisque chacune des fabriques est exploitée séparément et isolément. Ainsi, par sa nature et par sa cause,

l'obligation n'est pas indivisible. En vain l'on oppose que le dommage est produit par la réunion des vapeurs des diverses fabriques. C'est à l'orifice même des fourneaux qu'il faut faire la vérification de l'importance relative de la masse des vapeurs provenant de chaque fabrique, et non dans les hauteurs de l'horizon. Cette opération, d'ailleurs, ainsi que l'arrêt le reconnaît, était d'autant plus facile à faire, que le gaz délétère, se dégageant du sel marin, on pouvait, en consultant le registre de l'administration des douanes, qui délivre cette matière, savoir quelle quantité chaque fabrique en emploie. Il en est de l'hypothèse actuelle, ont ajouté les demandeurs, comme de celle où un même ruisseau, formé par les eaux de propriétés différentes, causerait quelque dommage à la propriété d'un tiers ; certes, celui des propriétaires qui aurait fourni une grande masse d'eau, serait tenu à un dédommagement plus considérable que celui qui n'aurait fourni qu'une petite quantité d'eau, et celui-ci ne serait point obligé solidairement au paiement. de ce que le premier devrait. »

Ces moyens ne prévalurent pas devant la cour de cassation, et par arrêt, en date du 3 mai 1827, elle rejeta le pourvoi en ces termes : « sur le troisième moyen (celui relatif à la solidarité), attendu, en droit, que chacun de ceux qui ont contracté conjointement une dette indivisible, en est tenu pour le total, encore que l'obligation n'ait pas été contractée solidairement ; que la dette est indivisible, lorsque, à raison des rapports entre les créanciers et les débiteurs, elle n'est point susceptible d'une réparation proportionnelle et d'une prestation particulière ; et attendu qu'il a été reconnu en fait, par l'arrêt attaqué, que les dommages formant la dette en question, avaient pour cause immédiate *l'agglomération simultanée et indivisible* de toutes les vapeurs sorties des différentes manufactures des demandeurs en cassation, et que leur *fait était indivisible* ; que, dans ces circonstances, les juges ont pu, sans violer aucune loi, regarder comme indivisible la dette des demandeurs en cassation, et les condamner, en conséquence, solidairement envers Martin ; — Rejette. »

236. — De ce que les tribunaux croient devoir déclarer solidaires les propriétaires des établissements insalubres dont l'agglomération cause le préjudice, s'ensuit-il que la proportion dans laquelle chacun de ces établissements a occasionné le dommage, ne puisse être déterminée ? — C'est une question qui doit nécessairement être débattue entre les propriétaires des établissements, et, quelque difficulté qu'elle présente, elle doit être résolue entre eux. « Pour vider cette question délicate, dit M. J. Vilain dans l'ouvrage déjà cité (p. 401), les principaux éléments d'appréciation sont : les situations respectives des établissements insalubres et des objets endommagés, les obstacles naturels ou artificiels qui peuvent exister entre l'un des établissements et le lieu des dommages, sans exister pour les autres ; les distances comparatives des établissements à ce même lieu, l'importance relative de chacun des établissements, le plus ou moins de perfection des procédés, la durée des exploitations, la quantité des produits fabriqués, l'importance de chacune des opérations de fabrication, les précautions habituellement prises, et la direction habituelle du vent. La priorité d'un ou de plusieurs de ces établissements est aussi d'un grand poids lorsqu'il s'agit d'apprécier dans quelles proportions chaque établissement doit demeurer chargé. En effet, il serait possible que l'exploitation de chacun des établissements, pris isolément, fût sans action fâcheuse pour le voisinage, et que tout le préjudice né fût occasionné que par le grand nombre d'établissements du même genre réunis dans un même lieu. On pourrait donc, jusqu'à un certain point, faire une distinction entre les établissements premièrement érigés, et ceux qui ont été formés plus tard, et faire supporter par ces derniers, sinon l'indemnité tout entière, au moins la plus forte part, puisque le dommage ne s'est déclaré que par suite de la formation de ces derniers établissements. Les éléments d'appréciation, comme on le voit, sont nombreux, et l'appréciation elle-même est d'une nature fort délicate. Quoiqu'il en soit, elle est tout entière dans les attributions des tribunaux. »

237. — Si les habitants, qui se trouvent incommodés par le voisinage de plusieurs établissements nuisibles, peuvent intenter une action commune contre les propriétaires de ces établissements, et si le tribunal peut prononcer solidairement des dommages-intérêts envers la partie lésée, reste la question de savoir si la *valeur d'affection* peut être prise en considération pour fixer la quotité des dommages. Voici, sur ce point, le motif que contient le jugement précité du tribunal civil de Marseille, du 22 août 1825 ; « sur la quotité des dommages, attendu que, quoique le tribunal ait remarqué dans le jardin fruitier des arbres sains et chargés de fruits, les grands arbres d'agrément sont en général très endommagés ; que plusieurs d'entre eux ne tarderont pas à succomber ; que le sieur André Martin, demandeur, étant originaire de Broue, s'il a préféré placer une partie de sa fortune non loin du lieu où il a reçu le jour, la privation de jouissance doit être pour lui plus sensible, etc. » En droit, le jugement considère que : si des propriétaires aussi malheureux ne peuvent jamais recevoir une indemnité qui répare entièrement le préjudice qu'ils essuient, s'il est des maux auxquels on ne peut apporter un remède quelconque, il n'en faut pas

moins, en cherchant à sauvegarder les droits sacrés
de la propriété, peser dans la même balance les intérêts de l'industrie ; « attendu que, dans une des plus
grandes villes commerciales de France, les juges ne
doivent prononcer qu'avec une sévère impartialité
entre un genre d'industrie utile et productif et les
malheurs qu'essuient les propriétaires voisins ; que
peut-être y a-t-il lieu, en éloignant la perte totale des
fabricants, de s'en rapporter à ce que peuvent amener
le temps et le progrès des sciences appliquées aux
arts, aux efforts de l'industrie pour l'amélioration des
usines et la condensation des appareils ; que, dans
tous les cas, André Martin éprouve un de ces désa-
gréments qui ne peuvent pas toujours être déterminés
par une évaluation pécuniaire...»

Ce considérant, rapproché du dispositif dont nous
avons fait connaître le texte, et par lequel le tribunal
de Marseille alloue une somme de 22.000 fr. et une
prestation annuelle de 850 francs pour moins-value
foncière du jardin d'André Martin, et pour privation
de jouissance pendant tout le temps que les fabriques
de soude seront en activité, démontre que le tribunal
a pris en considération la dépréciation de la *valeur
d'affection.* — Nous ne pouvons admettre cette jurisprudence. Nous voulons bien reconnaître qu'il se pré-
sentera des cas où, par des considérations personnelles, un propriétaire attachera au bien qu'il possède
un prix excédant sa valeur réelle ; mais, le tribunal
ne devrait jamais admettre la demande en indemnité
pour diminution d'une valeur d'affection. La consé-
cration d'un pareil principe pourrait donner lieu à de
graves abus : chaque propriétaire, qui éprouverait un
dommage ne manquerait pas de soutenir, devant le
tribunal, que sa propriété a pour lui une valeur plus
grande que sa valeur réelle.

238. — Sans sacrifier la propriété des voisins d'une

usine, les tribunaux doivent tenir compte, des nécessités de l'indutrie. Il est certain, d'un côté que la plupart des ateliers classés causent un préjudice plus ou
moins direct aux habitations voisines, par les émanations, le bruit, l'agitation, l'aspect même des établissements. Il en résulte parfois une dépréciation notable des immeubles situés à proximité de ces établissements. D'un autre côté, si tous ces divers dommages devaient être indistinctement et intégralement
réparés, tous les ateliers industriels succomberaient
sous des charges exorbitantes. L'exercice de l'industrie deviendrait véritablement impossible, et le propriétaire d'une usine serait privé du bénéfice de l'art.
544 du code civil, qui permet à chacun de jouir et de
disposer de sa chose comme il l'entend, pourvu qu'il
n'en fasse pas un usage prohibé par les lois ou par les
règlements. Il est juste, en outre, de compenser le préjudice spécial que peuvent éprouver tels ou tels propriétaires par les avantages généraux que ces mêmes
propriétaires recueillent, avec la société tout entière,
des développements des arts industriels. — La cour
de cassation a d'ailleurs posé en principe, depuis
longtemps (1), que si une réparation civile peut être
due pour tout dommage réel, quelle qu'en soit la nature, celui, par exemple, provenant d'un bruit considérable, elle ne l'est cependant que lorsque le préjudice excède les obligations ordinaires du voisinage et
dépasse les bornes de la tolérance réciproque que se
doivent les propriétés contigues. Cette jurisprudence
laisse, comme on le voit, une grande latitude d'appréciation aux tribunaux, dont le devoir sera, tout en tenant compte de tout le respect dû à la propriété pri-

---

(1) Arrêts de la chambre civile des 27 novembre 1845 et 28 février
1848, et de la chambre des requêtes du 20 février 1849.

vée, de se pénétrer des nécessités d'assurer un libre exercice à l'industrie.

239. — Nous avons déjà remarqué que toute personne qui est venue construire une maison d'habitation ou élever un établissement quelconque dans le voisinage d'une usine légalement autorisée, ne saurait être admise à en demander la fermeture ou la suppression. Le même principe est applicable en matière de dommages-intérêts ; et, quel que soit le préjudice que l'exploitation régulière d'un établissement autorisé cause à un voisin, celui-ci ne peut s'en plaindre s'il s'est volontairement exposé à le subir. Il ne faut pas toutefois pousser trop loin la rigueur de ce principe, et décharger le fabricant de tous dommages-intérêts par cela seul que son établissement était antérieur à toute construction, à tout fait d'habitation ; car si, avant la création de son usine, le terrain voisin était propre à recevoir des constructions, la propriété subirait une dépréciation réelle comme étant frappée d'une sorte de servitude *non œdificandi ;* des dommages-intérêts pourraient peut-être, dans ce cas, être alloués, mais dans des limites très restreintes.

240. — Supposons enfin un tiers devenant propriétaire, à titre de donation ou de legs, d'une propriété voisine d'un établissement industriel légalement exploité. Une action en dommages-intérêts nous semblerait recevable ; mais il faudrait examiner quels étaient les droits du précédent propriétaire voisin pour déterminer ceux de son successeur.

———

APPENDICE

——

I. — LÉGISLATION BELGE.

241. — Une revue de la législation étrangère, en matière d'établissements industriels classés, ne présenterait pas un bien grand intérêt ; mais comme nous avons plusieurs fois adressé quelques critiques à notre législation, nous avons pensé qu'il serait utile de reproduire ici la législation belge qui est, à notre sens, beaucoup plus simple et plus complète et à laquelle le législateur français devrait faire quelques emprunts(1).

242. — La Belgique n'a pas d'ailleurs longtemps conservé la législation française telle qu'elle résulte du décret du 15 octobre 1810 et de l'ordonnance du 14 janvier 1815 ; dès le 31 janvier 1824, un règlement avait annulé le décret de 1810 ; ce règlement fut lui-même abrogé par l'arrêté royal du 12 novembre 1849, et, enfin, un arrêté royal du 29 janvier 1863 est venu compléter, en Belgique, la législation des établissements industriels classés. Voici en quels termes le ministre de l'intérieur, M. Alp. Vandenpeereboorn, exposait au roi, le 15 janvier 1863, la nécessité de refondre et de compléter la législation en cette matière :

« Les dispositions, disait le ministre, suivant les-

---

(1) La législation belge a eu un savant commentateur dans M. Jules Villain, chef de bureau au ministère de l'intérieur, dont l'ouvrage, publié en 1857 à Bruxelles et à Leipzig, sera toujours consulté avec fruit ; cet ouvrage porte le titre suivant : *Traité théorique et pratique de la police des établissements dangereux, insalubres ou incommodes.*

quelles aucune industrie de ce genre ne peut être établie qu'en vertu d'une permission de l'autorité administrative, font l'objet d'un arrêté royal du 12 novembre 1849, qui règle tout ce qui est relatif à la rédaction et à l'instruction des demandes d'autorisation et à l'exécution des décisions de l'autorité compétente.

« Les prescriptions de cet arrêté ont un caractère essentiellement préventif. Elles tendent d'une part à protéger l'intérêt public et la propriété privée contre les dangers ou les dommages que peut entraîner l'exploitation des usines classées, et d'autre part, à procurer dans certaines limites à l'industrie des garanties de stabilité.

« Sous ce double rapport, leur utilité est évidente, et il ne saurait, dès lors, entrer dans les vues du gouvernement de toucher au principe qui leur sert de base.

« Mais, dans l'intérêt de l'administration autant que dans celui de l'industrie, il m'a paru désirable de simplifier l'application de ce principe, en la dégageant de toute formalité inutile. C'est le but que je me suis proposé en formulant les dispositions du projet d'arrêté ci-joint.

« L'intervention de l'administration centrale en cette matière amène d'inévitables lenteurs ; elle est exigée aujourd'hui pour toute une catégorie d'établissements, qualifiés de première classe, lesquels ne peuvent être autorisés que par le gouvernement, après une instruction administrative longue et minutieuse. Je propose, Sire, d'étendre à cette catégorie d'établissements la compétence de l'autorité provinciale, sauf recours au Roi, tant par les communes que par les particuliers intéressés, contre les décisions de cette autorité.

« D'après ce changement, au lieu de trois classes d'industries pour lesquelles une permission préalable est nécessaire, il n'y en aurait plus que deux, et le gouvernement n'aurait plus à intervenir qu'en degré d'appel dans l'appréciation des demandes concernant les établissements de première classe. Quant aux établissements de deuxième classe, ils seraient autorisés par le collége des bourgmestres et échevins, sauf recours à la députation permanente du conseil provincial, qui statuerait en dernier ressort.

« Aux termes des dispositions actuelles, les demandes d'autorisation doivent être faites en double expédition et celles qui ont pour objet un établissement de première classe ou de deuxième classe doivent être accompagnées de deux plans en quadruple expédition. Les demandes doivent être affichées pendant un mois pour les établissements de première et deuxième classes, et pendant quinze jours, pour ceux de la troisième classe.

« Désormais au lieu de quatre expéditions des plans prescrits, il n'en serait exigé que deux, l'une pour l'autorité qui statue, l'autre pour l'impétrant, et la durée de l'enquête serait, pour tous les établissements, réduite à quinze jours.

« Parmi les circonstances qui obligent aujourd'hui l'industriel légalement autorisé à se pourvoir d'une nouvelle permission, l'arrêté de 1849 prévoit le cas où un changement notable serait apporté aux procédés de fabrication. Cette disposition trop absolue, peut être de nature à entraver le progrès industriel. Elle ne serait point reproduite dans le nouvel arrêté. La surveillance instituée par cet arrêté et la faculté attribuée à l'autorité compétente d'attribuer aux établissements autorisés les précautions nouvelles dont l'expérience démontrerait la nécessité, suffisent pour prévenir les inconvénients auxquels il s'agit d'obvier. Les permissions administratives ne préjudicient point, d'ailleurs, aux droits des tiers, les tribunaux conser-

vant le droit absolu d'apprécier les cas où il peut y
avoir lieu d'accorder des dommages-intérêts aux personnes lésées par le voisinage d'un établissement autorisé.

« Telles sont, en résumé, Sire, indépendamment de
quelques changements de détail, les modifications essentielles que le projet d'arrêté ci-joint apporte aux
dispositions qui régissent actuellement les établissements réputés dangereux, insalubres ou incommodes.

« Destinées à dégager l'action gouvernementale autant que le comportent les intérêts à ménager, elles
auront pour résultat d'épargner à l'administration
centrale l'examen d'une foule d'affaires où son intervention est sans utilité pour la chose publique, et elles
réaliseront ainsi une notable économie de temps et de
travail. L'instruction des demandes, ramenée aux formes les plus simples, sera rendue plus expéditive et
les affaires pourront recevoir une solution plus prompte,
au grand avantage de l'industrie. »

243. — C'est à la suite de ce rapport que le roi des
Belges a signé l'arrêté du 29 janvier 1863 dont voici
les dispositions ;

LÉOPOLD, etc.

Vu l'arrêté royal du 12 novembre 1849, relatif à la police des établissements dangereux, insalubres ou incommodes, ainsi que le tableau de classement des établissements auxquels les dispositions de cet arrêté sont appli
cables ;

Considérant que les formalités prescrites par cet arrêté
comportent des simplifications que réclament à la fois
l'intérêt de l'industrie et la bonne organisation du service
administratif ;

Considérant notamment qu'au point de vue des intérêts
à sauvegarder, rien ne s'oppose à ce que la compétence
de l'autorité provinciale en cette matière soit étendue,
sauf recours au roi, aux établissements de première classe

qui sont aujourd'hui dans les attributions de l'administration centrale, et qu'un changement dans ce sens aura l'avantage de prévenir, dans l'instruction et l'expédition des affaires, des lenteurs préjudiciables à l'industrie ;

Vu l'avis du conseil supérieur d'hygiène publique ;

Sur le rapport de notre ministre de l'intérieur,

Nous avons arrêté et arrêtons :

ART. 1er. Les fabriques, usines, ateliers, magasins, etc., mentionnés dans la liste ci-annexée, ne peuvent être établis ni transférés d'un lieu dans un autre qu'en vertu d'une permission de l'autorité administrative.

Ces établissements sont divisés en deux classes.

Les établissements de première classe sont autorisés par la députation permanente du conseil provincial, le collège des bourgmestre et échevins préalablement entendu.

Ceux de la seconde classe sont autorisés par le collège des bourgmestre et échevins.

Lorsque l'établissement à ériger comprend plusieurs genres d'exploitations appartenant à des classes différentes, il est statué, pour l'ensemble, par la députation permanente du conseil provincial.

ART. 2. Les demandes d'autorisation sont adressées à l'administration à laquelle il appartient de statuer.

Elles indiquent la nature de l'établissement, l'objet de l'exploitation, les appareils et procédés à mettre en œuvre, ainsi que les quantités approximatives de produits à fabriquer ou à emmagasiner ; elles font connaître de plus les mesures projetées en vue de prévenir ou d'atténuer les inconvénients auxquels les établissements pourraient donner lieu, tant pour les ouvriers attachés à l'exploitation que pour les voisins et pour le public.

Toute demande pour l'ouverture d'un établissement de première classe doit être accompagnée de deux plans, en double expédition, indiquant, l'un les dispositions des locaux ainsi que l'emplacement des ateliers, magasins, appareils, etc.; l'autre, la situation de l'établissement par rapport aux constructions, cultures, voies de communication, cours d'eau, etc.; compris dans un rayon de 200 mètres pour les établissements désignés, au tableau ci-

annexé, par la lettre A et de 100 mètres pour ceux qui
y sont désignés par la lettre B. Ces plans sont dressés, le
premier à l'échelle de 5 millimètres par mètre au moins,
le second à l'échelle du plan cadastral de la localité.

ART. 3. Si une voie de communication, un cours d'eau,
un ouvrage ou un établissement quelconque, ressortissant
à une administration publique, est situé dans le rayon de
200 ou de 100 mètres prévu par l'article précédent, il est
donné connaissance, sans délai, de l'objet de la demande
à l'administration intéressée.

ART. 4. Un avis indiquant l'objet de la demande d'autorisation est affiché pendant quinze jours dans la commune du siège de l'établissement, par les soins du collège
des bourgmestre et échevins.

Cet avis est affiché pendant le même délai dans les
communes limitrophes sur le territoire desquelles s'étend
le rayon tracé au plan des lieux, conformément à l'art. 2
ci-dessus.

A dater du jour de l'affichage, la demande et les plans
sont déposés à la maison communale.

ART. 5. A l'expiration du délai de quinze jours, un
membre du collège des bourgmestre et échevins ou un
commissaire de police, délégué à cet effet, recueille les
opérations écrites et procède, dans la commune du siège
de l'établissement, à une enquête *de commodo et incommodo*, dans laquelle sont entendus tous les intéressés qui
se présentent.

Il est dressé procès-verbal de cette enquête.

ART. 6. Les autorisations sont subordonnées aux réserves ou conditions qui sont jugées nécessaires dans l'intérêt de la sûreté, de la salubrité et de la commodité publique, ainsi que dans l'intérêt des ouvriers attachés à l'établissement. Elles fixent le délai dans lequel l'établissement
devra être mis en exploitation.

Les autorisations pour les établissements de première
classe ne peuvent être accordées pour un terme de plus de
trente ans. Elles sont relevées, s'il y a lieu, à l'expiration
de ce terme.

ART. 7. Les décisions portant autorisation ou refus
d'autorisation sont immédiatement affichées dans les

communes intéressées par les soins des autorités communales.

Dans le cas prévu par l'art. 3, elles sont portées sans délai à la connaissance des administrations publiques qu'elles peuvent intéresser.

ART. 8. L'appel contre les décisions des administrations communales est ouvert, à tous les intéressés, auprès de la députation permanente du conseil provincial, qui statue en dernier ressort.

Il est statué par arrêté royal sur l'appel exercé, soit par l'autorité communale, soit par les intéressés contre les décisions de la députation provinciale, rendu en exécution de l'art. 1er du présent arrêté.

Dans tous les cas, l'appel doit être interjeté dans le délai de dix jours à dater de l'affichage des décisions. Il est immédiatement notifié aux intéressés, par voie administrative.

ART. 9. L'autorité peut s'assurer en tout temps de l'accomplissement des conditions qui règlent l'exploitation des établissements soumis au régime du présent arrêté.

La permission peut être retirée si l'impétrant n'observe pas ces conditions, ou s'il refuse de se soumettre aux obligations nouvelles que l'autorité compétente a toujours le droit de lui imposer, si l'expérience en démontre la nécessité.

ART. 10. Une nouvelle permission est nésessaire :

1° Si l'établissement n'a pas été mis en activité par le délai fixé par l'arrêté d'autorisation ;

2° S'il a chômé pendant deux années consécutives ;

3° S'il a été détruit ou momentanément mis hors d'usage par un accident quelconque résultant de l'exploitation.

ART. 11. Les établissements de première classe érigés sans autorisation à une époque où cette formation n'était pas requise par les règlements en vigueur, peuvent être maintenus tels qu'ils existent et fonctionnent aujourd'hui, à charge par leurs propriétaires d'en transmettre, dans le délai d'un an, à la députation permanente du conseil provincial, une description exacte renfermant les indications exigées par l'art. 2, § 2, ainsi que deux plans en double expédition, conformes à ceux dont il est fait mention au § 3 du même article.

Ces documents, après due constatation de leur exactitude, sont visés par la double députation permanente et tiennent lieu d'autorisation.

L'art. 9 et l'art. 10, §§ 2 et 3 du présent arrêté sont applicables aux établissements dont il s'agit.

ART. 12. En cas de contravention aux dispositions des art. 1, 9, 10 et 11, le collège des bourgmestre et échevins peut faire suspendre l'exploitation par mesure provisoire, et, au besoin, fermer l'établissement et apposer les scellés sur les appareils.

Toutefois, si la contravention concerne un établissement autorisé par le gouvernement ou par l'administration provinciale, le collège avant de recourir à ces mesures de rigueur, en réfère à l'autorité compétente, qui statue sans délai.

ART. 13. Toute contravention aux dispositions du présent arrêté est punie des peines comminées par la loi du 6 mars 1818.

ART. 14. Le collège des bourgmestre et échevins est chargé de la surveillance permanente des établissements autorisés. La haute surveillance de ces mêmes établissements s'exerce par les soins de fonctionnaires ou agents délégués, à cet effet, par notre ministre de l'intérieur.

L'industriel soumis à cette surveillance est tenu de produire, à toute réquisition des agents qui l'exercent, les plans officiels de son établissement et les documents administratifs qui en règlent l'exploitation.

ART. 15. Les autorisations accordées en vertu du présent arrêté ne préjudicient point aux droits des tiers.

ART. 16. Notre arrêté du 12 novembre 1849 est rapporté ainsi que toutes les dispositions contraires à celles qui précèdent, sans préjudice aux mesures législatives ou réglementaires qui subordonnent l'érection ou la mise en activité de certains établissements compris dans la liste ci-jointe, à des formalités spéciales.

ART. 17. Notre ministre de l'intérieur est chargé de l'exécution du présent arrêté.

244. — L'arrêté royal du 29 janvier 1863 a été suivi d'une circulaire du 4 février, dans laquelle le ministre commentait en ces termes la nouvelle législation :

Vous avez eu connaissance, par la voie du *Moniteur*, de l'arrêté royal du 29 janvier 1863 qui modifie les dispositions relatives à la police des établissements dangereux, insalubres ou incommodes, ainsi que mon rapport au Roi, exposant les motifs et le but des réformes qui font l'objet de cet arrêté.

Je n'insisterai pas sur l'opportunité de ces réformes, ni sur les avantages à résulter des simplifications qu'elles réalisent. Cependant quelques explications m'ont paru nécessaires pour en déterminer la portée réelle et l'utilité pratique, au double point de vue administratif et industriel.

Aux termes de l'art. 1er du nouvel arrêté, la députation permanente du conseil provincial statuera désormais, sauf recours au Roi contre ses décisions, sur toutes les demandes concernant les établissements qui, d'après les dispositions antérieures, ne pouvaient être autorisés que par le gouvernement. Le tableau de classement annexé audit arrêté distingue par la lettre A cette catégorie d'établissements de ceux que le règlement de 1849 rangeait dans la 2e classe et qui figurent aujourd'hui dans la 1re sous la lettre B.

J'ai cru devoir maintenir cette distinction parce que, d'une part, les établissements de 1re classe désignés par la lettre A, étant présumés pouvoir occasionner des inconvénients plus sérieux que les autres, il convient, ainsi que le prescrit l'article 2, que l'enquête préalable à laquelle ils sont soumis s'étende sur un rayon plus étendu ; et que, d'autre part, il a paru utile de rendre l'administration provinciale attentive à l'importance relative que présentent, sous le rapport des précautions à prescrire, les établissements sur lesquels s'exercera, à l'avenir, son autorité. A ce dernier point de vue, cette administration pourra ainsi consulter avec fruit le tableau ci-joint rédigé par le conseil supérieur d'hygiène publique et indiquant,

en regard de chaque établissement classé, la nature des
dangers de l'insalubrité ou des inconvénients auxquels
les précautions à prescrire doivent particulièrement tendre
à obvier.

Ainsi que l'arrêté de 1849, l'art. 2 exige que toute demande d'autorisation pour un établissement de 1ᵒ classe
soit accompagnée de deux plans ; mais au lieu de quatre
expéditions de ces plans, il n'en sera fourni que deux,
destinées, les unes, à l'autorité qui statue, les autres, à
l'impétrant, lequel devra les produire, à toute réquisition
des agents chargés de l'inspection et de la surveillance
des fabriques (art. 2 et 14).

L'art. 3 nouveau remplace par une disposition plus
concise l'art. 7 de l'arrêté de 1849, et le complète en ce
sens que lorsqu'un établissement quelconque ressortissant
à une administration publique, tel, par exemple, qu'un
musée, un dépôt d'archives, un entrepôt, une prison, etc.,
se trouvera dans le rayon de 100 ou 200 mètres de l'emplacement choisi pour l'érection d'une usine, l'administration à laquelle l'établissement ressortit devra être informée
de l'objet de la demande, afin qu'elle puisse faire valoir
en temps utile, s'il y a lieu, ses motifs d'opposition.

D'après l'art. 4, l'avis énonçant l'objet de la demande,
au lieu d'être affiché, comme précédemment, pendant
un mois pour les établissements de 1ᵒ classe, ne le sera
que pendant quinze jours.

Cette disposition est toute favorable aux industriels ;
mais, afin qu'elle n'ait pas pour effet de rendre dans certains cas la publicité insuffisante, il importe que les
autorités communales soient invitées à se conformer
exactement aux instructions qui leur prescrivent d'annoncer l'ouverture de l'enquête aux principaux intéressés
par voie d'avertissements à domicile.

Une autre modification, résultant de l'art. 5, consiste à
reconnaître aux intéressés le droit de produire par écrit,
pendant le délai des publications, leurs motifs d'opposition, sans être tenus de se présenter en personne, à
l'expiration de ce délai, pour les faire consigner au
procès-verbal de l'enquête. Bien que la circulaire ministérielle du 27 octobre 1850 supplée à ce sujet au silence

de l'arrêté royal du 12 novembre 1849, et que la marche indiquée par cette circulaire ait été généralement suivie, cependant il a paru utile, afin de dissiper des doutes, de la rendre obligatoire par une disposition formelle.

L'art. 6 limite à trente années la durée des autorisations pour l'érection des établissements de 1re classe. C'est la reproduction d'une disposition de l'arrêté de 1849, sauf en ce qui touche les formalités d'enquête prescrites pour le renouvellement de l'autorisation à l'expiration de ce délai, formalités qui ne devront être remplies que lorsque l'autorité compétente en reconnaîtra la nécessité.

En prescrivant l'affichage immédiat des décisions et leur notification aux administrations publiques qu'elles peuvent intéresser, l'art. 7 a pour but de permettre à tous les intéressés d'interjeter appel contre ces décisions dans le délai voulu. Il importe donc que cette disposition soit strictement observée.

L'arrêté de 1849 ouvrait un double recours contre les décisions relatives aux établissements entrant dans les attributions de l'autorité communale. D'après l'art. 8 du nouvel arrêté, la députation permanente, lorsqu'elle statue en degré d'appel, décide en dernier ressort.

Les établissements autorisés restent soumis à la surveillance de l'autorité administrative, qui a pour devoir de protéger la sûreté, la salubrité et la commodité publiques contre les dangers ou les inconvénients que leur exploitation peut occasionner. Si les précautions prescrites pour prévenir ou pour diminuer ces dangers ou ces inconvénients sont jugées insuffisantes ou si elles sont mal observées, l'administration a le droit, et c'est son devoir, de les compléter par des prescriptions nouvelles ; elle peut aussi retirer la permission si l'impétrant refuse de se soumettre aux obligations qui lui sont légalement imposées. Pour qu'il ne reste pas de doute sur l'étendue des pouvoirs de l'administration à cet égard, l'art. 9 les consacre par une disposition expresse.

L'art. 10 prévoit les cas qui entraînent pour l'industriel l'obligation de se pourvoir d'une nouvelle permission pour l'exploitation d'un établissement autorisé. A la différence de l'arrêté de 1849, il ne comprend point dans

l'énumération de ces cas celui d'un changement notable
apporté aux procédés de fabrication. Les changements
de cette nature sont l'inévitable conséquence du progrès
industriel qu'il faut se garder d'entraver par des formalités trop gênantes ou par des rigueurs exagérées. S'ils
peuvent quelquefois devenir la source de nouveaux inconvénients, il est sans exemple qu'ils aient nécessité la suppression d'un établissement autorisé. Il suffit donc, pour
la garantie de tous les intérêts, que l'administration
puisse ordonner, au besoin, qu'il soit obvié, par des précautions efficaces, aux inconvénients constatés.

L'art. 11 a pour objet d'assimiler aux établissements
autorisés les établissements de 1re classe érigés sans
permission à une époque où cette formalité n'était
pas requise par les règlements en vigueur. Il prescrit
les formalités à remplir pour régulariser l'existence de
ces établissements, formalités simples. d'une exécu
tion facile et à l'accomplissement desquelles je vous
recommande, monsieur le gouverneur, de veiller tout
particulièrement.

Enfin, l'art. 14, qui est relatif à la surveillance des établissements réputés dangereux, insalubres ou incommodes, charge spécialement le collége des bourgmestre et
échevins du soin d'assurer l'exécution des conditions qui
règlent l'exploitation de ces établissements, en même
temps qu'il garantit à l'autorité provinciale, par le maintien de l'inspection centrale, le concours de fonctionnaires
compétents pour l'exercice des attributions nouvelles que
lui confère l'arrêté royal du 29 janvier 1863. Les inspecteurs attachés à mon département pour la surveillance des
établissements soumis à la police administrative conser-
veront, en vertu de cet article, les fonctions qu'ils remplis-
sent aujourd'hui, et la députation permanente pourra
toujours, par mon intermédiaire, recourir à leurs lumières
et à leur expérience comme à celles du conseil supérieur
d'hygiène publique, pour la solution des difficultés qu'elle
jugera utile de leur soumettre.

Pour la bonne exécution de l'art. 14, il est indispensable
que mon département soit informé de toutes les permissions délivrées par la députation permanente et des con-

ditions auxquelles ces permissions sont subordonnées. Vous voudrez bien veiller à ce que cette information me soit régulièrement donnée.

Les explications qui précèdent vous permettront, Monsieur le gouverneur, d'apprécier l'utilité de la réforme qui fait l'objet de l'arrêté royal du 29 janvier 1863. Destinées ainsi que je l'ai dit, à dégager l'action gouvernementale autant que les intérêts à ménager le comportent, les simplifications introduites par cet arrêté auront pour résultat d'épargner à l'administration centrale l'examen d'une foule d'affaires où son intervention est sans utilité pour la chose publique, et elles réaliseront ainsi une notable économie de temps et de travail. L'instruction des demandes, ramenée aux formes les plus simples, sera rendue plus expéditive, et les affaires pourront recevoir une solution plus prompte, au grand avantage de l'industrie.

DERNIÈRES MODIFICATIONS

A LA NOMENCLATURE DES ÉTABLISSEMENTS CLASSÉS

246. — Un décret du 28 février 1881 a modifié quelque peu la nomenclature des établissements industriels classés comme dangereux, incommodes ou insalubres. Voici le texte de ce décret :

Art. 1er. — La nomenclature des établissements insalubres, dangereux et incommodes contenus dans les tableaux annexés aux décrets des 31 décembre 1866, 31 janvier 1872, 7 mai 1878 et 21 avril 1879, est complétée et modifiée, conformément aux tableaux A et B annexés au présent décret.

Tableau **A**. — *Addition aux nomenclatures annexées aux décrets des 31 décembre 1866, 31 janvier 1872, 7 mai 1878 et 21 avril 1879.*

DÉSIGNATION DES INDUSTRIES	INCONVÉNIENTS	CLASSE
Acide salicylique (fabrication de) au moyen de l'acide phénique .	Odeurs.	2e classe
Acide sulturique de Nordhausen, par décomposition du sulfate de fer .	Emanations nuisibles .	1re classe
Celluloïd et produits nitrés analogues (Fabrication du)	Vapeurs nuisibles, danger d'incendie. . . .	1re classe
Ateliers de façonnage	Danger d'incendie . . .	2e classe
Chlorures de soufre (fabrication des)	Vapeurs nuisibles . . .	1re classe
Scieries mécaniques et établissements où l'on travaille le bois à l'aide de machines à vapeur ou à feu	Danger d'incendie . . .	3e classe

Tableau **B**. — *Article à supprimer dans la nomenclature annexée au décret du 31 décembre 1866.*

DÉSIGNATION DES INDUSTRIES	INCONVÉNIENTS	CLASSE
Acide sulfurique (fabrication de) :		
1°	. . . .	. . . . . .
2° de Nordhausen par la décomposition du sulfate de fer . .	. . . .	3e classe

TABLE DES MATIÈRES